中国军事专家文库

# 国防安全
# 与现代战争

陈　舟　著

北　京　出　版　集　团
北　京　人　民　出　版　社

图书在版编目（CIP）数据

国防安全与现代战争 / 陈舟著. — 北京：北京人民出版社，2025.4（2025.9重印）
（中国军事专家文库）
ISBN 978 - 7 - 5300 - 0606 - 1

Ⅰ．①国… Ⅱ．①陈… Ⅲ．①国家安全—研究—中国②战争理论 Ⅳ．①D631②E8

中国国家版本馆 CIP 数据核字（2024）第031152号

中国军事专家文库
**国防安全与现代战争**
GUOFANG ANQUAN YU XIANDAI ZHANZHENG
陈 舟 著
＊
北 京 出 版 集 团 出版
北 京 人 民 出 版 社
（北京北三环中路6号）
邮政编码：100120
网　　　址：www.bph.com.cn
北 京 出 版 集 团 总 发 行
新 华 书 店 经 销
北 京 华 联 印 刷 有 限 公 司 印刷
＊
787毫米×1092毫米　　16开本　　22.25印张　　282千字
2025年4月第1版　　2025年9月第2次印刷
ISBN 978 - 7 - 5300 - 0606 - 1
定价：99.00元
如有印装质量问题，由本社负责调换
质量监督电话：010 - 58572393
编辑部电话：010 - 58572414；发行部电话：010 - 58572371

# 总　序

在2021年举国隆重庆祝中国共产党百年华诞后，2027年将迎来中国人民解放军建军的百年华诞。百年征程，华章异彩。以毛泽东同志为代表的中国共产党人坚持把马克思主义的普遍真理与中国革命战争的具体实践相结合，创立了毛泽东军事思想的科学理论体系，指导我军从无到有，从小到大，从弱到强，从胜利走向胜利。我军也由此具备了高度的理论自觉，形成了重视总结经验、重视理论创造的优良传统，军事理论建设取得了极其丰硕的成果。习近平主席强调指出，科学的军事理论就是战斗力，一支强大的军队必须有科学理论作指导，要紧紧扭住战争和作战问题推进军事理论创新，构建具有我军特色、符合现代战争规律的先进作战理论体系，不断开辟当代中国马克思主义军事理论发展的新境界，从而为推进军事理论创新指明了方向。

值此建军百年之际，我们在北京出版集团北京人民出版社支持下，策划出版"中国军事专家文库"（简称"文库"），旨在总结和展现新中国成立特别是改革开放以来我国军事科学研究取得的丰硕成果，为新时代国防和军队建设尽一份绵薄之力。我们相信，"文库"的出版发行，不仅可以为我军官兵加强理论学习、提高理论素养和开发思维能力发挥积极作用，而且可以为关心中国国防和军队建设的人们提供一个了解中国军事理论建设发展的重要窗口。

为了确保"文库"发挥应有的价值和效益，我们在编辑过程中主要遵循以下几条原则。

第一，突出完整性，尽可能覆盖中国军事科学的各个学科方向，包括军事思想、军事战略、战役战术、作战指挥、军事制度、军队建设、军队政治工作、军事历史、军事经济、外国军事等，其中有专著也有论文集，能比较系统地反映中国军事科学发展的情况。

第二，突出学术性，重点关注基础理论研究，着重反映中国军事科学基础理论建设的情况，同时保持对现实的观照，体现军事理论对军事实践的先导作用。

第三，突出权威性，所收著作的作者均为中国军事科研领域中有深厚学术造诣的专家，是各学科方向的领军人物，在军内外享有盛誉，他们的科研成果为推进中国军事科学发展发挥了积极作用。

第四，突出全面性，力求反映中国军事科学发展全貌，所收入著作创作的年代跨度要尽可能大，能够反映中国军事科学发展的大体脉络。

第五，突出实用性，面对的读者群主要是党、政、军高层领导和机关人员，军事科研机构人员和军事院校研究生及地方高校的国防教育人员，以及众多的军事爱好者等。

"文库"是一个长线产品，前期规划出版40本，约1200万字。其中，第一辑出版10本，作者主要是曾在中国人民解放军军事科学院从事过军事理论研究工作的专家。军事科学院是叶剑英元帅建议创办的我国专门从事军事科学研究的机构，是军事科研信息的"集散地"。军事科学院各个时期专家的科研成果反映了那个时期的军队作战和建设理论需求的前沿性问题，对军事理论研究发挥了引领作用。我军的各级院校、科研机构和领导机关也活跃着一批军事专家，他们是我军军事理论研究队伍的重要力量，其在各个时期的研究和创作丰富了我军军事理论的内涵，推动了我军军事理论的发展。在"文库"后续推出的著作中，我们将扩大作者范围，收纳军队各级院校、科研机构和领导机关的军事专家在各个时期的优秀理论成果。

"兵者，国之大事，死生之地，存亡之道，不可不察也。"军事理论研究探寻的是国家安危之道，关乎江山社稷，是世界范围内军事竞争的重要领域。唯有军事理论先进、军事理论素养高的军队，方能在残酷的军事竞争中占据主动，这已经被世界战争史，包括我军历史所充分证明。新时代，我军正在习近平强军思想的指引下开启新征程，为迎接世界新军事革命加速发展的挑战，向着全面建设世界一流军队的方向迈出坚定步伐。"实践发展永无止境，认识真理永无止境，理论创新永无止境。强军是具有很强开创性的事业，我们要不断适应新形势、应对新挑战、解决新问题，在实践上大胆探索，在理论上勇于突破，不断丰富和发展党在新时期的强军思想，让马克思主义军事理论在强军伟大实践中放射出更加灿烂的真理光芒。"

在此，我们特别要向中国人民解放军军事科学院原副院长任海泉中将表示由衷的感谢。他给予"文库"以极大支持和热情鼓励，不仅对"文库"编辑提出了很重要的指导性意见，而且亲自审阅了一部分书稿，非常负责任地撰写了修改意见，展现了军事科研战线领导干部的使命感和高尚情怀。

由于时间仓促，"文库"难免有挂一漏万之处，敬请各位读者批评指正。

"中国军事专家文库"编委会

2024年7月

**陈　舟**

军事科学院战争研究院原研究员，军事学博士，第十二届全国人大代表。先后毕业于解放军政治学院、中共中央党校和军事科学院。长期从事国家安全、国防政策和军事战略等方面的研究工作，参与起草历届中国国防白皮书，在军内外报刊上发表学术论文百余篇，已出版《中国人民解放军民主制度的理论与实践》《粟裕兵法》《现代局部战争理论研究》《面向未来的国家安全与国防》《国家利益与战略空间》《军事透明论》《战略评估》等多部著作。

# 内容简介

　　中国的防御性国防政策和积极防御战略思想，归根结底是安邦治国之道、富国强军之道、存亡胜败之道。本书分为国防政策与军事战略、国防费与军事透明、安全形势与现代战争三个部分，其核心正是聚焦如何观大势、谋全局，探索国防政策和军事战略的制胜之道。为阐释我国和平发展道路和防御性国防政策而对国防费及军事透明问题的思考，既是重大现实斗争需要，也是国防政策理论的深化研究。对安全形势、网络战、底线思维的分析以及相关战争理论、历史问题研究，主要是基于大国战略博弈新的特点及其发展，对观察当今世界大势和应对未来战争也有积极意义。本书集中展现了一位军事理论研究者在军事科研这一漫漫长路上数十年的求索历程。

# 序　言

兵者，国之大事，生死存亡系于兵，胜败安危决乎道。世界兵学圣典《孙子兵法》把"道"放在"五事""七计"①之首，也就是把政治作为决定战争胜败的首要因素。以服从服务国家政略为根本的中国防御性国防政策和积极防御战略思想，归根结底也是安邦治国之道、富国强军之道、存亡胜败之道。本书正是聚焦如何观大势、谋全局，探索国防政策和军事战略的制胜之道。

当今世界风云变幻，战略竞争更加激烈，战争风险现实存在。军事理论研究是一个没有硝烟的战场，研究者要当好学术前沿的侦察兵和寂静战场的瞭望哨，就要像叶剑英、粟裕等老一代军事科学院领导所说的那样，"必须要有革新创造的精神"，要"敢想、敢干、敢于创新"。面对百年未有之大变局，思想如何走在行动之前，理论如何拨开战争迷雾，因利制权，制胜未来，唯有创新。我以为，理论创新首先要有信念，即对理想目标和正确方向的坚持不懈、持之以恒的追求。再就是要勤奋，甘于寂寞，坐得住冷板凳。勤奋贵在持久，贵在坚忍。只有长时间地投入、埋头做艰苦的工作，方能有所成就。对当下的理论研究来说，摆脱焦虑、保持定力、不动如山恐怕最重要。

本书按照内容的特点和逻辑关系，大致分成3篇，即国防政策与军事

---

① "五事"，即道、天、地、将、法；"七计"，即"主孰有道？将孰有能？天地孰得？法令孰行？兵众孰强？士卒孰练？赏罚孰明？"

战略篇、国防费与军事透明篇、安全形势与现代战争篇。

国防政策与军事战略篇，主要是在参与撰写近几部国防白皮书和全国干部培训教材过程中，就防御性国防政策、积极防御军事战略、中国特色军事力量体系、国防和军队建设战略部署和军事理论创新等问题进行的研究思考和接受的媒体专访。2015年5月26日首次全面阐释国家军事战略的国防白皮书《中国的军事战略》发表后，我在专访中谈到，坚持积极防御战略思想是中国特色社会主义的本质要求和走和平发展道路的应有之义，也是对慎战、备战、止战的战略文化传统的继承和发扬。这是我们应当始终坚持的中国特色的兵"道"。此外，我在任十二届全国人大代表期间曾就加强国防教育提出议案建议、作专题发言和撰写研究报告，本书也收入了这方面的内容。

国防费与军事透明篇，实际上是第一篇的自然延伸和深化拓展。随着综合国力的提升和安全环境的变化，我国国防费的增加及其透明度问题，已经成为一些西方国家制造"中国威胁论"、诋毁我国和平发展道路和防御性国防政策可信性的重要借口。每年全国"两会"时，国防费问题都是海外关注的一个热门话题。几篇关于国防费的文章和专访，集中反映了我在履职全国人大代表期间对这一问题的思考。撰写《军事透明论》既是重大现实斗争的需要，也是为了将国防政策理论研究引向深入。这再次表明军事理论创新必须从国家安全和军事斗争的实践中发现问题、解决问题，才有可能产生具有突破性意义的成果。从收入本书的两章中，可以看出我们的创新努力。

安全形势与现代战争篇，包括对全球安全形势、国际战略博弈、战略网络战等的系统分析，以及以往的一些关于现代战争的理论研究。我曾作为新成立的军事科学院国防政策研究中心主任，积极探索科研体制创新，组织撰写和发布年度国家安全环境战略评估报告。该报告同时以中英文出版，为的是"让世界了解我们的观点，让世界听到我们的声音"，凸显中国军队的智库正在走向世界。这一时期关于底线思维、网络战等问题的研究，本质上是对大国战略博弈新的特点及其发展的思考。研究战争形态变化条件和粟裕作战指挥艺术的成果，对观察当今世界大势和应对未来战争也有积极的意义。记得《粟裕兵法》出版后，粟裕夫人楚青专门约我详谈，并欣然题词："愿青年作家们在壮丽宏伟的中国革命战争中不断探求。"

我们这一代人的成长，受到革命理想主义和英雄主义的深刻影响，以及"天行健，君子以自强不息"的中国传统文化熏陶，这往往能够产生一种使命感和责任感，一股昂扬向上、拼搏奋斗的精神。我愿意把自己的理论探索及成果，成熟和不成熟的，分享给致力于军事理论研究的新一代年轻人，希望以此促进其敢想、敢干、敢于创新的精神。本书中的文章只作了个别的修订，基本上保留原来的面貌。

读罢全书，最想感谢的是我的父母陈和飏和刘继芬。作为新四军一师和四师的老兵，他们的信仰、意志和行动激励我在学术上锲而不舍、奋力向前。北京出版集团决定出版我的这本书稿，包国俊等进行精心策划和编辑，王法安、王桂芳等审阅文稿，邓磊为资料扫描付出辛勤劳动，我在这里谨向他们致谢。

回顾半个世纪的军旅生涯和40多年的研究历程，我始终在这条事关国家安全发展的漫漫长路上上下求索着。我想，这也是一名军事理论研究者的终身使命吧。

# 目　录

# 第一篇　国防政策与军事战略

## 一个负责任大国的面孔①

自1998年首次发表《中国的国防》白皮书以来，中国已连续发表7部国防白皮书。2011年3月31日，中国发表了《2010年中国的国防》白皮书。

### 国防白皮书检读

国防白皮书是公开阐释一个国家国防政策和国防行为的政府文告。国防白皮书在国际上的广泛使用，还是在二战以后。从20世纪70年代起，发表国防白皮书成为建立信任措施的重要手段。

1993年，人民解放军开始实行新时期军事战略方针。有些国家对中国的发展产生疑虑，国际上某些政治势力开始鼓吹"中国威胁论"。为了增加与其他国家的相互信任，我国政府于1995年11月发表《中国的军备控制与裁军》白皮书。

1998年7月，我国政府发表第一部国防白皮书《中国的国防》，包括安全形势、国防政策、国防建设、国际安全合作、军控与裁军5个部分。白皮书阐述了防御性国防政策的依据，并对国防体制、军事法制建设、国防费、裁军50万等方面的情况作了说明。

《2000年中国的国防》白皮书突出了对台政策，宣示台湾"独立"就意

① 原载《光明日报》，2011年4月15日。

味着重新挑起战争。国防政策的主要内容从1998年的5项增加到7项，阐述了中国核力量的使用原则、结构规模和武器管理。白皮书增设"军队建设"一章。

《2002年中国的国防》白皮书第一次概括了国防所要捍卫的5条国家根本利益，系统论述了新时期积极防御军事战略方针的基本内容；新增"武装力量"一章，全面介绍了解放军、武警和民兵的构成。

《2004年中国的国防》白皮书体现了新一代中央领导集体对安全形势的战略判断。国防政策部分首次提出中国的重大安全关切，阐述中国特色军事变革的方针原则，并把开展军事交流与合作上升为新时期军事战略方针的重要内容。白皮书从7章增加到10章。

《2006年中国的国防》白皮书突出科学发展观在新世纪新阶段国防政策中的指导地位，进一步增加了国防政策和战略意图的透明度。国防白皮书首次全面分析国家安全环境，公开提出自卫防御的核战略，系统阐释军兵种战略等，披露了一些"敏感"数据。

《2008年中国的国防》白皮书贯彻党的十七大提出的富国与强军相统一的战略思想，充分展现改革开放30年来国防和军队建设的光辉成就。白皮书首次将陆军、海军、空军和二炮部队单独列章，首次公开阐述国防和军队现代化发展战略以及新时期军事战略方针的调整变化，首次公布30年来国防费变化的基本数据等，总体结构增加到14章。

### 新"白皮书"新在何处

《2010年中国的国防》白皮书新在何处？主要有三点：一是进一步阐明和宣示中国奉行防御性国防政策的依据和决心；二是系统介绍武装力量建设和运用的新发展；三是充分展现武装力量在建立互信、维护和平方面发挥的重要作用。

今年的白皮书新增"人民解放军的现代化建设""武装力量运用""军事法制""建立军事互信"4章，突出了安全形势的新变化、国防政策的新概括、国防领域的新发展和安全合作的新特点。有的是首次阐述和介绍，如军队现代化发展历程、构建联合作战体系、亚丁湾和索马里海域护航、建立军事互信的基本原则和具体实践。有的是依据新的形势充实新内容，如国际安全形势判断、防御性国防政策依据、国防目标和任务、军队全面建设，以及国防动员、国防科技工业、国防费和军控与裁军等。白皮书还首次明确提出两岸可以适时就军事问题进行接触交流，探讨建立军事安全互信机制问题。

国防政策历来是国防白皮书的核心部分。白皮书深刻阐述中国实行防御性国防政策的基本依据和历史必然性，国防的目标、任务和手段发生了一些变化，如新的形势和任务要求我们由传统安全观向非传统安全观拓宽战略视野，具体战略行动的目标从打赢战争到遏制战争、从争取和平到维护和平，国防要维护领土、领海、领空安全以及海洋、太空、电磁和网络空间安全，军队要提高以打赢信息化条件下局部战争为核心的完成多样化军事任务的能力。正是着眼国防政策新的特点及其发展，白皮书将新时期中国国防的目标和任务概括为4条：维护国家主权、安全、发展利益，维护社会和谐稳定，推进国防和军队现代化，维护世界和平稳定。白皮书分析了2010年国防费增幅下降的主要原因，显示中国国防费的增长是完全符合防御性国防政策基本原则的。

白皮书以履行新世纪新阶段军队历史使命为主线，系统介绍中国武装力量在巩固边防海防空防、参加国家建设和抢险救灾、维护社会稳定、国际维和、亚丁湾和索马里海域护航、中外联演联训、国际灾难救援等7个方面所发挥的重要作用。中国作为一个负责任大国，把维护世界和平、促进共同发展作为重要使命。截至2010年12月，人民解放军累计派出维和官兵17390人次；7批18艘次舰艇赴亚丁湾和索马里海域执行护航任务，与外国军队进行联演联训44次；2002年以来，已28次执行国际紧急人道主义援助任务。

白皮书首次设立"建立军事互信"一章，明确提出建立平等、互利、有效的军事互信机制，大大提升了建立军事互信的战略地位。

### 功能一箭三雕

发表国防白皮书，功能一箭三雕。

第一，对外增信释疑。对外宣示有关国防的基本政策，传达国防和军队建设的重要信息，增进世界各国对中国国防的了解，可取得增信释疑的效果，是中国发表国防白皮书的基本目的。如在备受外界关注的国防费问题上，历届白皮书客观地反映了20世纪90年代中期以来中国国防费持续增加、占国内生产总值比例上升和占国家财政支出比例下降的趋势，详细说明了国防支出在人员生活费、活动维持费、装备费方面的分配情况以及近年来增长的原因。国际社会对此给予积极评价，认为中国的国防和军队更加透明开放。

第二，对内提升国防意识。利用国防白皮书进行全民国防教育，有助于营造关心国防、支持国防、建设国防的良好氛围，激发爱国主义精神和民族自豪感，增强忧患意识和民族凝聚力，调动人民群众支持国防建设的主动性和自觉性。

第三，对敌威慑警示。利用国防白皮书表明重大安全关切，宣示实行新安全战略、军事战略或进行军事部署调整，显示武装力量、武器装备的现状和发展趋势，从而传递某种特定信息以达到威慑和警示的效果，是国际上的普遍做法。中国的安全环境尚存在诸多隐患，为将这些矛盾控制在一定限度之内，防止事态恶化，适时、适度的军事威慑是必要的手段。以国防白皮书为载体，通过政策性宣示和力量的展现，表明中国维护国家利益的决心和能力，具有很高的威慑可信度。

# 论构建中国特色现代军事力量体系<sup>①</sup>

建设巩固国防和强大军队，是中国现代化建设的战略任务。适应时代发展和安全需求的新变化，建立现代军事力量体系，是国防和军队现代化建设的重要任务。党的十八大报告将"构建中国特色现代军事力量体系"作为推动中国特色军事变革深入发展的一个基本目标，这既是对国防和军队现代化建设实践经验的深刻总结，又进一步明确了未来国防和军队现代化的战略方向，是党关于新形势下国防和军队建设思想的重要创新内容。系统研究和深入理解这一思想，有助于我们把握战略全局、理清发展思路，在新的起点上加快推进国防和军队现代化。

## 一、构建中国特色现代军事力量体系的历史必然和时代内涵

构建中国特色现代军事力量体系，是当代中国军事发展的一篇大文章，其内容涉及国防和军队建设的方方面面，必须将其置于中国特色社会主义建设的战略全局中考虑，置于富国强兵的大历史逻辑中考虑，置于国防和军队现代化形态演变的发展进程中考虑。

着眼我军现代化建设的历史进程和军队现代化的当代形态，深刻理解构建中国特色现代军事力量体系的时代内涵。现代化是军队建设的中心任务。我军自建立以来就始终面临现代化的艰巨任务，党的历代领导集体对军队现代化问题进行了不懈探索，党的军事指导理论包含丰富的军队现代化思想。在长期的革命战争年代，由于历史条件和客观环境的限制，我军

---

① 本文为作者与释清仁合写。原载《中国军事科学》2013年第1期。部分内容发表于2012年11月29日《解放军报》。

军事建设"尚处于比较低级的阶段",现代化程度不高的问题十分突出。新中国成立后,毛泽东提出"建设一支优良的现代化的革命军队"的总方针总任务,强调我军"已经进到了建军的高级阶段,也就是进到掌握现代技术的阶段",必须"掌握最新的装备和随之而来的最新的战术。……以便迅速把我军提高到足以在现代化的战争中取胜的水平"①。改革开放以来,邓小平提出把我军建设成为"一支强大的现代化正规化的革命军队"的总目标,要求有计划有步骤地推进以现代化为中心的军队建设,我军走上了中国特色的精兵之路。应当指出,现代化是一个动态发展的概念,在不同的时代条件下有着不同的内涵。在一个相当长的时期,我们党是在机械化条件下领导国防和军队建设发展,建立一支机械化军事力量是我军现代化的本质内涵。20世纪90年代,信息技术的蓬勃发展及其在军事领域的广泛运用,引发了以信息化为核心的世界新军事变革,人类战争形态开始由机械化向信息化转变。这就给我们党提出了"建设一支什么样的现代化军事力量"的时代课题。江泽民敏锐把握世界军事信息化深入发展的大趋势,提出建设信息化军队、打赢信息化战争的战略目标,标志着我军现代化建设的一次重大转折。胡锦涛在继承我们党关于军队现代化建设理论的基础上,深刻总结我军及外军信息化建设的经验教训,进一步提出构建中国特色现代军事力量体系的科学论断。这一论断进一步明确了信息时代我军现代化建设的表现形态,赋予我军现代化建设新的时代内涵,体现了我们党对新形势下国防和军队现代化问题的深刻思考,实现了我军现代化建设理论的重大创新,必将对未来的国防和军队现代化产生长久而又深远的指导意义。

适应国家发展战略和安全战略新要求,切实增强构建中国特色现代军

①《建国以来毛泽东军事文稿》(中卷),第38—39、108页,中央文献出版社、军事科学出版社,2010年。

事力量体系的战略紧迫性。新中国成立60多年来，中国共产党领导全国人民在建设社会主义的伟大进程中，逐步探索出了一条通过和平发展实现民族复兴的崭新道路。新世纪新阶段，随着改革开放深入发展和中国日益走向世界，中国的和平发展站在一个新的起点上，综合国力空前增强，国际地位大幅提升，与世界关系发生了历史性变化。与此同时，中国仍面临多元复杂的安全威胁和挑战，生存安全与发展安全、传统安全威胁与非传统安全威胁、国内安全问题与国际安全问题交织互动，维护国家安全任务艰巨繁重。全球经济和战略博弈主要舞台转向亚太，美国推行"亚太再平衡"战略，围绕地区主导权和海洋权益的斗争加剧，亚太格局正经历冷战结束以来最深刻的调整。一些邻国在中国领土主权尤其是岛屿归属和海洋权益问题上不断挑衅，日本政府实施所谓钓鱼岛及其附属的南小岛和北小岛"国有化"，个别国家不断侵蚀侵犯中国南海主权权益。"台独"分裂势力及其分裂活动仍然是两岸关系和平发展的最大障碍，实现祖国完全统一任重道远。中国处于改革开放攻坚期和经济社会发展转型期，影响社会和谐稳定的因素增多，"三股势力"依然猖獗，重大自然灾害、安全事故和公共卫生事件频发。随着中国融入世界和利益全方位拓展，海外利益安全问题显现，全球性挑战不断增多，海洋、太空、网络、电磁空间安全问题日趋上升。国家安全和发展呈现出新的阶段性特征，对国家战略能力特别是军事能力提出更高的要求，国家军事力量必须提供强有力的安全保障和力量支撑。正是在这种时代背景下，胡锦涛提出构建中国特色现代军事力量体系，反映了新形势下国家安全和发展对军事力量提出的战略新需求，体现了对维护国家安全和发展的强烈忧患意识和紧迫感。

立足世界军事发展趋势与我军现代化建设现状，深刻认识构建中国特色现代军事力量体系的客观规律性。适应世界军事和现代战争发展变化的新趋势，就是要牢牢抓住信息化这个核心，坚持以机械化为基础，以信息化为主导，全面推进信息化机械化复合发展和综合集成建设。信息这一"黏合剂"在军事领域的广泛运用，在大大提高军事效能的同时，也促进了要素与要素之间的融合，使武器与武器之间、人与武器之间的耦合达到了前所未有的程度。构建现代军事力量体系的本质内涵，就是要全力推进信息融合和体系化建设，加速形成新质战斗力，充分发挥信息能力在战斗力生成中的主导作用。要在赋予机械化武器装备信息系统功能的基础上，把所有作战力量、单元和要素融合集成为有机整体，实现成系统、成体系的综合集成，提升部队基于信息系统的体系作战能力，从而使以二、三代武器装备为主体的部队真正实现战斗力倍增。聚焦体系作战能力生成，加强体系化建设，已经成为现代军事力量体系建设的大趋势。就我军而言，体系化建设的任务十分艰巨。经过几十年努力，我军信息化建设虽取得巨大进展，但仍处于信息化全面发展的起始阶段。在机械化与信息化并存的军事力量建设大格局中，如何实现机械化与信息化、各种作战力量和作战要素的有机融合，是当前我军力量体系建设面临的首要任务。我军力量体系诸要素之间长期条块分割严重，体系化建设力度不够，体系作战能力不足，与信息化条件下体系作战的要求不相适应。因此，加速军事力量体系化建设刻不容缓。

## 二、加快中国特色现代军事力量体系的核心要素建设

从新世纪新阶段党的历史任务出发，胡锦涛向全军提出"三个提供、一个发挥"的新的历史使命，要求"全面提高我军有效履行使命任务的军事能力"[①]。中国特色现代军事力量体系，就是在我军历史使命发生重大转变的时代背景下提出的，反映了新的历史使命对国防和军队建设提出的新要

---

① 胡锦涛：《国防和军队建设贯彻落实科学发展观重要论述选编》，第146页，解放军出版社，2010年。

求，呈现出新的时代性特征。在战略定位上，着眼于满足新世纪新阶段国家战略新需求，中国特色现代军事力量体系是与我国国际地位相称、与国家安全和发展利益相适应的军事力量体系。在根本着眼点上，当今安全威胁的新变化，要求中国特色现代军事力量体系必须立足于应对多种安全威胁、完成多样化军事任务。在空间范围上，适应当今军事斗争空间的不断拓展，中国特色现代军事力量体系必须具备在陆、海、空、天、网、电等多维空间履行使命的能力。在攻防类型上，信息化条件下战争攻防的新特点，要求中国特色现代军事力量体系由传统的注重防御型向攻防兼备型转变。在规模效能上，适应信息化军队建设的新趋势，中国特色现代军事力量体系朝着精干、联合、多能、高效的方向发展。中国特色现代军事力量体系，是一个领域众多、构成复杂、功能多样的大军事系统，涵盖了当今中国国防和军队建设的方方面面。下面主要从调整优化军事力量结构的角度，分析构建中国特色现代军事力量体系所需要着重抓好的核心要素建设。

调整军兵种结构。科学合理地调整优化军兵种结构和军兵种内部结构，促进诸军兵种协调发展，是现代军事力量体系建设的重要任务。我军传统上是一支以陆军为主体的军队，"大陆军"的特征比较突出。国家发展战略和安全战略的新要求，全球化、信息化的时代特征，使得海军、空军和第二炮兵的战略地位日益凸显，加速海军、空军和二炮部队建设成为构建中国特色现代军事力量体系的必然要求。为此，要坚定不移地调整军兵种力量结构，在军队建设重点上进一步向海军、空军和二炮部队倾斜，下决心缩减老旧装备部队，提高各军兵种高新技术部队的比例，优化军兵种内部结构和部队编成，推动我军在由数量规模型向质量效能型、由人力密集型向科技密集型的转变中迈出更大的步伐。海军要按照近海防御的战略要求，注重提高近海综合作战力量现代化水平。空军要按照攻防兼备的战略要求，发展新一代作战飞机、新型地空导弹和新型雷达等先进武器装备。第二炮兵要按照精干有效的原则，提高快速反应、有效突防、精确打击、综合毁伤和生存防护能力。同时，要积极推动陆军实现向机动作战、立体攻防的战略转型，加快发展陆军航空兵、轻型机械化部队、信息对抗部队和特种作战部队，加强数字化部队建设。

建设新型作战力量。新型作战力量是现代战争形态飞跃发展的产物，代表着军事技术和作战方式的发展趋势，是提升整体作战能力、重塑军事力量体系、参与国际军事竞争的力量支撑和突破口。着眼战争形态加速向信息化转变的实际，立足国情军情，以信息技术为主导的新型作战力量影响和决定着我军的未来发展，在中国特色现代军事力量体系中具有举足轻重的作用。要着眼信息化军事力量发展的趋势和建立现代军事力量体系的要求，明确新型作战力量建设的基本方向，在提高近海综合作战能力的同时逐步向远海防卫型转变，提高远海机动作战能力；加强以空中进攻、防空反导、战略投送为重点的作战力量体系建设，提高战略预警、威慑和打击能力；加快信息作战、军事航天等新型作战力量建设，抢占军事竞争战略制高点。与此同时，要根据新型作战力量的能力特点，针对不同的行动样式和任务要求，研究确立新的作战指导，创新作战方法。从要素建设入手，注重新型作战力量的技术装备建设，搞好配套建设。加强新型作战力量人才建设，调整完善特招、引进、聘用紧缺专业人才的政策制度等。

构建网络防御体系。网络空间是信息时代的基本标志，正在成为影响国家安全和发展的新兴战略领域，以及渗透、影响甚至决定其他空间的重要作战空间。近年来，美、英、法、意、德、日、印等国军队将发展网络空间作战能力作为重大战略举措，竞相发展专业网络作战力量，加快网军建设步伐，围绕网络空间发展权、主导权和控制权的竞争愈演愈烈。我军未来作战面临复杂严峻的网络空间对抗，网络防御体系建设是构建中国特色现代军事力量体系的重要举措。要依托地方信息资源，加速信息网络建设，将军民协同的网络安全理念贯穿于国防和军队现代化建设之中，贯穿于国家重大基础设施建设之中。要立足自主创新、实现技术跨越，加快信息技术创新平台和能力建设，抓紧攻克核心信息网络技术，夯实国家网络空间安全的战略基石。要深入研究网络空间作战的特点规律，跟踪研究近年来发生的网络攻防案例，积极发展适合国情军情的网络防御战法，切实提升网络防御作战能力，筑牢事关国家安全和发展利益的网络空间防线。

完善中国特色战略威慑体系。在和平与发展为主题的当今时代，战略威慑发挥着日益重要的作用，成为国家间博弈惯常使用的重要手段。构建中国特色现代军事力量体系，必须把战略威慑体系建设作为战略支点。新中国成立后的60多年来，我国逐步形成了"两弹一星"和强大本土防卫能力的战略威慑力量，有效维护了国家主权、安全和领土完整。新形势下，要坚持和发展人民战争的战略思想，增强国家战争潜力和国防实力，以巨大的国防组织力和凝聚力，构筑中国特色战略威慑体系的深厚基础。要着眼于建设一支满足国家安全需要的精干有效的核力量，坚持自卫反击和有限发展的原则，加快推进第二炮兵信息化转型，积极发展新型战略威慑力量和手段，完善核常兼备的力量体系，提升导弹武器信息化水平，有效保持核力量的战略威慑作用。

建设现代化武装警察力量。武警部队是中国特色现代军事力量体系的重要组成部分，平时主要担负执勤、处置突发事件、反恐怖等任务，战时配合我军进行防卫作战。适应国家安全需求和履行使命任务需要，武警部队要依托国家信息基础设施，建立完善从总部至基层中队的三级综合信息网络系统，发展部队遂行任务急需的武器装备，开展针对性训练，提高执勤、处置突发事件、反恐怖能力，加快建设一支能够有效维护国家安全和社会稳定、保障人民安居乐业的现代化武装警察力量。

提高国防动员和后备力量建设质量。中国的国防是人民的国防，必须始终依靠人民建设国防、建设军队。国防动员和后备力量建设在中国特色现代军事力量体系中占有特殊重要的地位。要建立健全与国防安全需要相适应、与经济社会发展相协调、与突发事件应急机制相衔接的国防动员体系，增强国防动员能力。要调整优化预备役部队和民兵的规模结构、力量布局，改善武器装备，推进训练改革，努力建设一支平时能应急、战时能应战的强大后备力量。

## 三、把中国军事力量的体系化建设摆在战略地位

在军事信息化加速发展的历史条件下，军事力量的系统化和体系化特征日益凸显。构建中国特色现代军事力量体系，应当遵循当代军事发展的客观规律，着眼统筹全局、信息融合、复合发展和综合集成，将体系化建设作为一项战略任务来抓。

一是站在国家战略全局进行科学统筹与设计。中国特色现代军事力量体系建设，是一项庞大复杂的巨系统工程，需要从国家战略全局的高度进行统筹规划和科学设计。要着眼国家发展战略和安全战略新要求，按照国防和军队现代化建设"三步走"战略构想，明确中国特色现代军事力量体系的基本构成、目标任务、发展重点及方法途径。要坚持以国家核心安全需求为导向，统筹经济建设和国防建设，通过科学的发展规划和计划把国防和军队现代化建设融入国家现代化建设的战略全局之中。要进一步走中国特色军民融合式发展道路，拓展军民融合的广度和深度，加强军民融合式发展战略规划、体制机制建设和法规建设。要处理好军事力量建设中的重大关系，统筹中国特色军事变革与军事斗争准备、机械化建设与信息化建设、诸军兵种作战力量建设、当前建设与长远发展和各战略方向建设。要通过深入调查研究，切实弄清军事力量建设的现状，紧紧抓住军事建设的重点难点力求有所突破。

二是努力推进机械化和信息化复合发展。中国特色现代军事力量体系建设，是在我军建设处在机械化任务尚未完成、同时又面临信息化任务的特殊历史时期进行的，实现机械化和信息化的有机融合是体系化建设的关键所在。要以建设信息化军队、打赢信息化战争为战略目标，坚持以机械化为基础，以信息化为主导，推进机械化和信息化的复合发展，实现部队火力、突击力、机动能力、防护能力和信息能力整体提高。要以加快转变战斗力生成模式为主线，积极推进机械化条件下军事训练向信息化条件下军事训练转变，把军队战斗力生成模式切实转到依靠以信息技术为主要标志的高新技术上来，充分发挥科技进步和创新对提升战斗力的巨大推动作用。要"按照国防和军队现代化建设'三步走'战略构想，加紧完成机械化和信息化建设双重历史任务，力争到2020年基本实现机械化，信息化建设取得重大进展"①。

三是加快基于信息系统的体系作战能力建设。在信息化战场上，各军兵种以及诸作战单元之间的联合作战成为基本趋势，"联"的程度高低与作战效果之间密切相关。适应现代战争的特点，中国特色现代军事力量体系建设必须把构建联合作战体系、加快基于信息系统的体系作战能力建设作为体系化建设的核心任务。为此，需要遵循体系建设规律，立足我军实际，加强基础性关键性建设，走从系统到要素再到系统的发展道路，统筹加强军事信息系统、信息化主战武器装备系统和信息化支撑环境建设，推动信息化建设向全面协调方向发展。军事信息系统是信息化条件下联合作战体系构建和运转的核心，对体系作战能力的形成和发挥起着主导作用。要突出抓好指挥控制系统建设、战略预警体系建设，进一步提高信息融合能力。要科学把握信息技术融合性、系统性、集成性和一体化的特点规律，努力

---

① 胡锦涛：《在中国共产党第十八次代表大会上的讲话》，2012年11月8日。

推进武器平台与综合电子信息系统装备的有机融合、复合发展。

四是注重科学管理促进军事系统综合集成。科学管理是加快军事力量体系建设、促进综合集成的必然要求和基本条件。"武器装备现代化水平越高，部队组织结构和编成越复杂，就越需要加强科学管理。"①中国特色现代军事力量体系是涵盖国防和军队领域一切要素的大体系，对科学管理的要求更为迫切。要认清科学管理在军事力量体系建设中的重要地位和作用，加强现代管理知识学习，掌握现代管理科学的基本理论和方法，更新管理观念，提高管理能力，积极探索科学管理模式。要通过加强科学管理，实施对现代军事力量体系的管理，促进要素与要素之间、系统与系统之间的整合协调，实现系统内部诸要素的综合集成。要实施分层、分级管理，对军队建设行为进行监督，使其规范化，确保分段实施目标的实现。要严格资源的投向及使用，科学合理地确定军队现代化建设资源的投量和投向，提高军事建设发展的效益，最大限度地提高军事效费比。

构建中国特色现代军事力量体系是一项系统的军事工程，复杂性、艰巨性前所未有。需要以与时俱进的理论品格、求真务实的优良作风、改革创新的时代精神、以我为主的宏伟气魄，聚精会神、奋力推进，在加速构建中国特色现代军事力量体系中加快推进国防和军队现代化。

坚持与时俱进的理论品格，牢固确立与时代相符的思想观念，奠定中国特色现代军事力量体系的思维基石。构建中国特色现代军事力量体系，是我们党着眼时代条件的发展变化，对国防和军队现代化思维方式的一次重大创新，必须坚持科学发展观的重要指导方针地位，坚持与时俱进的理论品格。要坚持以推动国防和军队建设科学发展为主题，更加自觉地运用统筹兼顾的根本方法，更加自觉地贯彻全面协调可持续的基

---

① 胡锦涛：《国防和军队建设贯彻落实科学发展观重要论述选编》，第37页，解放军出版社，2010年。

本要求，更加自觉地贯穿以人为本的核心立场，把国防和军队建设切实扭转到科学发展的轨道上来。要牢固确立体系建设的观念，重点处理好现有武装力量体系构成、信息化与机械化、各军兵种、人与武器装备、武器装备系统之间的关系，着力推进军事领域诸要素的有机融合，努力形成一个要素齐全、结构合理、功能强大的现代军事体系。要通过落后思想观念的摒弃与创新思想观念的确立，奠定中国特色现代军事力量体系的思维基石。

发扬求真务实的优良作风，大力推动各项军事工作贯彻落实，夯实中国特色现代军事力量体系的实践根基。求真务实体现了理论与实践的统一、认识世界与改造世界的统一，是我们党的思想路线的核心，是党的各项事业取得辉煌成就的实践基础。加速构建中国特色现代军事力量体系，必须大力发扬求真务实的优良作风，始终坚持严格求实的科学态度。要立足中国国情、研究中国问题、指导中国实践，密切联系客观实际，创造性地回答解决新的历史条件下军事实践提出的新问题，深入研究解决军队建设和军事斗争准备面临的重大现实问题。要重实际、干实事、求实效，在真抓实干中推动各项建设和改革的落实，夯实中国特色现代军事力量体系的实践根基。

坚持改革创新的时代精神，勇于开辟军队建设发展的新路径，提供中国特色现代军事力量体系的动力源泉。中国特色现代军事力量体系，是我们党把握历史和现实的坐标，提出的新形势下国防和军队建设的总体发展方向。当今国家安全和发展的战略需求不断涌现，世界军事发展日新月异，国防和军队建设的新情况新问题层出不穷。要发扬改革创新、大胆探索的精神，在不断破解新的时代性课题中，大胆开辟军队建设发展的新路径，不断实现中国特色现代军事力量体系的整体推进和逐步完善。要坚持以创新发展军事理论为先导，着力提高国防科技工业自主创新能力，深入推进军队组织形态现代化，为加速构建中国特色现代军事力量体系提供源源不竭的动力源泉。

具备以我为主的宏伟气魄，善于借鉴世界各国军队建设经验，保持中国特色现代军事力量体系的生机活力。中国特色现代军事力量体系，是一个开放的有机系统。它既与世界军事发展趋势相一致，注重吸收借鉴世界各国军队建设的经验教训，符合军事发展的一般规律，又强调从中国的国情军情出发，注重探索本国的现代化军事发展道路及模式，表现出鲜明的中国特色，是军事发展一般规律与特殊规律的有机统一。因此，我们要在发扬中国军事力量现代化优良传统的基础上，具备很强的战略意识和宽广的世界眼光，深刻认识和把握世界发展大势，自觉跟踪世界强国军事建设发展的最新趋势，不断从外部军事安全环境中获取新鲜养料，保持中国特色现代军事力量体系的蓬勃生机。

# 为实现国家和平发展提供坚强保障①

## 从综合型到专题型，白皮书创新发表方式

**记者：**中国政府发表了《中国武装力量的多样化运用》白皮书，它与我国已经发表的7部国防白皮书相比有什么不同之处？

**陈舟：**1998年以来，我国政府每两年发表一部以《中国的国防》为名的白皮书，引起国内外的高度关注和热烈反响。这7部白皮书都属于综合型白皮书，其特点是全景式地介绍我国国防安全领域的新情况新发展，内容涵盖安全形势、国防政策、国防和军队建设、地区安全合作、军控与裁军等各个方面。这部新白皮书则是专题型白皮书，集中介绍近些年来中国武装力量的多样化运用情况。总结以往国防白皮书发表的实践经验，借鉴世界上一些国家的做法，将发表综合型白皮书调整为综合型与专题型白皮书交替发表、有序结合的方式，这是中国国防白皮书在拟制发表方式上的一个创新。这种调整变化有三方面意义。一是内容聚焦。专题型白皮书主题鲜明、重点突出，内容更实更具体，有利于集中深入地阐述国防和军队建设某一领域或方面的政策原则、历史沿革、变化发展。二是针对性强。专题型白皮书可以根据形势和任务的需要确立主题、设置议题，有利于主动及时发声、妥善回应关切和抢占舆论先机。三是方式灵活。较之结构内容相对稳定的综合型白皮书，专题型白皮书发布方式和周期更加灵活，发布时间根据形势变化而定，内容可长可短。

---

① 2013年4月16日，中国政府发表新版国防白皮书《中国武装力量的多样化运用》。作者接受《解放军报》和《国防》杂志记者的专访，对白皮书进行解读。原载《解放军报》，2013年4月17日；《国防》，2013年第5期。

## 公布诸多新内容，军事透明度再次提高

**记者：**新白皮书的主旨和基调是什么？它有哪些特点和亮点？

**陈舟：**面对当今时代和平与发展的新机遇新挑战，白皮书开篇就阐明了和平发展与强军武备之间的辩证关系。首先，走和平发展道路是中国坚定不移的国家意志和战略抉择。这就决定了中国在任何情况下都必须奉行防御性国防政策，永远不争霸、不称霸、不搞军事扩张。其次，建设巩固国防和强大军队是实现国家和平发展的坚强保障。有文事者，必有武备。没有一个巩固的国防和一支强大的军队，和平发展就没有保证，民族复兴就没有根基。

新白皮书以胡锦涛国防和军队建设思想为指导，集中反映了中国武装力量运用的新特点、新实践、新成就。主要突出以下三点：首先，系统阐述军队有效履行新的历史使命，应对多种安全威胁、完成多样化军事任务的战略思想和政策原则；其次，从国家发展战略和安全战略的高度，深刻阐明和平时期武装力量运用在维护国家主权安全、实现国家和平发展中的战略地位和保障作用；最后，立足综合安全、共同安全、合作安全的新理念，全面介绍中国武装力量多样化运用的丰富实践和重要贡献。

新国防白皮书全文共分5章，约1.5万字，内容既涵盖安全形势判断、武装力量建设等传统的内容，保持白皮书的连续性，又聚焦武装力量运用这一主题，首次阐述和介绍许多新内容，如武装力量多样化运用的政策和原则、保持常备不懈的战备状态、维护海洋权益、维护海外利益、维护国际海上通道安全等。白皮书还首次正式公开了人民解放军陆军18个集团军的番号，陆军机动作战部队85万人、海军23.5万人和空军39.8万人等，在增加军事透明度方面迈出新的步伐。

**记者：**武装力量多样化运用与我国的内外环境有什么联系？

**陈舟：**进入新世纪以来，世情国情军情发生深刻变化。国际力量对比变化加速，世界多极化进程明显加快，国际形势保持总体和平稳定的基本态势，但霸权主义、强权政治和新干涉主义有所上升，局部动荡和热点问题此起彼伏，国际安全问题的突发性、关联性、综合性明显上升，亚太地区日益成为世界经济和战略博弈的重要舞台。中国现代化建设成就举世瞩目，国际竞争力和影响力不断提高，仍处于发展的重要战略机遇期，但面临多元复杂的安全威胁和挑战，生存与发展、传统与非传统、国内与国际安全问题交织互动，特别是有的国家深化亚太军事同盟，个别邻国在涉及中国领土主权和海洋权益等问题上挑衅增多。国际军事领域竞争更趋激烈，主要国家大力发展军事高新技术，抢占太空、网络空间等战略制高点，与信息化战争和军队历史使命相连的两个"不相适应"成为我军建设的主要矛盾。

国际战略形势和国家安全环境的变化，对中国武装力量的建设和运用提出了新的要求。确保军队有效履行新的历史使命，提高应对多种安全威胁、完成多样化军事任务的能力，为在新的历史起点上积极运筹和平时期武装力量运用指明了方向。在这一重大战略思想指引下，近年来我军遂行了内容丰富、形式多样的军事行动，行动类型涉及战备执勤、演习演练、抢险救灾、国际维和、海上护航和中外联演等，行动地域从我国领土拓展到海外利益攸关区域，多样化运用已经成为中国武装力量运用的重要特征。国防白皮书对中国武装力量多样化运用的政策原则、内容途径等进行公开宣示和权威介绍，既是为了回应国际社会的关切，达到增信释疑的目的，也有利于加深国内民众对武装力量地位作用的认识，营造全民办国防的良好氛围。

**涉及核心利益，中国坚守底线决不退让妥协**

**记者：**如何准确理解武装力量多样化运用的政策和原则？

**陈舟**：白皮书着眼国家实现和平发展的新情况新特点，概括了武装力量多样化运用的五项基本政策和原则：维护国家主权、安全、领土完整，保障国家和平发展；立足打赢信息化条件下局部战争，拓展和深化军事斗争准备；树立综合安全观念，有效遂行非战争军事行动任务；深化安全合作，履行国际义务；严格依法行动，严守政策纪律。

中国武装力量的神圣职责和根本任务，就是巩固国防、抵抗侵略、保卫祖国，就是捍卫国家的主权安全、政权安全和发展安全等核心利益。武装力量的多样化运用，必须坚持以国家核心安全需求为导向，着眼于维护和平、遏制危机和打赢战争，保卫边防、海防、空防安全，维护国家海洋权益和在太空、网络空间的安全利益，随时应对和坚决制止一切危害国家主权、安全、领土完整的挑衅行为。中国坚持用和平方式解决国际争端，反对动辄使用武力或以武力相威胁，但在事关国家主权和领土完整的根本问题上始终坚守底线、坚持斗争，决不退让和妥协。中国坚定不移奉行防御性国防政策和实行积极防御军事战略，坚持战略上的防御、自卫和后发制人，但国防政策的防御性与捍卫国家核心利益的坚决性是相统一的。如果有谁肆意侵犯中国的主权和领土完整，中国将遵循"人不犯我，我不犯人；人若犯我，我必犯人"的自卫原则，采取一切必要措施给予坚决回击。

运筹武装力量的多样化运用，首先要处理好打赢信息化条件下局部战争的核心军事能力建设与完成多样化军事任务的关系，统筹推进各战略方向军事斗争准备，加强国防动员和后备力量建设，全面提高日常战备水平，周密组织边海空防战备巡逻和执勤等。同时，要积极应对各种非传统安全威胁，完成参加经济建设、抢险救灾、维稳处突、安保警戒、海上护航等非战争军事行动任务；积极参与国际安全合作，开展全方位对外军事交往，认真履行应尽的国际责任和义务。中国武装力量依照宪法和法律遂行国内行动任务，依照《联合国宪章》的宗旨和原则，在双多边条约的法律构架内遂行涉外军事行动，确保多样化行动的正义性、合法性。

记者：近年来中国武装力量的改革和建设取得了哪些进展？

陈舟：中国武装力量建设的基础和条件发生重大变化，中国特色军事变革进入一个新的发展阶段。白皮书介绍了近年来积极稳妥推进军队改革的新情况新趋势，如深化领导体制改革，组建人民解放军战略规划部等；加快推进新型作战力量建设，进一步优化力量结构和部队编成；完善新型军队人才培养体系，深化军事人力资源和后勤政策制度调整改革，加强高新技术武器装备建设等。中国特色军事变革向纵深推进的一个基本目标，就是加快形成精干、联合、多能、高效的信息化军事力量体系。重点加强海军、空军、第二炮兵部队建设，在提高近海综合作战能力的同时逐步向远海防卫转变，提高远海机动作战能力；加强以空中进攻、防空反导、战略投送为重点的作战力量体系建设，提高战略预警、威慑和打击能力；完善核常兼备的力量体系，提升导弹武器信息化水平，有效保持核力量的战略威慑作用。同时，积极推动陆军向机动作战、立体攻防的战略转型，加快发展陆军航空兵、轻型机械化部队、信息对抗部队和特种作战部队，加强数字化部队建设。白皮书还介绍了武警部队建立完善综合信息网络系统，提高执勤、处置突发事件和反恐怖能力所取得的新成就，以及民兵建设在调整规模结构、改善武器装备和推进训练改革等方面的新发展。

## 保持常备不懈，是能打仗、打胜仗的前提

记者：白皮书首次单设"保持常备不懈的战备状态"一节，并强调开展实战化演习演练，你对此有什么见解？

陈舟：中国是世界上邻国最多、陆地边界最长、跨界民族众多的国家，也是安全环境和安全威胁最为复杂的国家，捍卫国家主权、安全、领土完整的任务艰巨繁重。和平时期武装力量运用的目标和任务，首先就是保卫

边防、海防、空防安全。白皮书详细介绍了陆军边海防部队、海军和公安边防部队的日常边海防活动，以空军为主体并集侦察预警、抗击、反击和防御于一体的国家空防力量体系，使人们更加全面深刻地了解国家边海空防的现状。必须指出，日常战备工作和演习演练本身就是武装力量的重要运用方式，它所展现出来的强大威慑和实战能力，为遏制战争和打赢战争奠定了基础。这是白皮书专节介绍战备工作和实战化演习演练的现实意义。

战备工作是军队全局性、综合性、经常性的工作。提高战备水平，保持常备不懈的战备状态，是能打仗、打胜仗的前提条件，是有效应对多种安全威胁、完成多样化军事任务的重要保证。近年来，人民解放军坚持把日常战备工作提高到战略高度。陆军以维护边境正常秩序和巩固国家建设成果为重点，加强战备值班系统建设，形成各战略方向衔接、多兵种联合、作战保障配套的战备力量体系布局。海军以维护国家领土主权和海洋权益为重点，按照高效用兵、体系巡逻、全域监控的原则，组织和实施常态化战备巡逻，在相关海域保持军事存在。空军以国土防空为重点，坚持平战一体、全域反应、全疆到达的原则，保持灵敏高效的战备状态，组织常态化空中警戒巡逻，及时查证不明空情。第二炮兵平时保持适度戒备状态，构建要素集成、功能完备、灵敏高效的作战值班体系；在国家受到核威胁时，根据中央军委命令提升戒备状态，做好核反击准备；在国家遭受核袭击时，使用导弹核武器对敌实施坚决反击。

实战化演习演练，就是按实战要求、战时编组和作战流程组织演练。为提高快速反应能力和在陌生环境、复杂条件下联合作战能力，各部队以实兵检验性演习的方式开展了一系列跨区机动演习演练。各军兵种还组织实兵对抗、网上对抗和计算机模拟对抗等演习，强化对抗训练。海军训练海域活动范围不断扩大，参训力量规模越来越大，逐步实现了由近岸到近海再到远海训练的常态化转变。2007年以来，在西太平洋地区共组织远海训练近20批90多艘次。

**记者：** 第四章主要阐述军队保障国家经济社会发展，为什么说这是中国武装力量的重要任务？

**陈舟：** 保卫人民和平劳动，参加国家建设事业，努力为人民服务，这是宪法和法律赋予武装力量的重要任务。白皮书介绍了武装力量参加国家建设、抢险救灾、维护社会稳定所作出的巨大贡献。2011年以来，军队和武警部队共投入劳动日1500多万个，动用机械车辆120多万台次，援建机场、公路、铁路、水利枢纽等省级以上重点工程350多项。已组建抗洪抢险应急部队、地震灾害紧急救援队、核生化应急救援队、空中紧急运输服务队、交通电力应急抢险队、海上应急搜救队、应急机动通信保障队、医疗防疫救援队、气象保障应急专业队等9类5万人的国家级应急专业力量。2011年以来，军队和武警部队共出动兵力37万人参加抢险救灾行动。

军队的性质和宗旨，国家利益和安全威胁的变化，中国国际地位和影响力的上升，决定了我们必须把维护国家安全和发展利益、保护人民利益放在高于一切的位置，必须高度重视和平时期武装力量的多样化运用。在新的历史条件下，军队经常执行反恐维稳、应急救援、国际维和、海上护航、安全警戒等任务，非战争军事行动日益成为军事力量运用的重要方式。

**坚决维护海洋权益，是人民解放军的重要职责**

**记者：** 新白皮书还首次设立了"维护海洋权益"和"维护海外利益"两节，这意味着什么？

**陈舟：** 这反映了发展利益已经成为国家利益重要组成部分的客观现实。随着中国发展与世界发展的关联度空前增强，中国的安全利益正在从领土安全向海洋、太空和网络空间安全延伸，从国土安全向海外利益安全延伸，从传统安全向非传统安全延伸。中国武装力量既要把保卫领土、内水、领海、领空安全作为根本任务，又要拓展战略视野和防卫空间，坚决维护国家海洋权益和在太空、网络空间的安全利益，在更大空间范围内维护国家利益和争取战略主动。

从维护海洋权益看，中国是陆海兼备的大国，有1.8万多公里的大陆海岸线以及500平方米以上的岛屿6500多个，主张管辖的海域面积约300万平方公里。白皮书明确指出，海洋是中国实现可持续发展的重要空间和资源保障，关系人民福祉和国家未来。利用和保护海洋，建设海洋强国，已成为国家重要发展战略。坚决维护国家海洋权益，是人民解放军的重要职责。在管辖海域内，海军结合日常战备为国家海上执法、渔业生产和油气开发等活动提供安全保障，与国家海上执法部门建立协调配合机制，建立完善军警民联防机制，并协同地方有关部门建立完善航行安全保障体系。

从维护海外利益看，海外能源资源、海上战略通道以及海外公民、法人的安全问题日益凸显。开展海上护航、撤离海外公民、应急救援等海外行动，成为人民解放军维护国家利益和履行国际义务的重要方式。要从保障国家发展利益和保护人民利益的高度，加强海外行动能力建设，为维护国家海外利益提供可靠的安全保障。2008年12月，海军舰艇编队开始赴亚丁湾和索马里海域实施护航，这是人民解放军首次组织海上作战力量赴海外履行国际义务，也是中国海军首次在远海保护重要运输线安全。2011年2月，在中国政府组织的新中国成立以来最大规模的撤离海外公民行动中，人民解放军派出"徐州"号导弹护卫舰和4架伊尔-76飞机协助在利比亚人员回国。

**记者**：白皮书介绍了近年来中国武装力量在维护世界和平和地区稳定方面所发挥的积极作用。请你谈谈对这个问题的看法。

**陈舟**：维护世界和平、反对侵略扩张，是宪法和国防法规定的国防基本任务，也是中国武装力量的神圣使命。今天，中国与世界紧密相连，中国的防御性国防政策与和平、发展、合作的时代潮流息息相关，中国武装力量成为国际安全合作的倡导者、推动者和参与者。随着综合国力的不断增强，中国武装力量力所能及地承担了更多的国际责任。1990年以来，共参加23项联合国维和行动，派出维和军事人员2.2万人次。2002年以来，向27个受灾国运送总价值超过12.5亿元人民币的救援物资，11次派出地震、医疗、防疫等专业救援队赴受灾国救援减灾；与31个国家举行了28次联合演习、34次联合训练。截至2012年12月，海军护航编队共为4艘世界粮食计划署船舶、2455艘外国船舶提供护航，占护航船舶总数的49%。事实证明，中国武装力量不仅是国家和平发展的坚强保障，也是维护世界和平和地区稳定的坚定力量。展望未来，中国武装力量在坚定维护国家主权、安全、领土完整的基础上，将会更加积极地参与国际安全合作，争取为维护世界和平、安全、稳定作出新的更大的贡献。

# 积极防御军事战略要拓展新手段[①]

军事战略归根结底是治国之道。中国的国情军情、制度性质和历史传统，决定了我们必须坚持实行积极防御军事战略方针，它始终是党指导军事斗争全局的根本战略思想。党的十八大报告提出，要贯彻新时期积极防御军事战略方针，与时俱进加强军事战略指导。适应时代发展和安全需求的新变化，积极防御军事战略方针需要充实新内涵、拓展新手段、完成新使命，更加强调战略指导的积极性、主动性和前瞻性，更加灵活高效地运用军事力量，更加重视与政治、经济、外交、文化、法律等多种手段的有机配合，确保行动自由权，力争和保持战略主动权。它主要包括以下内容。

第一，服从服务于国家发展战略和安全战略。军事服从政治，战略服从政略。在力量对比深刻变化、大国战略博弈加剧和中国快速崛起的大背景下，我们面临更加复杂多元的安全威胁和挑战，生存安全问题和发展安全问题、传统安全威胁和非传统安全威胁、国内安全问题和国际安全问题交织互动，安全问题的综合性、关联性和突发性显著增强，这对积极防御军事战略方针提出了新的更高的要求。战略指导要始终把捍卫国家主权、安全、领土完整放在第一位，采取一切必要措施维护国家主权和领土完整，在这一根本问题上决不退让和妥协。同时，要把维护国家和平发展和重要战略机遇期作为军事战略的基本目标和核心内容，保障国家发展利益，前移战略指导重心，形成维护和平、遏控危机和打赢战争的有机统一，努力建设与我国国际地位相称、与国家安全和发展利益相适应的巩固国防和强

① 原载《学习时报》，2013年1月28日。

大军队。

第二，立足打赢信息化条件下局部战争。世界新军事变革向纵深发展，信息化战争向更高更成熟阶段演进，我们要坚定不移把军事斗争准备基点放在打赢信息化条件下局部战争上，提高基于信息系统的体系作战能力。发挥信息能力在战斗力生成中的主导作用，把所有作战力量、单元和要素融合集成为有机整体，实现成系统、成体系的综合集成，从而使部队真正实现战斗力倍增。抓住一体化联合作战这个核心，健全完善联合作战指挥、训练和保障体制，加强军兵种力量联合运用，加快形成精干、联合、多能、高效的信息化军事力量体系。统筹推进各战略方向军事斗争准备，在突出抓好主要战略方向部署和建设的同时高度关注其他战略方向，加强战略预置，确保战略全局稳定。提高战备水平，保持常备不懈的战备状态，从实战需要出发从难从严训练部队，妥善应对各种突发情况。

第三，拓展积极防御的防卫空间和力量手段。随着中国发展与世界发展的关联度空前增强，中国的安全利益正在从领土安全向海洋、太空和网络空间安全延伸，从国土安全向海外利益安全延伸，从传统安全向非传统安全延伸。军事战略既要把保卫领土、内水、领海、领空安全作为根本任务，又要拓展战略视野和防卫空间，坚决维护国家海洋权益和在太空、网络空间的安全利益。海外能源资源、战略通道以及海外公民法人安全等海外利益已成为国家利益的重要组成部分，军事战略要在更大空间范围内维护国家利益和争取战略主动。为此，要科学合理地调整优化作战力量结构，继续加强海空军和二炮部队建设，加快信息作战、军事航天等新型作战力量建设。促进诸军兵种协调发展，积极推进陆军由区域防卫型向全域机动型转变，海军由近岸防御型向近海防御和远海防卫型转变，空军由国土防空型向攻防兼备型转变，第二炮兵实现信息化转型和完善核常兼备力量体系。

第四，提高军队应对多种安全威胁、完成多样化军事任务能力。国家利益的不断拓展，安全威胁日趋综合、复杂和多变，要求军事战略树立综合安全理念，高度重视和平时期军事力量的多样化运用。战略指导要针对不同的安全威胁，灵活运用军事斗争样式，增强军事手段运用的适用性、综合性和整体性。要以提高打赢信息化条件下局部战争能力为核心，加快推进国防和军队现代化，增强威慑和实战能力。

第五，坚持和发展人民战争的战略思想。面对现代战争的新变化，必须坚持全民办国防的方针，实行精干的常备军和强大的后备力量相结合。建立健全与国防安全需要相适应，与经济社会发展相协调，与突发事件应急机制相衔接的国防动员体系，加强经济、科技、信息和交通动员。提高预备役部队和民兵建设质量，调整优化规模结构、力量布局，改善武器装备，推进训练改革，努力建设一支平时能应急、战时能应战的强大后备力量。创新人民战争的内容和形式，探索人民群众参战支前的新途径，发展信息化条件下人民战争的战略战术。坚持军民结合、寓军于民，积极推进各个领域的军民融合，逐步形成在重大基础设施、海洋、空天、信息等关键领域的军民融合发展格局，走出一条中国特色军民融合式发展道路。

# 强军，实现民族伟大复兴的必然抉择①

## 中国军队的透明自信前所未有

**记者：** 新白皮书是在什么背景下发表的，内容与以往有哪些不同？

**陈舟：** 当今世界面临前所未有之大变局，中国处在改革发展的关键阶段，中国人民正在为实现中华民族伟大复兴的中国梦而努力奋斗。在这一历史进程中，我们将会遇到各种可以预见和难以预见的风险和挑战。战略问题是党和国家的根本性问题，军事战略归根结底是治国之道。科学制定和谋划军事战略，事关党和国家的生死存亡，事关中华民族的未来。

在这一大背景下，白皮书主要突出了以下三点：一是着眼于国家由大向强快速发展的历史定位和国家安全环境的新变化，深刻揭示新形势下积极防御战略方针创新发展的历史必然和时代内涵；二是依据国家战略目标和总体国家安全观，系统阐述军队使命和战略任务、战略指导思想和原则、军事斗争准备基点和军事安全合作等一系列重大战略问题；三是围绕党在新形势下的强军目标，进一步阐明今后一个时期国防和军队建设的战略走向、总体布局和发展重点。

1998年以来，我国政府发表了7部《中国的国防》白皮书和1部《中国武装力量的多样化运用》白皮书。这部新白皮书仍属于专题型白皮书，是首次全面阐释国家军事战略的政府文告，具有很强的政策指导性、现实针对性和战略前瞻性。白皮书全文共分6章，约8000字，内容涵盖军事战

---

① 2015年5月26日，中国政府发表专门阐述军事战略的国防白皮书《中国的军事战略》。作者接受《解放军报》和《国防》等杂志记者的专访，对白皮书进行解读。原载《解放军报》，2015年5月27日；《国防》2015年第5期；《中国民兵》2015年第7期。

略指导和军事力量建设运用的方方面面，充分展现了中国军队前所未有的开放、透明和自信。

## 国际安全环境充满不确定性不稳定性

**记者：**新白皮书是如何判断国际形势和国家安全环境的？

**陈舟：**正确判断安全形势，是制定军事战略方针的基本依据。环顾当今世界，和平、发展、合作、共赢的时代潮流不可阻挡，世界多极化、经济全球化深入发展的大趋势不可抗拒，国际形势保持总体和平、缓和、稳定的基本态势，我国发展仍处于可以大有作为的重要战略机遇期。但也要看到，国际形势正处于一个新的转折点，国际力量对比、全球治理体系结构、亚太地区地缘战略格局和国际经济、科技、军事竞争格局正在发生历史性变化，各种国际力量围绕权力和利益再分配的斗争趋于激烈，国际安全环境充满不确定性不稳定性，世界依然面临现实和潜在的战争威胁。

在国际形势深刻复杂变化、我国同世界关系深度交融的情况下，我们遇到的外部阻力和挑战将逐步增多，国家安全问题的综合性、复杂性、多变性更加突出。美国持续推进"亚太再平衡"战略，日本大幅调整军事安全政策，个别海上邻国不断侵蚀侵犯我国岛屿主权和海洋权益，朝鲜半岛和东北亚地区局势存在诸多不稳定不确定因素，一些陆地领土争端依然存在，地区恐怖主义、分裂主义、极端主义活动猖獗。两岸关系和平发展进入巩固深化期，但"台独"势力这个影响台海局势稳定的根源仍未消除。"东突""藏独"分裂势力危害严重，暴力恐怖活动威胁升级，海外能源资源、战略通道安全以及海外公民、法人等海外利益安全问题凸显。随着世界新军事革命深入发展，武器装备远程精确化、智能化、隐形化、无人化趋势明显，太空和网络空间成为军事竞争新的制高点，我国军事安全面临新的严峻挑战。

## 中国军队肩负四大使命承担八项战略任务

**记者：**"军队使命和战略任务"是国防白皮书中的全新章节，请加以介绍。

**陈舟：**军事服从政治，战略服从政略。军事战略是筹划和指导军事力量建设和运用的总方略，是党和国家军事政策的集中体现，从来是为实现党和国家战略目标服务的。在新中国成立后相当长一个历史时期，军事战略指导主要关注应对战争威胁、维护生存安全。在新的时代条件下，我们党和国家的战略目标，就是实现"两个一百年"的奋斗目标和中华民族伟大复兴的中国梦。创新发展军事战略指导必须牢牢把握这个根本着眼点，服从和服务于这个国家和民族的最高利益。

国家安全的内涵外延、时空领域和内外因素都发生了前所未有的变化，我们必须贯彻落实总体国家安全观，统筹内部安全和外部安全、国土安全和国民安全、传统安全和非传统安全、生存安全和发展安全、自身安全和共同安全。为此，白皮书从适应维护国家安全和发展利益的新要求、适应国家安全形势发展的新要求、适应世界新军事革命的新要求、适应国家战略利益发展的新要求、适应国家全面深化改革的新要求等"五个适应"上出发，提出了新的历史时期"四个维护"的军队使命，即坚决维护中国共产党的领导和中国特色社会主义制度，坚决维护国家主权、安全、发展利益，坚决维护我国发展的重要战略机遇期，坚决维护地区与世界和平，为全面建成小康社会、实现中华民族的伟大复兴提供坚强保障。同时白皮书还阐明了军队担负的八项战略任务：应对各种突发事件和军事威胁，有效维护国家领土、领空、领海主权和安全；坚决捍卫祖国统一；维护新型领域安全和利益；维护海外利益安全；保持战略威慑，组织核反击行动；参加地区和国际安全合作，维护地区和世界和平；加强反渗透、反分裂、反恐怖斗争，维护国家政治安全和社会稳定；担负抢险救灾、维护权益、安保警戒和支援国家经济社会建设等任务。

新的历史时期军队使命和战略任务进一步突出了我军的地位作用，拓展了军事力量的战略功能，为确立新形势下军队建设和军事斗争准备的奋斗目标、指导原则、战略任务和总体要求提供了基本遵循。

### 积极防御始终是解决国家安全问题的根本军事战略

**记者：**新白皮书还首次系统阐述了积极防御军事战略方针调整变化的历史及其本质特征。你如何理解积极防御战略思想？

**陈舟：**积极防御战略思想是我们党军事战略思想的基本点。积极防御是攻势防御，是为了反攻和进攻的防御。它的实质，就是在战略防御的前提下把进攻与防御辩证统一起来，坚持战略上防御与战役战斗上进攻的统一，坚持防御、自卫、后发制人的原则，坚持"人不犯我，我不犯人；人若犯我，我必犯人"。革命战争年代，积极防御战略既是人民军队的战略方针，也是中国革命战争总的战略方针，这主要是由敌强我弱的力量对比决定的。新中国确立积极防御军事战略，已不仅仅着眼于敌强我弱的形势，而是与国家性质、根本利益、外交政策和发展道路等密切相关。从20世纪50年代确立积极防御战略方针到后来先后采取的"有顶有放、诱敌深入、纵深歼敌""积极防御、诱敌深入""积极防御"战略方针，从1988年"稳定北线、加强南线、强边固防、经略海洋"的战略指导到1993年和2004年分别以打赢现代技术特别是高技术条件下局部战争和打赢信息化条件下局部战争为基点的新时期军事战略方针，中央军委依据形势任务和战争形态的变化对战略方针进行了多次重大调整。但无论怎样调整，积极防御始终是解决国家安全问题的根本军事战略。新的历史条件下，坚定不移地坚持积极防御战略思想，是中国特色社会主义的本质要求，是我们走和平发展道路的应有之义，符合国家发展战略和和平外交政策，符合人民的根本利益和世界发展潮流，也是对慎战、备战、止战的战略文化传统的继承和发扬。

## 打赢信息化局部战争是军事斗争准备基点

**记者：**应当如何从时代的高度把握积极防御内涵的丰富发展？新形势下积极防御战略方针包括哪些内容？

**陈舟：**积极防御军事战略的基本精神不会改变，但其时代内涵和表现形式将发生新的变化。适应世界军事发展的新趋势，反映国家安全和发展战略的新需求，与时俱进加强军事战略指导，要进一步拓宽战略视野、更新战略思维、前移指导重心，整体运筹备战与止战、维权与维稳、威慑与实战、战争行动与和平时期军事力量运用，增强军事战略的积极性、主动性和前瞻性。注重深远经略，转变守疆卫土、境内歼敌的传统观念，有力维护国家发展利益；塑造有利态势，积极配合政治、经济、外交等领域斗争，重视利用军事力量和手段营造和平发展的良好环境；综合管控危机，做到预防在前、掌握先机，实现维权维稳积极平衡、动态平衡；坚决遏制和打赢战争，注重发挥战略威慑作用，在不得已时敢于和善于使用武力以坚定的意志赢得战争胜利。

实行新形势下积极防御战略方针，要着重把握以下4点：

一是立足打赢信息化局部战争。当前和今后一个时期，中国发生大规模外敌入侵战争的可能性可以排除，但因外部因素引发局部战争和武装冲突的可能性现实存在。根据国家面临的军事安全威胁和我军信息化建设加速发展的实际，基于陆海空天电网的多维战场环境，新的方针把军事斗争准备的基点放在打赢信息化局部战争上，突出海上军事斗争在战略全局中的地位，有效控制重大危机，妥善应对连锁反应。

二是创新基本作战思想。着眼信息化局部战争的特点规律和制胜机理，发扬我军机动灵活的战略战术传统，坚持灵活机动、自主作战的原则，你打你的、我打我的，扬长避短、克敌软肋。把握体系作战这个信息化战争的本质，始终把制信息权放在夺取战场综合控制权的核心地位，着眼破敌作战体系，进行精确打击，运用诸军兵种一体化作战力量，实施信息主导、精打要害、联合制胜的体系作战。

三是优化军事战略布局。根据我国地缘战略环境、面临的安全威胁和军队担负的战略任务，适应经略海洋、经略周边和"走出去"的战略要求，改变国土防御型、近海防御型的战略布局，做到陆海兼顾、南北衔接、战略平衡，构建全局统筹、分区负责、相互策应、互为一体的战略部署和军事布势。既要关注陆地、海洋、空中等传统安全领域，还要关注太空、网络空间等新型安全领域，加强海外利益攸关区国际安全合作。

四是坚持战略指导原则。战略指导原则是战略指导思想的具体展开和延伸，是指导战略全局所必须遵循的基本准则。这些原则主要包括：服从服务于国家战略目标；营造有利国家和平发展的战略态势；保持维权维稳平衡；努力争取军事斗争战略主动；运用灵活机动的战略战术；立足应对最复杂最困难情况；发挥人民军队特有的政治优势；发挥人民战争的整体威力；积极拓展军事安全合作空间。

### 明确中国武装力量发展的战略方向

**记者**：新白皮书在"军事力量建设发展"一章中，介绍了军兵种和武警部队发展、重大安全领域力量发展等情况，引起外界的极大关注，你对此怎么看？

**陈舟**：军事战略方针处在军事战略体系的最顶层，对国防和军队建设具有全局性的统领作用。以新形势下积极防御战略方针为指导和统揽，军事力量建设发展必须把构建中国特色现代军事力量体系放在更加突出的地位，加强军兵种和武警部队以及重大安全领域发展战略指导，全面提升军队应对多种安全威胁、完成多样化军事任务的能力。

的确，这一章是白皮书的一大亮点。陆军按照机动作战、立体攻防的战略要求，构建适应联合作战要求的作战力量体系，提高精确作战、立体作战、全域作战、多能作战、持续作战能力，实现从区域防卫型向全域机动型转变，既能在国土范围内不同地区遂行军事行动任务，也能根据国家需要在海外利益攸关区与外军开展交流合作，发挥积极作用。海军按照近海防御、远海护卫的战略要求，实现近海防御型向近海防御与远海护卫型结合转变，把防御前沿从近海逐步拓展到远海，提高战略核威慑与核反击、远海机动作战、海上联合作战和综合保障能力，坚决保卫国家海上安全，为建设海洋强国提供战略支撑。空军按照空天一体、攻防兼备的战略要求，实现从国土防空型向攻防兼备型转变，提高战略预警、空天攻防、防空反导、信息对抗、空降作战、战略投送和综合保障能力，构建适应信息化作战需要的空天防御力量体系，有效维护国家空中安全，高度关注外空发展动向。第二炮兵按照精干有效、核常兼备的战略要求，适应新军事革命发展趋势，加快推进信息化转型，确保导弹武器的安全性、可靠性、有效性，完善核常兼备的力量体系，提高核威慑与核反击和中远程精确打击能力。武警部队按照多能一体、有效维稳的战略要求，发展执勤安保、处突维稳、反恐突击、抢险救援、应急保障、空中支援力量，完善以执勤安保和处突维稳为主体的力量体系，提高在信息化条件下执勤处突能力为核心的完成多样化任务能力。这些大部分都是以往白皮书从没有过的表述。可以说，新白皮书明确了中国武装力量发展的战略方向。

海洋、太空、网络空间和核等重大安全领域力量发展，与应对新型安全威胁和维护国家利益拓展密切相连。新白皮书关于这方面的阐述同样富有新意。比如，海洋关系国家长治久安和可持续发展，必须突破重陆轻海的传统思维，高度重视经略海洋、维护海权，建设与国家安全和发展利益相适应的现代海上军事力量体系，维护国家主权和海洋权益，维护战略通道和海外利益安全，参与海洋国际合作；太空是国际战略竞争的制高点，密切跟踪掌握太空态势，应对太空安全威胁与挑战，保卫太空资产安全，服务国家经济建设和社会发展，维护太空安全；网络空间是经济社会发展新支柱和国家安全新领域，加快网络空间力量建设，提高网络空间态势感知、网络防御、支援国家网络空间斗争和参与国际合作的能力，遏控网络空间重大危机，保障国家网络与信息安全；核力量是维护国家主权和安全的战略基石，必须建设完善核力量体系，提高战略预警、指挥控制、导弹突防、快速反击和生存防护能力，慑止他国对中国使用或威胁使用核武器，遏制重大危机和军事冲突严重升级，维护战略平衡。

新白皮书还从加强思想政治建设、推进现代后勤建设、发展先进武器装备、抓好新型军事人才培养、深入推进依法治军从严治军、推动军事理论创新、强化战略管理等方面，从加快重点建设领域军民融合式发展、完善军地统筹建设运行模式和健全国防动员体制机制等内容，系统阐述了军事力量建设的主要举措和军民融合深度发展的总体思路。

**记者：**新白皮书把军事斗争准备放在突出的位置加以详细介绍，这是为什么？

**陈舟：**军事战略说到底是战之方略，战略指导必须强化谋打仗、能打仗、打胜仗的导向。作为军队基本实践活动的军事斗争准备，是维护和平、遏制危机、打赢战争的重要保证，是贯彻积极防御军事战略方针的基本途径。只有扎实做好各项军事斗争准备，才能始终保持军事斗争的主动权，才能以备战、能战、敢战来实现不战、止战和战而胜之的目的。

新形势下积极防御军事战略方针的一项根本要求，就是坚持以解决重点难点问题为导向推进军事斗争准备，真抓实备、常备不懈，全面提高信息化条件下威慑和实战能力。第一，增强基于信息系统的体系作战能力。加快转变战斗力生成模式，逐步构建作战要素无缝衔接、作战平台自主协同的一体化联合作战体系，着力解决制约体系作战能力的突出矛盾和问题，加强侦察预警系统和指挥控制系统建设，发展中远程精确打击力量和网络电磁空间对抗能力，完善综合保障体系。第二，统筹推进各方向各领域军事斗争准备。我国地缘战略环境复杂，各战略方向、各安全领域都存在不同威胁和挑战，必须抓住主要战略方向这个枢纽提高军事斗争准备的质量和水平，兼顾其他战略方向军事斗争准备，统筹传统安全领域和新型安全领域军事斗争准备，优化战场布局，加强战略预置。第三，保持常备不懈的战备状态。全面提高日常战备水平，周密组织边海空防战备巡逻和执勤，是能打仗、打胜仗的前提条件，是有效应对多种安全威胁、完成多样化军事任务的重要保证。陆军完善战备力量体系布局，海军实施常态化战备巡逻，空军保持灵敏高效的战备状态，第二炮兵构建功能完备的作战值班体系。第四，提高军事训练实战化水平。军事训练是未来战争的预演，要坚持把实战化军事训练摆在战略位置，从实战需要出发从难从严训练部队。深入开展模拟实景训练、模拟仿真训练和实兵对抗训练，加强首长机关指挥训练和诸军兵种联合训练，加大在复杂电磁环境、复杂陌生地域、复杂气象条件下训练力度。第五，组织非战争军事行动准备。遂行抢险救灾、反恐维稳、维护权益、安保警戒、国际维和、国际救援等非战争军事行动任务，对于和平时期做好战争准备、提升作战能力具有重要而特殊的作用。要从军事斗争准备全局的高度筹划非战争军事行动能力建设，促进军队处置突发事件应急指挥机制与国家应急管理机制协调运行。

## 中国军队将向世界提供更多公共安全产品

**记者：** 新白皮书将"积极拓展军事安全合作空间"定义为新形势下积极防御战略方针需坚持的原则之一，还专设"军事安全合作"一章。请就此谈谈你的看法。

**陈舟：** 我国的安全和发展与世界和平繁荣息息相关。我国正处于改革发展的关键阶段，进入实力和地位由量变到质变的转折关口，能否运用正确的对外战略直接决定着国家战略目标的实现。我们必须适应中国特色大国外交的新要求，构建和推进具有中国特色的大国军事外交，服从服务国家战略利益、政治外交大局和强军目标建设，积极拓展军事安全合作空间，营造有利于国家和平发展的安全环境。这是新的方针在军事外交领域的展开和运用，是积极防御战略思想在军事外交领域的体现和发展。

总的指导原则，就是坚持共同安全、综合安全、合作安全、可持续安全的安全观，发展不结盟、不对抗、不针对第三方的军事关系，推动建立公平有效的集体安全机制和军事互信机制。具体说来，这方面主要包括三点内容。其一，全方位发展对外军事关系。深化中俄两军在两国全面战略协作伙伴关系框架下的交流合作，构建与中美新型大国关系相适应的新型军事关系，巩固和发展与周边国家军事关系，提升与欧盟国家军事关系，发展与非洲、拉美、南太平洋国家的传统友好军事关系，促进建立地区安全和合作新架构。其二，推进务实性军事合作。与外军在院校教育、后勤建设等领域广泛开展对话交流，加强与有关国家军队在人员培训、军事物资援助、装备技术等领域的合作，与外军开展多层次、多领域、多军兵种的双边、多边联演联训，积极参与国际海上安全对话与合作。其三，履行国际责任和义务。积极参加联合国维和行动、国际灾难救援和人道主义援助，常态化开展亚丁湾护航行动，广泛参与地区和国际安全事务，推动建立突发情况通报、军事危险预防、危机冲突管控等机制。

近年来，中国军队加大参与国际维和、国际反恐、国际人道主义救援的力度，从向南苏丹派出维和步兵营到向西非派出医疗队抗击埃博拉，从对马航失联客机展开立体大搜救到撤离被困也门的中外人员，承担越来越多国际责任的事实有目共睹。1990年以来，我国已先后参加24项联合国维和行动，累计派出维和军事人员3万多人次，今年还首次向南苏丹派遣了700人的步兵营，是安理会常任理事国中派遣维和军事人员最多的国家。2008年底以来，连续派出20批护航编队59艘次舰艇执行护航任务，已为近6000艘中外船舶提供安全保护。2002年以来，已执行国际紧急人道主义物资援助任务40次，向30多个受灾国运送救援物资，10多次派遣国际救援队赴受灾国救援减灾。自2014年9月中旬起，先后派出多批次共300多人组成的医疗队援助塞拉利昂和利比里亚埃博拉疫情防控。前不久，中国海军在从也门撤出中国公民的同时，还积极帮助巴基斯坦、斯里兰卡、德国、日本、新加坡等15个国家的279名公民撤离。中国海军"和平方舟"医院船先后赴18个国家执行海外医疗服务和参与医疗救援行动，送医送药、治病救人。随着国力不断增强，中国军队将更加积极参与国际安全合作，承担更多国际责任和义务，提供更多公共安全产品，为维护人类和平与发展作出更大贡献。

# 争当军事理论创新的领跑者①

## 把握关键求创新 （2016年9月1日）

习近平主席在十二届全国人大四次会议解放军代表团全体会议的讲话中，把军事理论创新摆在突出位置。他引用德国诗人海涅的名言"思想走在行动之前，就像闪电出现在雷鸣之前一样"，突出强调理论创新对实践创新具有重大先导作用。军队建设新情况新问题大量涌现，有不少亟须从理论上作出回答，而一些军事理论研究同决策、同部队、同对手脱节。这就需要坚持理论联系实际，解放思想，开阔视野，开动脑筋，大力推进马克思主义军事理论创新。

恩格斯说过，一个民族要站在科学的高峰，就一刻也不能没有理论思维。理论思维所内含的一个基本特质就是创新性。军事理论创新在国防和军队建设中具有基础性、前瞻性和先导性作用，科学的军事理论本身既是战斗力、竞争力，也是发展潜力。面对方兴未艾的新一轮军事变革，不创新不行，创新慢了也不行，否则就会陷于战略被动。怎样创造出更多站在时代前沿、拨开战争迷雾、引领建设发展、指导明天战争的成果，为强军兴军实践提供科学理论支撑，这是军事理论研究者回应时代呼唤的使命担当。

我个人体会，要实现军事理论创新，关键要做到10个字：信念、求实、基础、勤奋、视野。

---

① 这是作者在几次有关军事理论创新研讨会上的发言提纲。前两篇曾刊载于军事科学院《军事科学报》，2016年9月1日、12月9日。

信念，就是共产党人的信仰和理念。它与国家、民族和军队的前途命运密切相连，规范着理论创新的正确方向。信念的特点就是认识的明确性和追求的坚定性，是对理想目标的坚持不懈、持之以恒的追求。信念要坚定，就是要有强烈的使命、责任和担当意识，始终保持昂扬向上、拼搏奋斗的精神，并将这种精神融化到血液和灵魂中。

求实，就是要扎根军事实践。军事理论创新必须面向军事斗争实践，面向重大现实问题。要坚持问题导向，从国防和军队建设实践中发现问题，从前人的成果中提炼问题，从国家安全和军事斗争要求中寻找问题，推出能够解决国防和军队发展重大问题的标志性成果，能够阐释军队建设发展规律、具有突破性意义的原创性成果。

基础，就是必备的知识功底。除了专业知识，还要学习历史、哲学和自然科学的方法论。恩格斯说，研究哲学的唯一方法，就是研究全部的哲学史。美国20世纪70—80年代军事改革的代表人物博伊德，除了阅读孙子、克劳塞维茨、哈特等人的书籍外，还涉及哲学、物理学、数学、心理学、系统科学。基础要扎实，就要善于不断更新和积累知识，研究一生、学习一生，这样才能不断有所创新。

勤奋，就是甘于寂寞、默默无闻，坐得住冷板凳。马克思说，在科学上没有平坦的大道，只有不畏劳苦沿着陡峭山路攀登的人，才有希望达到光辉的顶点。勤奋贵在持久，贵在坚忍。只有长时间地投入、埋头做艰苦的工作，方能有所成就。《孙子兵法》有"其疾如风，其徐如林，侵掠如火，不动如山"之说。对当下的理论研究来说，摆脱焦虑、保持定力、不动如山恐怕最重要。

视野，就是我们常说的战略意识、全局意识和世界眼光。我国古人就说过，不审天下之势，难应天下之务。世界正发生前所未有之大变局，我国正处于由大向强发展的关键阶段，我军正经历着一场革命性变革。理论创新要视野宽广、高瞻远瞩、统揽全局，善于站在世界看中国、站在国家整体看军队、站在全局看局部，审时度势、把握先机、多谋善断、争取主动。

## 增强战略指导的进取性主动性 （2016年12月9日）

军事战略是筹划和指导军事力量建设和运用的总方略，是党和国家军事政策的集中体现。在新中国成立后相当长的时期内，军事战略指导主要关注应对战争威胁、维护生存安全。在新的时代条件下，我们党和国家的战略目标，就是实现"两个一百年"的奋斗目标和中华民族伟大复兴的中国梦。习近平主席深刻洞察时代发展大势，统揽国内国际两个大局，领导制定新形势下军事战略方针，确立更加开拓进取和积极主动的战略指导，充分体现了国家安全和发展战略的根本要求，为今后一个历史时期军事斗争全局提供了根本遵循。

积极防御根本在防御，要义在积极，它的实质就是坚持战略上防御与战役战斗上进攻的统一，坚持防御、自卫、后发制人的原则，坚持"人不犯我，我不犯人；人若犯我，我必犯人"。革命战争年代，人民军队实行积极防御战略方针，主要是由敌强我弱的力量对比决定的。新中国确立积极防御军事战略，已不仅仅着眼于敌强我弱的形势，而是与国家性质、根本利益、外交政策和发展道路等密切相关。今天我们还要不要坚持积极防御？习近平主席说："我看还要坚持，而且要坚定不移坚持。军事要服从政治，战略要服从政略。我国是社会主义国家，奉行和平外交政策，坚持走和平发展道路，这就从根本上决定了我们在战略上始终是积极防御。"

积极防御军事战略的基本精神不会改变，但其时代内涵和表现形式将发生新的变化。新形势下积极防御军事战略方针，突出战略指导的进取性和主动性，注重深远经略，塑造有利态势，综合管控危机，坚决遏制和打赢战争。

一是前移战略指导重心。战略指导重心由注重战争指导向塑造态势、管控危机前移，更加重视利用军事力量和手段营造和平发展的良好环境，核心是突出战略指导的积极进取、主动作为。战略博弈的根本目的是争取战略主动，战略机遇、有利条件不可能从天上掉下来，要靠我们主动去争取。首先，要敢于亮剑、敢于担当。我们不惹事，不引火烧身，但在维护国家核心利益问题上必须敢于亮剑，敢于不惜一战，确保战胜。在国家领土主权问题上没有退路，必须寸土必争、寸海必争。其次，要谋势造势、主动塑造。维权斗争要综合管控危机，实现维权维稳积极平衡、动态平衡。就如抗击台风的重点不在风口上，而是要未雨绸缪、防患未然，维权斗争也要做到预防在前、掌握先机。危机危机，危中有机，要善于把握和利用危机，变被动为主动。面对多元复杂的安全威胁，我们要着眼多种国力要素的综合运用，增强军事手段运用的积极性和主动性，统筹军事硬实力和软实力，密切配合政治、经济、外交、文化、法律等手段，主动营造有利于国家和平发展的安全环境。

二是外推战略前沿。我国经济深度融入世界经济，贸易对外依存度超过50%，石油进口依存度近60%，3万家企业遍布近200个国家，每年1亿多人次出境，海外能源资源、海上战略通道安全以及海外机构、人员和资产安全等海外利益安全问题凸显。我们必须适应国家战略利益发展的新要求，稳妥积极推进军事力量走出去，有效维护海外利益安全。要加强对海外军事存在和活动、海外行动能力建设等问题的筹划和指导，增强在更加广阔的空间遂行多样化军事任务的能力。要转变守疆保土、境内歼敌的观念，改变国土防御型和近海防御型的战略布局，与经略海洋、经略周边和"走出去"的要求相适应，与"一带一路"建设相适应，走向远海、太空、网络空间和极地，拓展积极防御纵深，扩大战略回旋空间，构建南北兼顾、陆海衔接、辐射海外利益攸关区的军事力量布局。我们是以和平的姿态走出去，在维护自身战略利益的同时主动参与国际安全合作，承担更多国际责任和义务，提供更多公共安全产品，为维护世界和平、促进共同发展作出更大贡献。比如，我国海军于2008年12月底开始派遣舰艇编队赴亚丁湾、索马里海域实施护航，截至2016年11月底，共派出24批70艘次舰船、1.9万余名官兵，完成990余批6200多艘中外船舶护航任务。

三是统筹慑打、遏战止战。习近平主席指出，要把备战和止战、威慑和实战、战争行动和和平时期军事力量运用作为一个整体加以运筹，发挥好军事力量的战略功能。当前和今后一个时期，我国发生大规模外敌入侵战争的可能性可以排除，但因外部因素引发局部战争和武装冲突的可能性现实存在。根据国家面临的军事安全威胁和我军信息化建设加速发展的实际，基于陆海空天电网的多维战场环境，新的方针把军事斗争准备的基点放在打赢信息化局部战争上，突出海上军事斗争和军事斗争准备。我们要坚定不移走向海洋、经略海洋、维护海权，加强海上军事斗争战略指导，增强应对海上安全威胁整体作战能力。着眼信息化局部战争的特点规律和制胜机理，始终把制信息权放在夺取战场综合控制权的核心地位，实施信息主导、精打要害、联合制胜的体系作战。新形势下，要把威慑这一手用好，从战略的高度筹划实施、灵活运用各种军事威慑行动，全面提高日常战备水平，争取实现"不战而屈人之兵"。坚持把核力量作为战略基石，加强核力量体系建设，确保核威慑和核反击可信可靠，发展新型战略威慑力量和手段。坚持底线思维，立足应对最复杂最困难情况，必要时坚决以小战制止和避免大战，为国家和平发展和民族伟大复兴提供坚强保障。

## 如何推进军事理论创新和军事理论现代化 （2018年2月7日）

叶剑英元帅说过，军事科学研究的范围包括军事思想、军事学术和军事技术三个方面。军事理论涵盖军事思想和军事学术，是关于战争和国防的理性认识和知识体系，包括党的军事指导理论、战争和军队理论、战略和作战指导理论、军队条令条例、国防建设和国防动员理论等。军事理论现代化，首先要实战化，即军事理论要与现代战争实际和未来战争需要相结合；其次要科学化，即要有科学的指导思想、战略筹划、手段方法、管理方式等。军事理论现代化的一个重要途径，就是理技融合，也就是军事理论、战略战术与军事科技的结合。理论创新是"扬弃"，既克服又保留、既变革又继承。军事理论创新要从实践中来到实践中去，检验创新的唯一标准是备战打仗的能力水平。我们要以习近平强军思想为指引，具有世界眼光和历史视野，立足实际，借鉴外军，在军事理论、军事技术两个方面创新发展，推动形成具有中国特色、中国气派、中国风格的军事理论。

一是战略需求。需求就是问题，明确需求就是坚持问题导向，有问题有需求才会产生目标，激发创造性思维。国家安全发展和军事战略需求，国防科技发展需求，是军事理论创新的内在驱动力。恩格斯说，社会一旦有技术上的需要，则这种需要就会比10所大学更能把科学推向前进。毛泽东的《中国革命战争的战略问题》和《论持久战》，源于土地革命战争和抗日战争的需要。"两弹一星"是国家战略需要，才能集中力量办大事。1980年，宋时轮院长关于战略方针问题的建议，就是国家发展和安全环境变化的需要。同时，技术创新也会产生需求。20世纪90年代高技术局部战争研究和新世纪初信息化条件下局部战争研究，都既是军事战略需要，也是技术进步需要。

战术发展既是技术发展推动的结果，也是战术自身矛盾发展的结果。有攻的战术就会产生防的战术，新战术产生后就会对技术提出新的需求。先进技术只有与符合具体实际情况的战术相结合才能发挥最佳效果。美军空地一体作战理论不单单是为了顺应高技术的发展，更重要的是为了在欧洲对抗苏军大纵深、高速度的作战样式。当今最具革命性的动力是科技，强国首先是科技强国，强军首先是科技强军。理技融合也就是战技合一，两者是辩证关系，当下更应突出技术决定战术，从科技的视角研究未来战争，用新的作战理念引领技术创新。理论创新全程贯彻理技融合、战技结合，在军事需求阶段尤为重要，理技融合创新的动力来源于战争和军事斗争的需要。

二是实验验证。军事理论创新源于实践，但和平时期少有战争实践，大量是战备训练、常态巡航、反恐维稳、边境管控、护航撤侨、抢险救灾和国际维和等实践活动。这就要强化战争实验验证环节，创造一种提高战争实践自觉性的探索性实践环境。实验是实践的探索，探索的实践，也可以说是预实践。自然科学理论要通过科学实验证明，社会科学理论可以有典型试验（如经济特区）。和平时期，军事理论创新不仅要关注高新技术、颠覆性技术发展，还要重视探索性的战争实验验证和作战筹划，重视应用型、实用型和普及型实验手段开发，包括实战化训练和演习、仿真推演评估、模拟演习演练、基地化红蓝对抗演习等。作战筹划是实践理念即构想、规划、方案的形成过程，是分析和综合、抽象和具体、历史和逻辑相统一的过程。要建立基于大数据的战例库、方案库、想定库，把历史经验数据化、模型化，就会激发大家研究战争的积极性、主动性。即使没有亲身经历战争实践，通过作战推演和模拟还原现实或历史的战争，通过分析外军和研究历史，实现理论研究、实证分析、历史比较、数据实验的结合，就能够帮助我们更好地探索战争新的特点及其规律。

三是跨域联合。联合是动力，是内容，也是途径。基于网络信息体系的战略指导和联合作战理论创新，需要诸军兵种的联合攻关、协同创新，需要跨域跨界跨军种联合，需要理技融合、战技结合。大跨度学科交叉，对激发创新思维有重要意义。现在自然科学已进入团队创新时代，需要跨域跨界大团队的创新。信息化智能化战争的理论创新也是如此，何况还缺少战争实践。要创新跨域联合的模式，制定鼓励相互合作、联合攻关的政策。树立没有联合就没有创新的理念，组成跨域跨界跨军种联合攻关项目组。从管理上强制联合，没有联合就没有项目。

四是竞争机制。在体制编制确定的情况下，构建竞争性的运行机制对军事理论创新至关重要。自主、扁平的科研运行机制，项目制、课题制等科研模式都很重要，但有没有贯穿科研全程的竞争机制事关军事科学院的未来发展。叶剑英元帅认为，军事科研工作就是读书、吵架、写文章。吵架、辩论就是竞争。科研人员要敢于竞争，坚持己见，当然也要善于合作，认真倾听意见，在争论中互相尊重，发挥各自长处，最后服从真理，达成一致。要创造一个内部不同学术思想通过竞争、选择、优化、融合而不断进化的自学习、自组织的发展模式，形成竞争性的申报和评价机制。坚持在学术问题上人人平等，增强青年人的自信心和团队精神，敢于向权威挑战，通过学习和首创达到超越。

五是精准育才。科技兴军，人才优先。紧紧抓住人才这个军事理论创新的关键要素，特别是抓住关键人才、领军人才。建立面向全军、全国和世界的军事理论和军事科技创新人才汇流机制，包括依托军民融合发现军民两用关键人才。如精准扶贫而不是粗放扶贫，要运用科学有效的程序对军事科研人才实施精确识别、精确帮助、精确管理，就是精准选才、育才、成才，不能搞平均主义和大水漫灌。要根据学科专业、前沿方向和任务需求选择培养人才，走又红又专道路，建立鼓励原创的学术代表作制度，培养学术"工匠"、专家和大师。

六是智能科技。以"互联网+"为核心的大数据、云计算、人工智能、区块链等技术的发展，正与重大的经济社会、政治军事、思想文化等变革接轨同步，成为人类社会全新的一次大发现、大变革、大融合、大发展的开端。特别是军事智能科技的广泛应用，将引发一场更为深刻的军事革命，直接改变未来的战争形态和作战样式。人工智能技术发展使无人系统、无人作战成为可能，并将对战略决策、作战指挥和军事管理产生深远影响。基于大数据的智能决策技术促进决策的科学、快速、准确，战略和作战决策范式、指挥方式被颠覆将不再遥远；军事智能化变革对军队战略规划、决策评估、资源配置、过程控制、效果检验等将带来根本性变化，引发深刻的军事管理革命。打造世界一流科研机构，必须更新理念、跨越发展，创新技术、方法、手段，引领和推动智能化变革，提高军事系统运行效率和我军建设质量效益。

# 深刻理解全面推进国防和军队建设的战略部署①

国防和军队建设，是中国特色社会主义事业总体布局的重要组成部分，是全面建成小康社会的坚强保障。《中共中央关于制定国民经济和社会发展第十三个五年规划的建议》（以下简称《建议》）强调坚定不移推动经济建设和国防建设融合发展，把发展和安全兼顾、富国和强军统一的国家战略落到规划之中、变成路线图，部署全面推进国防和军队建设各项任务。这部分共540字，文字不长，但言简意深，很有新意，是着重从国家战略规划的高度讲宏观思路和战略大计的，包含着新形势下加强国防和军队建设的一系列新思想、新战略、新部署。

## 一、深刻理解"同全面建成小康社会进程相一致，全面推进国防和军队建设"的丰富内涵

这是全会对国防和军队建设一个新的重大提法。这一提法，体现了对国防和军队建设的新定位，是我们党统筹安全与发展两件大事、富国和强军两大任务，作出的战略谋划和长远设计，体现了建军治军理念的新升华。党的十八大提出，国防和军队建设要有一个大的发展。习近平主席强调，要按照"四个全面"战略布局加快推进国防和军队现代化。从"大的发展"到"加快推进"，再到"全面推进"，是理念、思路、方式的转变跃升，是"四个全面"战略布局在军事领域的运用和展开，是实现强军目标的新举措。强军兴军不是某一方面的领先，不是单靠自身的发展，而是要深度融

---

① 2015年10月召开的党的十八届五中全会审议通过了《中共中央关于制定国民经济和社会发展第十三个五年规划的建议》。本文为作者撰写的会议精神宣讲材料的部分内容。

入经济社会发展全局，实现国防和军队现代化水平的整体跨越。概括来讲，就是要使安全战略和发展战略相协调，强军进程和强国进程相一致，国防实力和经济实力相匹配。

### 二、深刻理解全面推进国防和军队建设的目标任务

《建议》提出，到2020年，基本完成国防和军队改革目标任务，基本实现机械化，信息化取得重大进展，构建能够打赢信息化战争、有效履行使命任务的中国特色现代军事力量体系。这是对国防和军队现代化建设"三步走"发展战略第二步目标的充实完善，明确了"十三五"时期军队建设发展的主要思路和奋斗目标。

对这个目标，我们可以从以下三个方面来理解。

一是基本完成国防和军队改革目标任务。把深化军队改革作为一项硬指标写进《建议》，这是个亮点，是发展思路的创新，同时也是军队改革的时间表、军令状，表明我们要在全面建成小康社会决胜阶段打赢军队改革这场硬仗。关于国防和军队改革问题，十八届三中全会作出了全面部署。这个部署，把军队改革纳入了国家改革的大盘子，涉及军队体制编制、政策制度和军民深度融合三个方面数十项具体任务。2014年3月，军委深化改革领导小组成立后，进行了一系列改革研究论证，按计划今年年底将实质性展开，2016年底前基本完成阶段性改革任务，到2020年要在重要领域和关键环节改革上取得决定性成果。这次改革，是在深水区打攻坚战，是体系性重塑、革命性变革。我们可以预见，如期完成这样的改革任务后，我军将向强国军队迈出一大步。

二是基本实现机械化，信息化取得重大进展。1997年，中央军委提出了一个与国家"三步走"发展战略相配套的国防和军队现代化建设"三步走"发展战略，21世纪第一个十年打下坚实基础，第二个十年使现代化建

设有较大发展，到21世纪中叶实现现代化。经过近20年的发展，我们实现了国防和军队现代化建设"三步走"发展战略的第一步目标，机械化建设有了较好基础，信息化建设取得明显进步，基本建成了以第三代装备为骨干、以第二代装备为主体的武器装备体系。同时也要看到，信息能力弱是我军作战体系的短板，是制约体系作战能力生成和提高的瓶颈。明年，我们将进入"三步走"发展战略第二步的决胜阶段，要用5年时间基本实现机械化，信息化取得重大进展，也就是基本形成以军事信息系统为支撑、以第四代装备为骨干、以第三代装备为主体的现代化武器装备体系，使我军威慑和实战能力全面提高。

三是构建中国特色现代军事力量体系。这个重大命题是十八大提出的，之后我们一直沿用。这次《建议》明确提出"构建打赢信息化战争、有效履行使命任务的中国特色现代军事力量体系"，加了两个定语，这两个定语不是简单修饰，而是理论和实践上的突破。为什么是突破？它突出能力要求，直击我军两个差距很大、两个能力不够的问题，现实指向更加鲜明。它反映强军要义，与军队根本职能相一致，能打胜仗的导向更加鲜明。它体现多样化需求，军事力量建设和运用着眼点更加符合"四个坚决维护"和"八项战略任务"的使命要求，我军特色更加鲜明。加上这两个定语，标志着我们对建设什么样的军事力量体系、怎样建设和运用军事力量体系的认识更加清晰。

### 三、深刻理解全面推进国防和军队建设的总要求

《建议》提出，以党在新形势下的强军目标为引领，贯彻新形势下军事战略方针，加强军队党的建设和思想政治建设，加强各方向各领域军事斗争准备，加强新型作战力量建设，加快推进国防和军队改革，深入推进依法治军、从严治军。

这一总要求，包括三层意思。一是明确了根本引领，就是党在新形势下的强军目标。我们的一切工作都要围绕强军目标来展开，坚持用强军目标审视、引领和检验，使之真正贯彻到部队建设各领域全过程。二是明确了战略统揽，就是贯彻新形势下军事战略方针，用新的战略方针来统揽军队建设、改革和军事斗争准备。三是明确了重点工作，即"三个加强、两个推进"。

"三个加强"：加强军队党的建设和思想政治建设，就是要深入贯彻古田全军政治工作会议精神，围绕政治工作时代主题，把铸牢军魂作为核心任务，坚持用党的理论创新最新成果武装全军，大力培养"四有"新一代革命军人，打造强军文化，传承我党我军优良传统和红色基因，坚决维护和贯彻军委主席负责制，确保一切行动听从党中央、中央军委和习近平主席指挥；加强各方向各领域军事斗争准备，就是要统筹主要战略方向与其他战略方向，统筹传统安全领域与新型安全领域，统筹军事、政治、后勤、装备等方面军事斗争准备工作，优化构建同使命任务和信息化战争要求相适应的力量体系、战场体系、保障体系，加强实战化训练演练，提高基于网络信息体系的联合作战能力；加强新型作战力量建设，就是要重点发展抢占军事竞争制高点、打赢信息化战争必需的先进力量和手段，抓紧推进战略预警、军事航天、防空反导、信息攻防、战略投送、远海防卫等力量建设，加快新质战斗力形成步伐。

"两个推进"：一是加快推进国防和军队改革，就是要在领导管理体制和联合作战指挥体制改革、优化军队规模结构和力量编成、调整改革政策制度等方面，取得实质性突破，重塑军队组织形态；二是深入推进依法治军、从严治军，就是要加快构建中国特色军事法治体系，加快推进治军方式根本性转变，建设法治军队，锻造律令如铁、威武文明的钢铁之师。

## 四、形成全要素、多领域、高效益的军民深度融合发展格局

这些年来，我国军民融合取得不少成就。如航天发射、航母以及导弹武器等装备，从研发、设计到制造，再到模拟训练和实施及列装，承担研制任务的单位上百家，承担协作配套任务的单位数千家。2014年5月25日，我军在郑民（郑州至民权）高速公路飞机跑道上成功起降包括第三代战机在内的多种机型。我军积极参与实施"互联网+"行动计划，继军队物资采购网之后，全军武器装备采购信息网今年1月上线运行。在看到成就的同时，也要看到，我国军民融合发展刚刚进入由初步融合向深度融合的过渡阶段，还存在思想观念跟不上、顶层统筹统管不够、融合领域范围相对较窄、融合质量效益有待提高等问题。对此，《建议》提出，实施军民融合发展战略，形成全要素、多领域、高效益的军民深度融合发展格局。这是对军民融合发展新布局的擘画，也是对军民融合发展新形态的标定。对于这个格局，可从4个方面来理解。

一是目标要求。主要体现在"全要素、多领域、高效益"这9个字。全要素融合，就是促进信息、技术、人才、资本、设施、服务等全部要素、全部资源，在军地两大体系中双向流动、渗透兼容；多领域融合，就是由主要面向国有大中型企业向多元经济成分延伸，由经济、科技、教育等行业向全社会覆盖，由传统安全领域向新型安全领域拓展；高效益融合，就是坚持国家主导、市场运作，发挥市场配置资源的决定性作用，激励多元力量、优质资源服务国防建设，实现经济效益、国防效益、社会效益最大化。

二是体制机制。《建议》提出，健全军民融合发展的组织管理体系、工作运行体系、政策制度体系。这是军民融合发展的体制机制保障，也是迫切需要解决的重点和难点问题。健全组织管理体系，就是国家和各省（自治区、直辖市）成立军民融合领导机构，统一负责军民融合发展工作，确保军

民融合发展统一领导、军地协调、顺畅高效。健全工作运行体系，就是适应军民融合发展领导管理体制调整，建立新的工作机制。现在，军地各级都存在"多头提需求、分散搞对接、各自抓建设"的问题。解决这类问题，必须强化国家主体责任，发挥政府与市场"两只手"作用，归口需求、规范对接、统筹资源，实现国家主导、需求牵引、市场运作相统一。健全政策制度体系，就是完善相关法规政策，纠正"协调工作靠感情、解决问题靠关系、多做工作多吃亏"的问题，制定资金保障、利益补偿、优惠扶持等政策，拆除军地之间、部门之间利益固化的藩篱，增强融合发展的内生动力。

三是重点领域。《建议》提出，在海洋、太空、网络空间等领域推出一批重大项目和举措，打造一批军民融合创新示范区，增强先进技术、产业产品、基础设施等军民共用的协调性。海洋、太空、网络是军事竞争的战略领域，也是牵引经济、科技发展的制高点，建设海洋强国、航天强国、网络强国，必须举全国全军之力，军民一体运筹。军民融合创新示范区，现在各地建了一些，北京中关村军民融合科技创新示范基地于2014年9月5日挂牌成立。四川绵阳科技城已经培育了363家军民融合型企业，产业覆盖电子信息、航空发动机、核物理等300多个专业领域。工信部现在确定了26个国家级军民融合示范基地。但很不完善，需要根据《建议》要求进行新的设计，打破二元分离架构，坚持统放结合，坚持技术、人才共享和基础设施共建共用，真正打造一批军民结合、产学研一体的科技创新中心和平台，催生新技术、孵化新产业。

四是军政军民团结。这是军民融合发展的政治基础、可靠保证。我们要强化宗旨意识和群众观念，以实际行动为人民群众造福兴利。要大力弘扬军爱民、民拥军的光荣传统，巩固发展坚如磐石的军政军民关系，党政军警民合力强边固防，为实现中国梦强军梦凝聚强大力量。《建议》还对加强全民国防教育和后备力量建设，加强现代化武装警察部队建设提出要求。

# 新时代中国国家安全战略<sup>①</sup>

## 一、中国的安全观念与安全战略

中国历史悠久的安全观念和丰富的安全战略思想，是中华民族之所以能历经五千年沧桑而傲然屹立于世界东方的一个重要原因。在历史上，中国作为东亚大陆的核心国家，所面临的是一个独特的地缘安全环境：东边和南边是大海，西边是青藏高原和大沙漠，北边是寒冷的大荒原。以两河（黄河、长江）中下游地区为中心的中原王朝，建立于发达的农业文明基础之上，其外部威胁都来自这个区域的部、族、邦、国，特别是活动于北方地区的游牧民族武装集团，对王朝构成了最大威胁；其内部威胁，则根源于中原王朝自身不同阶级和政治集团错综复杂的矛盾。孕育于这一环境中的中国传统安全战略思想有5个重要特点。

一是居安思危、有备无患。中国先哲们很早就揭示了安全与危险的辩证关系，强调保持忧患意识、危机意识的重要性。《周易》中便有"安而不忘危，存而不忘亡，治而不忘乱"的箴言。居安思危，就是要对各种潜在的威胁保持戒备，预为防范。

二是慎重对待战争。《孙子兵法》开篇第一句话就说："兵者，国之大事，死生之地，存亡之道，不可不察也。"在中国，慎战、非战的观念源远流长、深入人心，"安国全军""不战而屈人之兵"成为社会的普遍共识和理性追求。

---

① 本文为作者2018年11月13—14日在丹麦皇家防务学院、军事科学学会和外交政策学会演讲材料的部分内容。

三是重防御而非进攻。中国历朝历代都把内部的治理和稳定作为关注重点，把抵御北方游牧民族入侵、确保长城以内广大农耕区域的安全作为战略重点，而不是把向外扩张领土作为国家的目标。在这种思想主导下，防御便成了军事上的基本倾向。

　　四是文武兼备、刚柔相济。中国古人很早就认识到，国家安全不能单纯依靠武力，而必须把"文"（政治、经济、文化、外交等非军事因素）"武"（军事因素）两个方面统一起来，军事手段与非军事手段相结合，文武相济，一张一弛。

　　五是实行王道，反对霸道。中国历史上就有王道和霸道之争。王道就是协和万邦，按道义和规则办事；霸道就是倚仗权势、恃强凌弱，按实力和拳头办事。中华文明始终崇尚和平、和睦、和谐，以仁为核心的儒家思想特别强调"仁人无敌于天下"。

　　新中国成立后的头30年，仍面临大规模外敌入侵的现实威胁，国家生存安全成为安全战略的重点。20世纪80年代改革开放以来，国家现代化建设中的安全问题日益突出，国家发展安全成为安全战略的重点。

　　当今世界正面临百年未有之大变局，和平与发展仍然是时代主题，国际格局和力量对比演变加速，但世界经济政治的不稳定性不确定性突出，地缘政治热点此起彼伏，单边主义、保护主义愈演愈烈，大国战略竞争和博弈加剧，国际关系复杂程度前所未有。

　　当今中国已进入中国特色社会主义新时代，正处在从大国走向强国的关键时期。一些国家和国际势力对中国的战略遏制和围堵日益升级，海上方向安全面临的现实威胁呈上升趋势，周边热点问题和局部动荡复杂多变，反对"台独"等分裂势力斗争形势更加严峻。中国仍然面临多元复杂的安全威胁，生存安全问题和发展安全问题、传统安全威胁和非传统安全威胁相互交织，维护国家统一、维护领土完整、维护发展利益的任务艰巨繁重。

适应国家安全形势新变化，习近平主席提出坚持总体国家安全观，统筹内部安全和外部安全、国土安全和国民安全、传统安全和非传统安全、生存安全和发展安全、自身安全和共同安全，走中国特色国家安全道路。中国成立中央国家安全委员会，制定《国家安全战略纲要》，颁发施行新的《国家安全法》，国家安全战略逐步发展成熟。新时代中国国家安全战略，主要有以下特点：

第一，坚持国家利益至上。国家利益是制定和实施国家安全战略的出发点，是国家判断安全状态的主要标准。中国的核心利益包括：国家政权、主权、统一和领土完整、人民福祉、经济社会可持续发展。中国人民极为珍惜自己来之不易的独立自主权利，始终把维护国家主权、统一、领土完整和安全放在第一位。中国决不会以牺牲别国利益为代价来发展自己，也决不放弃自己的正当权益，任何人不要幻想让中国吞下损害自身利益的苦果。

第二，坚持以人民安全为宗旨。人民安全高于一切，是总体国家安全观的精髓所在。做好国家安全工作，其根本任务就是全方位保障人民安全，即维护人民的根本利益，保障人民当家作主的各项权利，为人民创造良好的生存发展条件和安定的工作环境，保障人民的生命财产安全和其他权益。随着不断实施"走出去"战略，海外中资企业和人员安全的问题已成为中国国家利益的重要组成部分。哪里有中国公民，国家安全边界和维护国家利益的能力就应该拓展到哪里。

第三，坚持以政治安全为根本。以政权安全和制度安全为核心的政治安全，始终是国家安全的根本。维护政治安全的主要任务包括：坚持中国共产党的领导，维护中国特色社会主义制度，发展社会主义民主政治，健全社会主义法制，强化权力运行制约和监督机制等。中国经济社会正在发生深刻变革，社会矛盾凸显，影响社会稳定的因素增多。某些外部势力不愿意看到一个强大的社会主义中国的存在，千方百计进行破坏和干扰，甚至策动"颜色革命"。

第四，坚持共同安全。共同安全，就是尊重和保障每一个国家的安全。安全应该是普遍的，通过各国共同合作建立具有普遍性的国际安全体制。安全应该是平等的，每个国家都有参与地区和全球安全事务的权利和义务。安全应该是包容的，提倡尊重多样性，妥善处理和照顾不同的利益关切和诉求。中国倡导共同、综合、合作、可持续的安全观，坚持互信、互利、平等、协作，积极参与地区和全球安全治理，打造命运共同体，走出一条共建、共享、共赢的安全之路。

第五，坚持促进中华民族伟大复兴。实现中华民族伟大复兴的中国梦，就是要实现国家富强、民族振兴、人民幸福。新时代国家安全战略，必须服从服务于这一战略目标，对内求发展、求变革、求稳定，对外求和平、求合作、求共赢。中国梦是发展的梦，要统筹好发展与安全的关系。对亚洲大多数国家来说，发展就是最大安全，也是解决地区安全问题的总钥匙。中国梦是追求和平的梦，通过争取和平国际环境发展自己，又以自身发展维护和促进世界和平。

## 二、中国的国防和军队改革

新时代中国国防和军队改革，是在习近平主席亲自领导下进行的。它重塑了中国军队的领导管理体制和作战指挥体制，优化了中国军队的规模结构和力量编成，实现了中国军队组织架构的历史性变革。这次国防和军队改革从2015年开始，大致经历了三个阶段。

第一阶段，重塑领导指挥体制。按照军委管总、战区主战、军种主建总原则，构建军委—军种—部队的领导管理体系和军委—战区—部队的作战指挥体系。领导管理体制改革的重点包括：军委机关由总部制改为多部门制，即由原来的总参谋部、总政治部、总后勤部、总装备部4个总部改为15个职能部门[1]；成立陆军领导机构、火箭军、战略支援部队、联勤保障部队，连同原有的海军、空军领导机构，就构成了完整的军兵种领导管理体制。作战指挥体制改革的重点包括：健全军委联合作战指挥机构，创设军委联合作战指挥中心作为战略指挥中枢；把联合作战指挥的重心放在战区，将七大军区调整划设为东部、南部、西部、北部、中部五大战区，组建战区联合作战指挥机构。

长期以来，中国军队实行作战指挥和建设管理职能合一、建用一体的体制。现在看来，这种体制难以适应现代军队专业化分工的要求，难以适应信息化战争的要求。这次改革打破了长期实行的总部体制、大军区体制、大陆军体制，使军队的领导指挥体制更加科学，职能更加明晰，层级更加合理，运行更加高效。

调整武警部队领导指挥体制，从过去国务院、中央军委双重领导改为党中央、中央军委集中统一领导，实行中央军委—武警部队—部队领导指挥体制。武警部队的根本职能属性没有发生变化，不列入人民解放军序列。

第二阶段，优化规模结构和力量编成。规模上，裁减军队员额30万，把军队员额由230万减至200万。主要裁减军官岗位和非战斗机构人员，官兵比例得到明显优化。军队总员额虽减少，但作战部队人员不减反增，有效提升了军队遂行使命任务的能力。结构上，大幅削减陆军数量，陆军集团军由18个减少至13个（71—83集团军），陆军占军队总员额比例不足一半，同时扩大海军、空军、火箭军，从根本上改变长期以来陆战型、国土防御型的力量结构。进行联勤保障体制改革，调整组建军委直属联勤保障

---

[1] 军委办公厅、军委联合参谋部、军委政治工作部、军委后勤保障部、军委装备发展部、军委训练管理部、军委国防动员部、军委纪律检查委员会、军委政法委员会、军委科学技术委员会、军委战略规划办公室、军委改革和编制办公室、军委国际军事合作办公室、军委审计署、军委机关事务管理总局。

部队，包括武汉联勤保障基地和无锡、桂林、西宁、沈阳、郑州5个联勤保障基地。编成上，将过去的军—师—团—营体制，调整为军—旅—营体制为主体、师—团体制为补充的编成模式。通过压减指挥层级，提高部队合成化、模块化程度，有效提高了军队指挥控制效率和联合作战能力。

军队院校、科研机构、训练机构改革顺利进行。2017年7月19日，以军事科学院、军事医学科学院及军兵种、军委机关部分直属单位为基础的新军事科学院成立，下设战争研究院、军队政治工作研究院、军事法制研究院、军事医学研究院、国防工程研究院、系统工程研究院、防化研究院、国防科技创新研究院等专业研究机构以及若干研究中心。

第三阶段，推进政策制度调整改革。当前，中国国防和军队改革正处于第三阶段。一是军事人力资源政策制度改革，建立中国特色军官职业化制度，建立军衔主导的等级制度和完善的士官制度。二是建立统一的文职人员制度，扩大文职人员统配范围，增加文职人员数量。三是完善退役军人安置政策，改革兵役制度，推进退役军人荣誉体系建设，成立退役军人事务部。四是推进后勤政策制度改革，深化预算、资金、采购以及军人医疗、保险、住房保障、工资福利等制度改革。

通过三阶段改革，中国军队将实现体系性重塑，不仅大幅提高维护国家安全的能力，也有利于承担更多国际责任和义务，提供更多公共安全产品。

### 三、中国的北极政策

北极地区面积约2100万平方公里，其中大陆和岛屿面积约800万平方公里。有关大陆和岛屿的领土主权分属加拿大、丹麦、芬兰、冰岛、挪威、俄罗斯、瑞典、美国等8个北极国家。

**北极地区的战略价值。**随着全球气候变暖，北极地区冰雪融化加速，北极在战略、科研、环保、航道、资源等方面的价值不断提升。北极问题攸关人类生存与发展的共同命运。一是航道价值。据北极理事会评估，北纬30度以北的任何港口之间如使用北极航道将减少40%的距离，欧洲、北美和东北亚之间的海上航线将缩短6000～8000千米。二是资源环保价值。据2008年美国地质勘探局统计，北极地区的石油、天然气、煤炭分别约占世界总储量的13%、30%和25%。北极冰雪消融将使全球海平面上升7米，给全球带来生态灾难。三是重要军事价值。北极地区位于亚、欧、北美三大洲顶点，到达三大洲直线距离最短，是瞰制北半球的战略制高点，可直接威胁北大西洋、北太平洋诸国。北极正在成为新的地缘战略竞争热点，周边国家相继提出权利主张和制定北极战略，有关大国强化在北极的军事部署。北极域外国家在北极不享有领土主权，但依据国际法在北冰洋公海等海域享有科研、航行、飞越、捕鱼、铺设海底电缆和管道等权利，在国际海底区域享有资源勘探和开发等权利。此外，《斯匹次卑尔根群岛条约》缔约国有权自由进出北极特定区域，并依法在该特定区域内平等享有开展科研以及从事生产和商业活动的权利。

**中国是北极事务的重要利益攸关方。**中国地缘上是"近北极国家"，是陆上最接近北极圈的国家之一，与北极的跨区域和全球性问题息息相关。作为联合国安理会常任理事国，肩负着共同维护北极和平与安全的重要使命。中国是世界贸易大国和能源消费大国，北极的航道和资源开发利用将对中国的能源战略和经济发展产生巨大影响。全球变暖使北极东北、西北和中央航道有望成为国际贸易的重要运输干线，使中国通往北美、欧洲海上航线缩短1/3左右的航程、节约40%左右的成本。北极自然状况变化对中国气候系统和生态环境有直接影响，北极冰雪消融将威胁沿海经济发达地区，事关农业、林业、渔业、海洋等领域的利益。着眼战略防御和远海防卫，北极对提升军队情报侦察、战略预警、军事威慑、战略打击等方面的能力有重要意义。

**中国参与北极事务由来已久。**1925年，中国加入《斯匹次卑尔根群岛条约》。1996年，中国成为国际北极科学委员会成员国。2013年，中国成为北极理事会正式观察员。作为国际社会的重要成员，中国对北极国际规则的制定和北极治理机制的构建发挥了积极作用。中国的北极政策目标是：认识北极、保护北极、利用北极和参与治理北极，维护各国和国际社会在北极的共同利益，推动北极的可持续发展。中国参与北极事务的基本原则是：尊重、合作、共赢、可持续。尊重就是要相互尊重，既尊重北极国家在北极享有的主权、主权权利和管辖权，也尊重北极域外国家依法在北极开展活动的权利和自由。合作就是要通过全球、区域、多边和双边等多层次的合作形式，在北极建立多层次、全方位、宽领域的合作关系。共赢就是要在北极事务各利益攸关方之间追求互利互惠，以及在各活动领域之间追求和谐共进。可持续就是要在北极推动环境保护、资源开发利用和人类活动的可持续性，致力于北极的永续发展。[①]

中国参与北极事务的政策主张，主要有以下内容：

一是不断深化对北极的探索和认知。中国主张通过合作依法在北极国家管辖区域内开展北极科考活动，坚持各国在北冰洋公海享有科研自由。截至2017年底，中国在北极地区已成功开展了8次北冰洋科学考察和14个年度的黄河站站基科学考察。借助船站平台，中国在北极地区逐步建立起海洋、冰雪、大气、生物、地质等多学科观测体系。

二是保护北极生态环境。中国坚持依据国际法保护北极自然环境，保护北极生态系统，养护北极生物资源，积极参与应对北极环境和气候变化的挑战。中国已将落实"国家自主贡献"等应对气候变化的措施列入国家

---

[①]《中国的北极政策》，中华人民共和国国务院新闻办公室，2018年1月。

整体发展议程和规划，为《巴黎协定》的缔结发挥了重要作用。中国的减排措施对北极的气候和生态环境具有积极影响。

三是依法合理利用北极资源。北极资源丰富，但生态环境脆弱。中国一贯主张，开发利用北极的活动应遵循国际条约和国际法，尊重北极国家的相关法律，以可持续的方式进行。中国鼓励企业通过国际合作开发利用北极资源，参与北极航道以及油气和矿产等非生物资源的开发利用，参与渔业等生物资源的养护和利用，参与旅游资源开发。

四是积极参与北极治理和国际合作。中国坚持维护现行北极国际治理体系，坚持依法规范、管理和监督中国公民、法人或者其他组织的北极活动，主张构建和完善北极治理机制。中国积极推动共建"一带一路"倡议涉北极合作，包括加强与北极国家发展战略对接、共建经北冰洋连接欧洲的蓝色经济通道等。中国主张北极国家与域外国家建立合作伙伴关系，已与所有北极国家开展北极事务双边磋商。

五是促进北极和平与稳定。中国主张和平利用北极，致力于维护和促进北极的和平与稳定，保护北极地区人员和财产安全，保障海上贸易、海上作业和运输安全。中国支持通过和平方式解决涉北极领土和海洋权益争议，支持维护北极安全稳定的努力，加强与北极国家在海空搜救、海上预警、应急反应、情报交流等方面的国际合作。

# 实行防御性国防政策和积极防御军事战略①

国防政策是国家制定的一定时期内指导国防活动的基本行动准则，是国家内外政策在国防安全领域的集中体现。军事战略是筹划和指导战争全局的方针和策略，是国防政策的重要内容。中国奉行防御性的国防政策，实行积极防御的军事战略，加强国防建设的目的是维护国家主权和领土完整，保障国家和平发展。

## 一、奉行防御性国防政策

防御性国防政策，就是以保卫国家安全、防备和抵抗侵略、维护世界和平为根本目的国防政策。《中华人民共和国宪法》明确规定，中国武装力量的任务是巩固国防，抵抗侵略，保卫祖国，保卫人民的和平劳动，参加国家建设事业，努力为人民服务。《中华人民共和国国防法》明确规定，中国在对外军事关系中，维护世界和平，反对侵略扩张行为。我国的发展道路、根本任务、对外政策和历史文化传统，决定我国必然实行防御性国防政策。

坚定不移走和平发展道路。和平发展是根据时代发展潮流和国家根本利益作出的战略抉择，是中国特色社会主义的必然选择。中国特色社会主义坚持创新、协调、绿色、开放、共享的新发展理念，推动构建人类命运共同体，建设持久和平、普遍安全、共同繁荣、开放包容、清洁美丽的世

---

① 本文为作者两次参加中共中央组织部全国干部培训教材编写的部分内容。原载《全面推进国防和军队现代化》，人民出版社、党建读物出版社，2019年；《加快推进国防和军队现代化》，人民出版社、党建读物出版社，2015年。

界。实现中华民族伟大复兴的中国梦离不开和平的国际环境和稳定的国际秩序，这就决定了我们的发展不可能走资本主义国家武力崛起和侵略扩张的道路。和平发展道路强调发展的和平性、开放性、合作性、互惠性，既通过维护世界和平发展自己，又通过自身发展维护世界和平，这就从根本上规定了我国国防政策的防御性质。

坚定不移推进改革开放和社会主义现代化建设。从全面建成小康社会到基本实现现代化，再到全面建成社会主义现代化强国，是新时代中国特色社会主义发展的战略安排。经过40年的努力，解决人民温饱问题、人民生活总体上达到小康水平这两个目标已提前实现。但是，我国仍处于并将长期处于社会主义初级阶段的基本国情没有变，我国是世界最大发展中国家的国际地位没有变。我国国防必须服从服务于国家发展战略和安全战略，为实现"两个一百年"奋斗目标和中华民族伟大复兴的中国梦提供坚强的安全保障。

坚定不移奉行独立自主的和平外交政策。中国人民极为珍惜自己来之不易的独立自主权利，始终把维护国家主权、统一、领土完整和安全放在第一位。中国尊重各国人民自主选择发展道路的权利，维护国际公平正义，反对把自己的意志强加于人，反对干涉别国内政，反对以强凌弱。中国决不会以牺牲别国利益为代价来发展自己，也决不放弃自己的正当权益，任何人不要幻想让中国吞下损害自身利益的苦果。中国无论发展到什么程度，始终奉行独立自主的和平外交政策和防御性国防政策，永远不称霸，永远不搞扩张。

坚定不移秉承中华民族优秀文化传统。中国是一个有五千年文明历史的国家，历来热爱和平、追求和谐，崇尚"以和为贵""亲仁善邻""协和万邦"。举世闻名的"丝绸之路"是一条贸易之路、文化之路、和平之路，铭刻下中国古人追求同各国人民友好交流、互利合作的历史足迹。中国的和谐文化表现在军事上，就是主张用非军事手段来解决争端、慎重对待战争和战略上后发制人。新中国成立后为维护主权和安全进行的自卫战争，没有侵占任何外国一寸土地，没有侵犯过任何外国的主权，没有以不平等关系强加于任何外国。

防御性国防政策的基本原则不会改变，但其时代内涵将随着安全形势和国防需求的变化而变化。这种新变化具体表现为：一是范围拓展，生存安全问题和发展安全问题、传统安全问题和非传统安全问题相互交织，发展中的安全问题日益突出，维护国家统一、维护领土完整、维护发展利益任务艰巨繁重。二是目标拓展，从打赢战争到遏制战争，从争取和平到维护和平，维护国家和平发展、维护世界和平成为国防的基本目标。三是任务拓展，实现巩固内部安全与防范外来威胁的统一，应对传统安全威胁和新型安全挑战的统一，维护海上、陆上、空天、网络空间和海外利益安全，提高军队应对各种安全威胁、完成多样化军事任务的能力。四是手段拓展，在立足打赢信息化局部战争的基础上，增强军事手段运用的积极性和主动性，密切配合政治、经济、外交、文化、法律等手段，实现国家的综合安全。

新时代中国的国防政策，主要包括以下内容：

一是捍卫国家主权、安全、发展利益。人民军队履行新时代使命任务，为巩固中国共产党领导和中国特色社会主义制度提供战略支撑，为捍卫国家主权、统一、领土完整提供战略支撑，为拓展我国海外利益提供战略支撑，为促进世界和平与发展提供战略支撑。始终奉行不首先使用核武器的政策，坚持自卫防御的核战略。

二是全面推进国防和军队现代化。按照国防和军队现代化建设新的"三步走"战略安排，到2035年基本实现国防和军队现代化，到21世纪中叶把人民军队全面建成世界一流军队。全面推进军事理论现代化、军队组织形态现代化、军事人员现代化、武器装备现代化。

三是坚持走中国特色强军之路。全面贯彻习近平强军思想，坚持政治建军、改革强军、科技强军、人才强军、依法治军，建设一支听党指挥、能打胜仗、作风优良的人民军队。继续深化国防和军队改革，推进军事管理革命，完善中国特色社会主义军事制度。

四是贯彻积极防御军事战略。适应战争形态和作战样式发展新趋势，创新发展军事战略指导，构建中国特色现代作战体系。扎实做好各战略方向、各安全领域军事斗争准备，发挥人民战争的整体威力，有效塑造态势、管控危机、遏制战争、打赢战争。

五是推进军民融合深度发展。坚持发展和安全兼顾、富国和强军统一，形成全要素、多领域、高效益的军民融合深度发展格局，促进经济建设和国防建设协调发展、平衡发展、兼容发展，完善国防动员体系，构建一体化的国家战略体系和能力。

六是维护地区和世界和平。坚持共同安全、综合安全、合作安全、可持续安全的安全观和共商共建共享的全球治理观，发展不结盟、不对抗、不针对第三方的军事合作关系，推动建立公平有效的集体安全机制和军事互信机制。积极拓展军事安全合作空间，营造有利于国家和平发展的安全环境。

## 二、实行积极防御军事战略

积极防御战略思想是我党军事战略思想的基本点，是我军一贯坚持的总方针和克敌制胜的法宝。在长期革命战争实践中，人民军队形成了一整套积极防御战略思想。积极防御的实质是攻势防御，坚持战略上的防御与战役战斗上的进攻的统一，坚持防御、自卫、后发制人的原则，坚持"人不犯我，我不犯人；人若犯我，我必犯人"。

新中国成立后，党中央、中央军委根据国家安全形势发展变化，对军事战略方针进行了多次重大调整。20世纪50年代中期，中央军委确定了积极防御战略方针。60—70年代，为了对付外敌大规模入侵，先后采取"有顶有放、诱敌深入、纵深歼敌""积极防御、诱敌深入"的战略方针，1980年重新调整为积极防御战略方针。1988年，提出稳定北线、加强南线、强边固防、经略海洋的战略指导。1993年，制定新时期军事战略方针，以打赢现代技术特别是高技术条件下局部战争为基点。2004年，充实完善新时期军事战略方针，把军事斗争准备基点进一步调整为打赢信息化条件下的局部战争。2014年，制定新形势下军事战略方针，将军事斗争准备基点放到打赢信息化局部战争上，以海上方向军事斗争为战略重心。2019年，强调全军要深入贯彻习近平强军思想，深入贯彻新时代军事战略方针，在新的起点上做好军事斗争准备工作。

我国社会主义性质和国家根本利益，走和平发展道路的客观要求，决定了我们必须毫不动摇地坚持积极防御战略思想。坚持积极防御战略思想，有利于我们占领道义制高点、掌握政治和外交主动，服务于以武止戈，保障国家和平发展，也能够使我们避免陷入战争泥潭。这是总结历史经验、科学判断现实和未来得出的结论，绝不是权宜之计。

积极防御的内涵是随着时代的发展而不断发展的，不是固化的、狭义的。现在，国家安全问题范围和领域不断扩大，军队担负的职能任务不断拓展，军事力量运用日益常态化，运用方式越来越多样化。这就要求我们坚持积极防御战略思想，同时深刻把握国家安全内涵和外延的发展变化，进一步丰富发展积极防御的时代内涵，以防御为根本，在"积极"二字上做文章。

实行积极防御军事战略必须服从服务党和国家战略全局，落实总体国家安全观，积极适应战略竞争新格局、国家安全新需求、现代战争新形态，更加突出深远经略、更加突出综合博弈、更加突出全域联合，主动塑造态势，积极管控危机，坚决遏制和打赢局部战争，有效履行新时代军队使命任务。增强军事战略指导的积极性和主动性，整体运筹备战与止战、维权与维稳、威慑与实战、战争行动与和平时期军事力量运用。在指导重心上，由注重战争指导向塑造态势、管控危机前移，更加重视利用军事力量和手段营造和平发展的良好环境。在战略态势上，由战略内线向战略内线与外线相结合转变，前推战略前沿，扩大战略回旋空间。在力量布局上，由立足国土防御、近海防御向维护海外利益、远海防卫拓展，稳妥积极推进军事力量走出去。在力量运用上，由主要遂行战争行动向军事力量多样化常态化运用发展，拓展军事力量和手段运用的方式方法，注重发挥战略威慑作用，努力实现不战而屈人之兵。在新的历史条件下，坚持积极防御军事战略，要把新时代军事战略思想立起来，把新时代军事战略方针立起来，把备战打仗指挥棒立起来，把抓备战打仗的责任担当起来，坚持战斗力这个唯一的根本的标准，聚焦军事斗争准备，深化战争和作战筹划，加强新型作战力量建设，大抓实战化军事训练。

实行积极防御军事战略，主要把握以下几点：

一是坚持我军战略指导原则。主要包括：服从服务于国家战略目标，有效塑造态势、管控危机、遏制战争、打赢战争；营造有利国家和平发展的战略态势，坚持政治、军事、经济、外交等领域斗争密切配合；保持维权维稳平衡，维护国家领土主权和海洋权益，维护周边安全稳定；努力争取军事斗争战略主动，积极运筹谋划各方向各领域军事斗争；运用灵活机动的战略战术，发挥联合作战整体效能，综合运用战法手段；立足应对最复杂最困难情况，坚持底线思维，确保妥善应对、措置裕如；充分发挥人民军队特有的政治优势，坚持党对军队的绝对领导，密切军政军民关系；坚持全民国防，用好克敌制胜特有法宝，创新人民战争的战略战术和内容方法，充分发挥人民战争整体威力；积极拓展军事安全合作空间，深化与大国、周边、发展中国家的军事关系，促进建立地区安全和合作架构。

二是立足打赢信息化局部战争。根据战争形态演变、国家安全形势和我军信息化建设加速发展的实际，基于陆海空天电网的多维战场环境，将军事斗争准备基点放在打赢信息化局部战争上，突出海上军事斗争和军事斗争准备，有效控制重大危机，妥善应对连锁反应，坚决捍卫国家领土主权、统一和安全。同时，加快军事智能化发展，坚持以机械化、信息化支撑智能化，以智能化牵引机械化、信息化，推动机械化、信息化、智能化融合发展。

三是优化军事战略布局。根据我国地缘战略环境、面临安全威胁和军队战略任务，适应经略海洋、经略周边和"走出去"的战略要求，既要通盘谋划、确保战略全局稳定，又要突出重点、扭住关系全局的战略枢纽；既要关注陆地、海洋、空中等传统安全领域，还要应对多种新型安全领域威胁，构建立足防御、多域统筹、均衡稳定的新时代军事战略布局。加强对海外军事存在和活动、海外行动能力建设等问题的筹划和指导，加强海外利益攸关区国际安全合作，维护海外利益安全。

四是创新基本作战思想。着眼信息化局部战争的特点规律和制胜机理，发扬我军机动灵活的战略战术传统，坚持灵活机动、自主作战原则，你打你的、我打我的，扬长避短、克敌软肋。把握联合作战、非对称作战、精确作战、整体作战的基本思想，运用诸军兵种作战力量，实施基于网络信息体系的一体化联合作战。扎实做好各战略方向军事斗争准备，统筹推进传统安全领域和新型安全领域军事斗争准备，开展实战化军事训练，保持常备不懈的战备状态，全面提高新时代备战打仗能力。

**三、完善国防领导管理体制和武装力量体系**

国防领导管理体制是党和国家领导管理国防活动的组织体系及相应制

度。我国根据宪法、国防法及其他有关法律，建立和完善国防领导管理体制。我国的武装力量受中国共产党领导。党的中央军事委员会和国家的中央军事委员会，组成人员和对军队的领导职能完全一致。党的中央军事委员会组成人员由中央委员会决定。中央军委实行主席负责制，中央军委主席为全国武装力量的统帅。

新中国成立以来的各个历史时期，国防领导管理体制进行了多次调整，在实践中不断发展和完善。1949年10月，根据《中国人民政治协商会议共同纲领》和《中华人民共和国中央人民政府组织法》的规定，设立中央人民政府人民革命军事委员会，作为国家最高军事领导机关，取代原有的中共中央革命军事委员会。1954年9月，第一届全国人民代表大会通过的《中华人民共和国宪法》规定，中华人民共和国主席统率全国武装力量，担任国防委员会主席。一届全国人大一次会议决定，设立国防委员会和国防部。国防委员会为咨询机构，其成员包括中国共产党和党外的著名军事将领。9月28日，一届全国人大一次会议闭幕的当天，中共中央政治局作出《关于成立党的军事委员会的决议》，指出必须同过去一样在中央政治局和书记处之下成立党的军事委员会，担负整个军事工作的领导。中央政治局、书记处和军事委员会有关军事工作的决定，可用军事委员会（简称军委）的名义由内部系统下达，其须公开发布的命令和指示，则用国务院或国防部的名义下达。1975年和1978年宪法取消了国家主席的设置，规定军队由党中央主席统率，军队和国家的关系不明确。

1982年12月，第五届全国人民代表大会第五次会议通过的现行宪法规定，设立中华人民共和国中央军事委员会，领导全国的武装力量。中央军事委员会实行主席负责制，对全国人大及其常委会负责。这就从法律上明确了军队是国家的军队。宪法明确肯定了党在国家生活中的领导作用，当然也包括党对军队的领导。中央军委既是国家的中央军委，又是党的中央军委，实际上是一套人马、两块牌子。这就确立了党和国家高度集中统一行使领导职权的国防领导管理体制。

全国人民代表大会选举国家的中央军委主席，根据中央军委主席的提名，决定中央军委其他组成人员的人选；决定战争和和平的问题，并行使宪法规定的国防方面的其他职权。全国人大常委会在全国人大闭会期间决定战争状态的宣布，决定全国总动员或者局部动员，等等。国家主席根据全国人大及其常委会的决定，宣布战争状态，发布动员令，等等。

国务院领导和管理国防建设事业，编制国防建设发展规划和计划；制定国防建设方面的方针、政策和行政法规；领导和管理国防科研生产；管理国防经费和国防资产；领导和管理国民经济动员工作和人民武装动员、人民防空、国防交通等方面的有关工作；领导和管理拥军优属工作和退出现役的军人的安置工作；领导国防教育工作；与中央军委共同领导民兵的建设和征兵、预备役工作以及边防、海防、空防的管理工作；等等。国务院设有国防部以及其他与国防建设事业有关的部门。

中央军委领导和统一指挥全国武装力量，决定军事战略和武装力量的作战方针；领导和管理人民解放军和人民武装警察部队的建设；向全国人大或者全国人大常委会提出议案；制定军事法规，发布决定和命令；决定人民解放军和人民武装警察部队的体制编制；任免、培训、考核和奖惩武装力量成员；批准武装力量的武器装备体制和武器装备发展规划计划；等等。

为了加强国防领导管理的协调，国务院和中央军委建立了协调会议制度。1994年成立的国家国防动员委员会，是在国务院、中央军委领导下主管全国国防动员工作的议事协调机构。1991年成立的国家边防委员会，2005年更名为国家边海防委员会，在国务院和中央军委领导下，负责指导协调全国的边海防工作。

2013年成立的中央国家安全委员会，作为中共中央关于国家安全工作的决策和议事机构，统筹协调涉及国家安全的重大事项和重要工作，向中央政治局、中央政治局常务委员会负责。2017年成立的中央军民融合发展委员会，作为中央层面军民融合发展重大问题的决策和议事机构，统一领导军民融合深度发展，向中央政治局、中央政治局常务委员会负责。

自2015年起，中央军委按照军委管总、战区主战、军种主建的总原则，对军队领导指挥体制进行了大刀阔斧的改革。在领导管理体制方面，调整军委总部体制，实行军委机关多部门制，即由原来的总参谋部、总政治部、总后勤部、总装备部4个总部改为15个职能部门；成立陆军领导机构、火箭军、战略支援部队、联勤保障部队，形成军委—军种—部队的领导管理体系。在作战指挥体制方面，调整划设东部、南部、西部、北部、中部五大战区。按照联合作战、联合指挥的要求，建立健全军委、战区两级联合作战指挥机构，形成军委—战区—部队的作战指挥体系。

中国共产党在领导中国人民进行长期的革命战争中，逐步建立发展了适应人民战争需要的野战军、地方军和民兵"三结合"的武装力量体制。依据国防法，中华人民共和国的武装力量由中国人民解放军现役部队和预备役部队、中国人民武装警察部队和民兵组成。党的十九届三中全会通过的《中共中央关于深化党和国家机构改革的决定》，把建设"中国特色、世界一流的武装力量体系"作为构建党和国家机构职能体系的重要组成部分，从战略全局上作出部署。

中国人民解放军是中国武装力量的主体，其现役部队是国家的常备军，由陆军、海军、空军、火箭军、战略支援部队、联勤保障部队组成。

陆军是人民解放军的基础，是主要在陆地遂行作战任务的军种，包括机动作战部队、边海防部队、警卫警备部队等。陆军机动作战部队现有13个集团军和部分独立合成作战师（旅）。陆军按照机动作战、立体攻防的战略要求，实现从区域防卫型向全域作战型转变，加快小型化、多能化、模块化发展步伐，提高精确作战、立体作战、全域作战、多能作战、持续作战能力。

海军是人民解放军的战略性军种，是海上作战行动的主体力量，主要由潜艇部队、水面舰艇部队、航空兵、陆战队、岸防部队等兵种组成。海军按照近海防御、远海防卫的战略要求，实现从近海防御型向远海防卫型转变，构建合成、多能、高效的海上作战力量体系，提高战略威慑与反击、海上机动作战、海上联合作战、综合防御作战和综合保障能力。

空军是人民解放军的战略性军种，是空中作战行动的主体力量，主要由航空兵、地面防空兵、雷达兵、空降兵、电子对抗兵等兵种组成。空军按照空天一体、攻防兼备战略要求，实现从国土防御型向攻防兼备型转变，构建适应信息化作战需要的空天防御力量体系，提高战略预警、空中打击、防空反导、信息对抗、空降作战、战略投送和综合保障能力。

火箭军是中央军委直接掌握使用的战略部队，是我国战略威慑的核心力量，是我国大国地位的战略支撑，是维护国家安全的重要基石，主要担负遏制他国对我国使用核武器、遂行核反击和常规导弹精确打击任务，由核导弹部队、常规导弹部队、作战保障部队等组成。火箭军按照核常兼备、全域慑战的战略要求，加快推进信息化转型，增强导弹武器的安全性、可靠性、有效性和实战化，提高战略威慑与核反击和中远程精确打击能力。

战略支援部队是维护国家安全的新型作战力量，是我军联合作战体系的重要支撑，是我军新质作战能力的重要增长点。2015年12月31日，中央军委整合各类战略性、基础性、支撑性保障力量，成立战略支援部队。其主要任务是坚持体系融合、军民融合，努力在关键领域实现跨越发展，高标准高起点推进新型作战力量加速发展、一体发展。

联勤保障部队是实施联勤保障和战略战役支援保障的主体力量，是中国特色现代军事力量体系的重要组成部分。2016年9月13日，中央军委调整组建联勤保障部队。其主要任务是按照联合作战、联合训练、联合保障的要求加快部队建设，深化军事斗争后勤准备，加快融入联合作战体系，提高一体化联合保障能力，努力建设一支强大的现代化联勤保障部队。

预备役部队是以现役军人为骨干，以预备役军官、士兵为基础，按照统一编制组建的部队，纳入军队建制序列，授予番号、军旗，实行军队与地方党委、政府双重领导制度。预备役部队编有预备役师、旅、团，主要按地域或行业系统进行编组。预备役部队已发展成为由陆军、海军、空军、火箭军预备役部（分）队组成的重要后备力量，正加快由数量规模型向质量效能型、由直接参战型向支援保障型转变，努力成为现役部队的得力助手和国防后备力量的拳头。

中国人民武装警察部队是党领导的人民武装力量的重要组成部分，在维护国家安全和社会稳定、保卫人民美好生活中肩负着重大职责，在维护政治安全特别是政权安全、制度安全中具有重要作用，主要担负执勤、处突、反恐怖、海上维权执法、抢险救灾和防卫作战任务。党中央决定，自2018年1月1日起，武警部队由党中央、中央军委集中统一领导，实行中央军委—武警部队—部队领导指挥体制，按照"多能一体、有效维稳"的战略要求，加快融入全军联合作战体系，加快构建军地协调联动新格局，努力建设一支强大的现代化武装警察部队。

民兵是不脱离生产的群众武装组织，是人民解放军的助手和后备力量，担负参加社会主义现代化建设、执行战备勤务、参加防卫作战、协助维护社会秩序和参加抢险救灾等任务。民兵是进行人民战争的战略力量。民兵在国务院、中央军委统一领导下，实行地方党委、政府和军事系统的双重领导。全国的民兵工作由军委国防动员部主管。省军区、军分区和县（市、区）人民武装部是本行政区的民兵领导指挥机关，负责本区域的人民武装工作。乡、镇、街道和部分企事业单位设有人民武装部，负责民兵工作的具体组织实施。

### 四、创新发展新时代人民战争

"兵民是胜利之本",这是永远颠扑不破的真理。坚持积极防御,从根本上讲,就是坚持人民战争的战略战术。毛泽东说,我们的战略战术是建立在人民战争这个基础上的,任何反人民的军队都不能利用我们战略战术。邓小平指出,我们的战略是毛泽东主席制定的,毛主席的战略思想就是人民战争;我们现在还是坚持人民战争。

实行人民战争,适合中国的实际情况,是我们党的最大优势,是人民军队克敌制胜的法宝。这是因为:第一,我们所进行的战争是正义的战争,最广大的人民群众站在我们一边。只有得到人民支持和拥护的战争,才能取得最后的胜利。第二,兵民是现代战争的胜利之本,人是战争的决定因素。无论战争形态和作战样式如何变化,都要动员和依靠人民进行战争。任何技术武器装备都只有通过人的勇敢、智慧和牺牲精神,才能发挥其最大作用。第三,我们有打人民战争的自然地理条件和雄厚的战争潜力。中国地域辽阔,人口众多,具有深厚的人民战争潜力和持久作战的社会、经济与政治基础。

应对信息时代的战争,我们的最大优势还是人民战争,敌人最害怕的也还是我们进行人民战争。那种认为人民战争过时了、无用了的观点是错误的。习主席强调指出,不论形势如何发展,人民战争这个法宝永远不能丢。要把握新时代人民战争的新特点新要求,创新内容和方式方法,充分发挥人民战争的整体威力。

创新发展人民战争的战略战术,必须着眼新时代人民战争的特点及其发展。一方面,信息化局部战争是体系对体系的对抗,具有平战一体、前后方一体、军民一体的显著特点。信息技术的广泛运用为动员和组织人民群众提供了新的手段方式，信息技术的军民通用性为人民群众参战支前提供了广阔空间，信息化作战体系对整体和后方的高度依赖性为深入开展人民战争提供了有效途径。另一方面，信息化局部战争是信息主导、精确作战的战争，是空间融合、时间增值的战争，时间和速度直接影响战争成败。通过大规模组织人民群众利用广阔国土空间进行持久作战的优势难以充分体现，仅仅依靠人力密集的数量优势难以在与敌技术密集的质量优势的对抗中取胜，需要从粗放型动员和作战转变为精确化动员和作战。

创新发展信息化条件下人民战争的战略战术，必须积极探索人民战争的新内容新方式。新时代坚持人民战争，既包括战争时期动员和依靠人民进行战争，同仇敌忾、众志成城，陷敌于人民战争的汪洋大海之中，也包括和平时期动员和依靠人民建设军队、建设国防，积蓄人民战争的强大力量，军民结合、平战一体地提升军事力量建设和运用的整体效能。运筹和平时期军事力量运用，要形成军民一体的强大合力。充分发挥人民群众在军事力量外向化运用中的作用，寓军于民、军民融合，为军事力量"走出去"提供有力支持。在海上军事斗争中，军事力量与各种执法力量、民间力量紧密配合、协调行动，形成维权维稳、止战胜战的整体威力。适应信息时代网络化的发展趋势，把军事力量与民用力量融合起来，共同维护网络空间安全和发展利益。高度重视舆论宣传领域的斗争，充分利用军地资源，牢牢掌握舆情主导权，凝聚民心士气。应对信息化局部战争，既要发展与现代化手段相结合的人民战争传统战法，又要创造出体现时代特色、适合人民群众参战的新战法；注重打牢人民战争的政治、思想、组织、力量基础，形成以夺取制信息权为核心的军民整体对抗优势，动员和组织广大人民群众积极开展情报战、袭扰战、伏击战，灵活牵制、消耗敌人，有力配合军队整体作战行动；建立广泛的国际国内统一战线，开展政治、外交、经济、文化等战线的斗争，积极配合和支援军事斗争，形成综合制敌的有利局面。

　　培育壮大人民战争的力量之基，是新时代人民战争发挥整体优势的根本依托。信息化战争的一个显著特点，就是平战一体、长备短战。平时创造能够使人民战争之伟力随时发挥的社会条件，是对人民战争力量体系建设的根本要求。要依托国家的综合国力，把人民战争建立在雄厚的经济实力、强大的国防实力和坚强的民族凝聚力的基础上，全面增强国家应对危机和战争的战略能力。建立健全信息化条件下快速高效的国防动员体制机制，调整优化后备力量规模结构、力量布局，完善平时征用和战时动员法规制度，努力建设一支平时能应急、战时能应战的强大后备力量。贯彻军民结合、寓军于民的方针，把军民结合由主要集中在国防科技工业领域拓展到经济、科技、教育、人才等各个领域，由行业、部门间协调提升到国家战略层面，推动军民融合深度发展。

# 新中国防御性国防政策的历史演变及特点[①]

新中国成立以来，我们党着眼国际战略形势和国家安全环境的深刻变化，结合中国具体的国情军情，制定并实施了一脉相承的以防御性为主要特征的国防政策，在统一领导国防和军队建设运用方面发挥了至关重要的作用。

## 一、准备应付突然事变和大规模外敌入侵的国防政策

新中国成立伊始，就向世界宣告了以巩固国防、反对侵略、争取和平为核心的防御性国防政策。1949年9月30日，由毛泽东起草的政治协商会议第一届全体会议宣言指出：中国政府将保卫人民的利益，"加强人民的陆海空军，巩固国防，保卫领土主权完整，反对任何帝国主义国家的侵略"；联合一切爱好和平自由的国家、民族和人民，"共同反对帝国主义者挑拨战争的阴谋，争取世界的持久和平"[②]。这次会议通过的起着国家临时宪法作用的《中国人民政治协商会议共同纲领》（以下简称《共同纲领》）规定：中国国防的任务是"保卫中国的独立和领土主权的完整，保卫中国人民的革命成果和一切合法权益"；中国"拥护国际的持久和平和各国人民间的友好合作，反对帝国主义的侵略政策和战争政策"。

当时国家安全面临内忧外患，存在着大规模外敌入侵的现实威胁，国内反动势力与国际反华势力企图联手把中国的新生政权扼杀在摇篮之中。中国采取了向以苏联为首的社会主义阵营"一边倒"的外交政策，进行了

---

① 本文为作者在第二届强军论坛上的主题发言材料。原载《中国军事科学》2019年第4期。
②《毛泽东选集》第5卷，第9页，人民出版社，1977年。

抗美援朝战争以及援越抗法对外军事援助，实施了解放一江山岛、炮击金门、平息西藏叛乱等作战。毛泽东明确提出建立强大的陆军、空军和海军，实现现代化国防的战略任务，并决策要搞出自己的原子弹、氢弹和人造卫星。1956年3月，中央军委正式确立的保卫祖国的积极防御战略方针，立足于应对以美国为首的军队可能向我国南起海南岛、北至图们江的东部沿海实施突然的战略进攻。1960年1月，中央军委提出的北顶南放战略方针，强调在东部沿海南北战场实施不同的作战指导，即在连云港以北顶住敌人进攻，在长江以南诱敌深入。①

从20世纪60年代中期起，中国国防政策的重心转到准备"早打、大打、打核战争"的基点上来，准备帝、修、反一齐来，立足于两面以至多面作战，坚持有顶有放、诱敌深入、纵深歼敌。60年代末苏军成为主要作战对象，以华北为重点的"三北"（东北、华北、西北）地区成为主要战略方向。毛泽东提出建立国际统一战线、共同反对苏联霸权主义的"一条线"战略思想。1977年，中央军委制定以抵御苏联大规模入侵的积极防御、诱敌深入方针，强调战争初期要制止敌人长驱直入，而后诱敌深入到预设战场歼灭之。这一时期，国家工作以国防建设为中心，展开全国性的战备工作，研制成功"两弹一星"，进行了东南沿海的军事斗争，进行了中印边境、珍宝岛、西沙群岛等自卫反击作战和援越抗美、援老抗美军事行动，为建立战略后方进行大规模的三线建设。中国在爆炸第一颗原子弹后宣布不首先使用核武器的核政策，充分体现了国防政策的防御性。国防政策的重大调整，对于应对和慑止可能的全面侵华战争有积极意义，但国家长期处于盘马弯弓的临战状态，也影响了经济建设以及军队的长远发展。

回顾新中国成立后近30年国防政策的发展，主要有以下特点：

---

① 军事科学院军事战略研究部编：《战略学（2013年版）》，第45页，军事科学出版社，2013年。

第一，坚持战略上的后发制人。我国国防政策的一个核心内容，就是坚持战略上的自卫防御和后发制人，国防的根本任务是抵抗侵略、保卫祖国、保卫人民的和平劳动。革命战争年代实行战略防御、后发制人，主要是着眼于敌强我弱的形势。新中国成立后仍然实行战略防御、后发制人，是由我国社会主义制度和技术装备上敌强我弱的特点决定的。1955年4月，毛泽东在中央书记处会议上明确指出：中国的战略方针是积极防御，决不先发制人。[①]后来他又强调说，中国不会发生对外扩张的事，决不会向外侵略。彭德怀在解释军事战略方针时指出，即使发现敌人立即要向我国大举进攻时也不可以首先打进敌国的领土，否则就会失去战争的正义性。[②]而且首先动手不是战争胜败的决定因素，毛泽东曾多次谈到两次世界大战都是防御者胜利，进攻者失败。后发制人绝不是软弱无能，而是"人不犯我，我不犯人；人若犯我，我必犯人"。作为国防政策核心的积极防御军事战略，是攻防结合的积极防御，是战略上的防御与战役战斗上的积极攻势行动的统一。

第二，准备应付突然事变和大规模外敌入侵。从总体上看，20世纪80年代以前的积极防御战略方针始终强调大战的危险性，并将战争准备的着眼点放在如何对付帝国主义的大规模入侵上。但在不同历史时期，对战争现实威胁的判断是有区别的。20世纪50年代，毛泽东等领导人主要强调要准备应付可能的突然事变，防止帝国主义的突然袭击。在立足最坏情况的同时，认为新的世界战争是有可能制止或推迟的，并在指导自卫战争和军事斗争的实践中形成了关于局部战争的一些重要思想。既然是"突然事变"，那就不一定必然发生，只要工作做得好，战争是有可能避免的。20世纪60年代中期后，毛泽东对大规模侵华战争的现实危险性估计得比较严

---

① 《彭德怀传》，第535页，当代中国出版社，1993年。
② 《彭德怀军事文选》，第590—591页，中央文献出版社，1998年。

重，突出强调了战争的不可避免性和紧迫性。如果说20世纪50年代的准备大打还主要局限于军事工作范围，那么20世纪60年代的准备大打就将战备作为国内各项工作的中心。这种情况主要缘于安全环境的恶化，也与主观上的认识偏差有关。正如邓小平后来所指出的，"那时我们的判断也有缺陷"①。

第三，自力更生地建设国防力量。独立自主、自力更生是毛泽东思想活的灵魂，也是我国国家建设和国防现代化的基本方针。像中国这样一个人口众多的大国，必须以国内力量为主，独立自主、自力更生地建设和巩固国防。毛泽东早在1951年就说，要学习苏联，把先进技术拿到手，自力更生，建设一支强大的国防力量。1954年，他又为国防工业制定了自力更生为主、争取外援为辅的方针。党中央和毛泽东把建立独立完整的现代化国防工业体系，确立为国防发展的总目标。这就使我们能够在外援突然断绝后，不仅建成了完整配套的常规武器装备体系，而且通过自主研制"两弹一星"而实现了跨越式发展。这一方针体现在军队建设上，就是要坚持以我为主，把学习外军经验与中国实际结合起来。毛泽东曾分析我军建设需经过三个阶段，并强调看不起自己的经验是不对的，要以我为主，学习别人的先进经验。尽管这一指导思想在执行过程中出现偏差，但它对建设中国特色的国防和军队现代化产生了极其深远的影响。

第四，实行以全民皆兵为基础的全民防御。我们的国防是全民国防，人民群众是国防力量最深厚的源泉。坚持和发展人民战争的战略思想，依靠最广大的人民群众建设和巩固国防，实行全民自卫，是我们的真正优势和力量所在。新中国的国防政策和军事战略，都是建立在人民战争和全民自卫的基础之上的。作为中国革命战争优良传统的民兵制度，在新中国成

---

① 《邓小平关于新时期军队建设论述选编》，第8页，八一出版社，1993年。

立后得到全面发展。1949年9月通过的《共同纲领》以法律的形式，明确规定中国实行民兵制度。20世纪50年代初，中共中央、中央军委多次指示整顿和巩固民兵组织，建立自上而下的人民武装领导机构，并强调民兵工作必须在地方党委的统一领导下进行，从而逐步形成由地方党委和军事系统对民兵工作的双重领导制度。1957年6月，中央军委提出建立民兵与预备役合而为一的国防后备力量体制。1958年8月，中共中央提出"以民兵组织形式，实现全民皆兵"的思想。全民皆兵思想在实践中对保卫国家安全发挥了重大作用，但也带来民兵建设摊子铺得过大、制约预备役制度建设的问题。

第五，坚持中国共产党对国防的领导。党对军队的绝对领导是人民军队建军的首要原则。新中国成立后，坚持党对军队的绝对领导与国家对军队的领导在根本上是一致的。1949年9月通过的《共同纲领》确定设立隶属于国家政权系统的中央人民政府人民革命军事委员会，统率人民解放军和人民公安部队。1954年9月通过的《中华人民共和国宪法》规定设立国防委员会，国家主席统率全国武装力量，担任国防委员会主席；国务院有领导武装力量建设的职权。鉴于国防委员会是咨询和统一战线性质的组织而非武装力量的统率机构，中央政治局于9月28日作出《关于成立党的军事委员会的决议》，指出：必须同过去一样在中央政治局和书记处之下成立一个党的军事委员会，来担负整个军事工作领导。中共中央军事委员会的重新恢复，从组织体制上为党对军队的绝对领导提供了保证。

## 二、在和平与发展为时代主题条件下的国防政策

20世纪70年代末，和平与发展成为时代的主题，全党工作的重心转移到以经济建设为中心的现代化建设的轨道上来，中国的国防政策也随之发生重大转变。1980年10月，中央军委将积极防御、诱敌深入战略方针调整

为积极防御战略方针。尽管这次调整仍立足于大战，但为后来的战略转变奠定了思想解放的基础。

1985年6月，邓小平作出"在较长时间内不发生大规模的世界战争是有可能的"的战略判断，强调不再认为战争迫在眉睫的国际形势新判断和不再坚持"一条线"战略的对外政策新调整。依据这两个转变，军队建设指导思想实行由时刻准备早打、大打、打核战争的临战状态真正转到和平时期建设的轨道上来的战略性转变。1988年，中央军委重新确立的积极防御军事战略，明确要着重对付可能发生的局部战争和军事冲突，并提出稳定北线、加强南线、强边固防、经略海洋的战略指导。这一时期，我军进行了中越边境自卫还击作战及南沙海战。中央军委作出百万大裁军的战略决策，按照精兵、合成、高效的原则全面调整改革军队体制编制，组建陆军合成集团军和加强诸兵种合成。国家国防领导体制也进行了重大改革。1982年宪法规定国家设立中央军事委员会，由全国人民代表大会产生，中央军委实行主席负责制。党的中央军事委员会和国家的中央军事委员会，组成人员和对军队的领导职能完全一致。这样的体制既能保证党对军队的绝对领导，又便于运用国家机器全面加强国防和军队建设。

进入20世纪90年代，两极格局解体，世界开始了向多极化发展的新时期。和平与发展仍然是时代主题，国际形势总体上趋向缓和，但国际力量对比严重失衡。以信息技术为核心的高技术群迅猛发展及其在军事领域的广泛应用，深刻改变了现代战争形态和作战方式。江泽民着眼时代的发展，对国防政策和军事战略作出新的重大调整。他指出，军事战略归根结底是治国之道，必须跟整个国家的经济、政治、外交密切协调；积极防御这个方针是我们的传家宝，但应随着形势的变化实事求是地继承和发展[1]；要更

---

①《江泽民国防和军队建设思想学习纲要》，第33页，解放军出版社，2003年。

深刻地认识冷战后世界军事斗争的新特点，下大气力发展国防科技。1993年1月，中央军委制定了新时期积极防御的军事战略方针，明确提出把军事斗争准备的基点放在打赢可能发生的现代技术特别是高技术条件下的局部战争上。进入新世纪，中央军委确定把军事斗争准备的基点放在打赢信息化条件下的局部战争上。

在新时期军事战略方针的指引下，我军加强以海军、空军和二炮为重点的作战力量建设，深入进行体制编制调整改革，两次裁减军队员额共70万，组织一系列反"台独"军事威慑行动，完成驻军香港、澳门的任务，大规模投入1998年抗洪抢险伟大斗争等。1995年发表《中国的军备控制与裁军》白皮书，从1998年起每两年发表一部国防白皮书，阐明中国国防政策的主要内容和基本依据，展现中国坚定不移地实行防御性国防政策的理念和行动。

21世纪初的新世纪新阶段，和平、发展、合作成为时代的潮流，国际安全形势保持总体稳定，但不稳定不确定因素也在增多，世界仍然很不安宁，我国安全形势呈现出一系列新特点新趋势，国防和军队建设面临的内外环境发生深刻变化。胡锦涛新世纪新阶段的国防政策思想，要求国防和军队的建设运用必须服从和服务于党的历史任务，维护国家和民族的根本利益，把科学发展观贯彻落实到国防和军队建设各个领域和全过程。胡锦涛从长远的战略利益出发，明确把国家的发展利益提升至与安全利益同等重要的地位，强调新世纪新阶段军队历史使命的根本着眼点，就是维护国家主权、安全和统一，保障国家发展利益。[①]维护国家利益，就是要坚持安全和发展的统一，谋求国家政治、经济、军事和社会的综合安全。

《2006年中国的国防》白皮书系统阐述了新世纪新阶段的防御性国防

---

①《树立和落实科学发展观理论学习读本》，第133、163页，解放军出版社，2006年。

政策。主要内容是：维护国家安全统一，保障国家发展利益；实现国防和军队建设全面协调可持续发展；加强以信息化为主要标志的军队质量建设；贯彻积极防御的军事战略方针；坚持自卫防御的核战略；营造有利于国家和平发展的安全环境。正是依据这一思想，我军出色完成应对重大"台独"事变军事行动准备、推进国防和军队现代化、战胜四川汶川特大地震灾害等一系列急难险重任务，并派出海军舰艇赴亚丁湾、索马里海域执行护航任务，首次使用军事力量赴海外维护国家战略利益。

总结改革开放后中国国防政策的发展，主要有以下特点：

第一，以国家安全和发展利益为最高准则。邓小平提出处理国家关系不要以社会制度和意识形态划线，而要以自己的国家利益为最高准则来谈问题和处理问题。江泽民强调处理国与国关系要把国家利益放在第一位，而首要的国家利益就是国家的主权和安全。胡锦涛提出要把捍卫国家主权、安全和领土完整，保障国家发展利益放在高于一切的位置。正是依据时代条件的变化和国家利益的发展，中国坚持不同任何大国或国家集团结盟，不参加任何军事集团，独立地处理一切国防安全事务；坚持从中国人民和世界人民的根本利益出发，根据事情本身的是非曲直作出战略判断，从中国的国情军情出发制定国防政策和军事战略。

第二，在经济发展的基础上推进国防现代化。正确处理国防建设与经济建设的关系，始终是关乎国家发展全局的重大问题。邓小平根据国家工作重点转移和经济发展水平的客观现实，提出国防建设要服从国家经济建设大局、军队"要忍耐"的思想，为国家集中力量发展经济创造了重要条件。江泽民提出国防建设与经济建设两头兼顾、协调发展的思想，强调形成与经济实力相协调和与国防建设需要相符合的军事实力，形成国防建设和经济建设相互促进、协调发展的机制。胡锦涛进一步提出科学统筹经济建设和国家建设，把国防和军队现代化建设深深融入经济社会发展体系之中，使国防和军队现代化进程与国家现代化进程相一致。

第三，坚持军事战略的积极防御性质。我们搞的社会主义，是主张和平的社会主义；我们的战略始终是防御性的，就是将来现代化了也还是战略防御。[①]因此，继续实行积极防御的军事战略方针，从根本上讲是由国家性质决定的，是继承我军的传统，也符合我国的国情军情。积极防御不是单纯防御，是包含反攻和进攻的攻势防御，是攻守结合。这种防御是和平时期努力遏制战争与准备打赢自卫战争的统一，是战争时期战略上的防御与战役战斗上的攻势行动的统一。军队必须提高以打赢信息化条件下局部战争为核心的完成多样化军事任务能力，能够在各种复杂形势下有效应对危机、维护和平，遏制战争、打赢战争。

第四，走中国特色的精兵之路。国情军情决定我军保持一定规模是必要的，但关键是实现国防和军队建设高质量高效益发展。随着世界新军事变革的加速发展和武器系统效能的空前提高，军队质量在现代战争中具有决定性意义，必须把加强质量建设作为实现我军现代化的基本指导方针。要实施科技强军战略，全面提高军队建设的科技含量。依靠科技进步实现军队战斗力生成模式的转换，加强以信息化为主要标志的军队质量建设。积极稳妥推进国防和军队改革，创新发展军事理论、调整改革体制编制和调整完善政策制度。积极推进中国特色军事变革，走信息化主导、机械化信息化复合发展的道路，实现军队的整体转型。

第五，维护地区和世界和平。和平性是中国国防政策的一个重要特点。在过去相当长的时期内，国防政策的重要目标是制止或延缓新的世界大战和全面侵华战争的爆发，争取更长一点时间的和平。在以和平和发展为主题的时代，世界大战基本可以排除，以经济建设为中心和增强综合国力是

---

① 《邓小平新时期军队建设思想学习纲要》，第27页，解放军出版社，1997年。

国家的根本利益，维护和平的国际环境和周边环境、维护国家和平发展成为国防政策的基本目标。邓小平说过，中国的国家利益问题，一个就是根治贫穷，巩固和发展社会主义；再一个就是维护和平，捍卫国家的独立、统一和安全。[①]我军要以开放合作、自信自强、和平文明的积极姿态走向国际社会，为维护世界和平与促进共同发展作出更大贡献。

### 三、新时代着眼国家由大向强的国防政策

当今世界正经历百年未有之大变局，国际战略格局、全球治理体系、综合国力竞争发生重大变化。中国正处于由大向强发展的关键阶段，面临的安全和发展形势更趋复杂。中国特色社会主义进入新时代，中华民族迎来了从站起来、富起来到强起来的伟大飞跃。国防和军队建设进入新时代，在中国特色强军之路上迈出坚定步伐。

党的十八大以来，习近平着眼实现"两个一百年"奋斗目标、实现中华民族伟大复兴的中国梦，提出党在新时代的强军目标，创新发展军事战略指导，制定新形势下军事战略方针和新时代军事战略方针，构建中国特色现代作战体系和军事力量体系，坚持政治建军、改革强军、科技强军、人才强军、依法治军，全面深化国防和军队改革，坚决捍卫国家领土主权和海洋权益，形成了习近平强军思想。其中，习近平新时代国防政策思想占有重要地位。

在习近平强军思想指引下，国防和军队建设取得历史性成就、发生历史性变革，机械化建设基本完成，信息化建设扎实推进，军队建设实战化水平有大的提升。人民军队组织架构和力量体系实现革命性重塑，构建新的军队领导管理和作战指挥体制；优化规模结构和力量编成，裁减军队员

---

① 《邓小平新时期军队建设思想学习纲要》，第21页，解放军出版社，1997年。

额30万，重塑力量结构布局；推进军事政策制度改革，建立健全中国特色社会主义军事政策制度体系；军事斗争准备取得重大进展，全面提高新时代备战打仗能力；组织一系列重大军事行动，坚决捍卫国家核心利益；国防科技和武器装备建设大幅跃升，军民融合发展步入快车道。

防御性国防政策的基本原则不会改变，但其时代内涵将随着安全形势和国防需求的变化而变化，应实事求是和与时俱进地继承和发展。习近平深刻洞察国际大势和战争形态演变，敏锐把握国情军情，形成了新时代国防政策思想。2019年7月发表的《新时代的中国国防》白皮书，从根本目标、鲜明特征、战略指导、发展路径和世界意义5个方面，阐述了新时代中国国防政策的基本内容：坚决捍卫国家主权、安全、发展利益；坚持永不称霸、永不扩张、永不谋求势力范围；贯彻落实新时代军事战略方针；坚持走中国特色强军之路；服务构建人类命运共同体。在坚持防御性国防政策的前提下，中国国防积极适应战略竞争新格局、国家安全新需求、现代战争新形态，全面贯彻总体国家安全观，更加突出深远经略、更加突出综合博弈、更加突出全域联合，有效履行新时代军队使命任务，把强军事业不断推向前进。

深入研究习近平新时代国防政策思想，主要有以下特点：

一是服从服务于中华民族伟大复兴这个大目标。军事服从政治，战略服从政略。在新的时代条件下，我们党和国家的战略目标就是实现"两个一百年"奋斗目标和中华民族伟大复兴的中国梦，国防政策和军事战略必须服从服务于这个国家和民族最高利益。强国必须强军，巩固国防和强大人民军队是新时代坚持和发展中国特色社会主义、实现中华民族伟大复兴的战略支撑。人民军队履行新时代使命任务，为巩固中国共产党领导和社会主义制度提供战略支撑，为捍卫国家主权、统一、领土完整提供战略支撑，为维护国家海外利益提供战略支撑，为促进世界和平与发展提供战略支撑。"中国梦需要和平，只有和平才能实现梦想"[①]；中国梦与世界人民的梦想息息相关。实现这一奋斗目标离不开和平的国际环境，这就决定了只能走和平发展道路，既通过维护世界和平发展自己，又通过自身发展促进世界和平。防御性国防政策必须坚持永不称霸、永不扩张、永不谋求势力范围，积极为构建人类命运共同体贡献力量，一支强大的中国军队始终是维护世界和平稳定的坚定力量。

二是坚持国防政策的防御性与捍卫国家利益的坚决性相统一。中国社会主义国家性质和国家根本利益，走和平发展道路的客观要求，决定了必须毫不动摇地坚持防御性国防政策和积极防御战略思想。这有利于我们占据道义制高点、掌握政治和外交主动，服务于以武止戈，保障国家和平发展，也能够使我们避免陷入战争泥潭。但是，国防政策的防御性与捍卫国家利益的坚决性是相互依存、不可分割的，必须坚持原则、敢于斗争，决不后退一步，决不丢失一寸领土，谁都不要指望我们会吞下损害国家主权、安全、发展利益的苦果。我们渴望和平，但决不会因此而放弃我们的正当权益，决不会拿国家的核心利益做交易；我们决不做称王称霸的事，决不会搞侵略扩张，但如果有人要把战争强加到我们头上，我们必须能决战决胜。要坚持攻势防御，增强战略指导的进取性和主动性，善于谋势造势，讲求政策策略，下好先手棋，打好主动仗。依据党和国家最高利益统筹威慑与实战、备战与止战、平时与战时，运用军事力量达成政治和战略目的，争取和维护国家发展的重要战略机遇期。

三是实现党在新时代的强军目标。建设强大人民军队这一目标在不同历史时期有不同的内涵。党在新时代的强军目标是建设一支听党指挥、能打胜仗、作风优良的人民军队，把人民军队建设成世界一流军队。听党指

---

[①]《习近平在中法建交50周年纪念大会上的讲话》，《人民日报》，2014年3月28日。

挥、能打胜仗、作风优良这三条是建军治军的要害，决定着军队发展方向，也决定着军队生死存亡。听党指挥是灵魂，决定军队建设的政治方向。能打胜仗是核心，反映军队的根本职能和军队建设的根本指向。作风优良是保证，关系军队的性质、宗旨、本色。实现强军目标必须同国家现代化进程相一致，按照国防和军队现代化新的战略安排：到2020年，基本实现机械化，信息化建设取得重大进展，战略能力有大的提升；到2035年，基本实现国防和军队现代化，即全面推进军事理论现代化、军队组织形态现代化、军事人员现代化、武器装备现代化；到21世纪中叶，在世界军事发展竞争中引领超越，与世界最强对手和军队比肩发展，把人民军队全面建成同我国强国地位相称，能够有效维护国家安全，具备强大国际影响力的世界一流军队。

四是改革创新是强军兴军的必由之路。人民军队发展史，就是一部改革创新史，靠改革创新走到现在，也要靠改革创新赢得未来。全面实施改革强军战略，推进军队组织形态现代化，进一步解放和发展战斗力，进一步解放和增强军队活力，加快构建能够打赢信息化战争、有效履行使命任务的中国特色现代军事力量体系。按照军委管总、战区主战、军种主建的总原则推进领导指挥体制改革，调整组建军委机关，重新调整划设战区。优化规模结构和力量编成，推动军兵种建设战略转型，打造以精锐作战力量为主体的联合作战力量体系。建立健全军事政策制度体系，形成中国特色的军队党的建设制度、军事力量运用和建设政策制度、军事管理政策制度。全面实施创新驱动发展战略，把我军建设模式和战斗力生成模式转到创新驱动发展的轨道上来，下大气力抓理论创新、抓科技创新、抓科学管理、抓人才集聚、抓实践创新，建设创新型人民军队。把国防科技创新摆在更加突出的位置，坚持自主创新这个战略基点，把我军发展命脉牢牢掌握在自己手中。

五是把军民融合发展上升为国家战略。军民融合发展是兴国之举、强军之策，是实现发展和安全兼顾、富国和强军统一的必由之路。把军民融合发展上升为国家战略，是从国家安全和发展战略全局出发作出的重大决策，是应对复杂安全威胁、赢得国家战略优势的重大举措，目的是走出一条中国特色军民融合的路子，促进经济建设和国防建设协调发展、平衡发展、兼容发展。要凝聚国家意志、举全国之力，军地同心一起推动落实，加快形成全要素、多领域、高效益的军民融合深度发展格局，逐步构建军民一体化国家战略体系和能力。构建完善统一领导、军地协调、顺畅高效的组织管理体系，国家主导、需求牵引、市场运作相统一的工作运行体系，系统完备、衔接配套、有效激励的政策制度体系，实现经济建设和国防建设综合效益最大化。向军民融合发展重点领域聚焦用力，推进国防科技和武器装备发展，提升后勤保障力，促进军地资源共建共享，推动军民融合由传统领域向海洋、太空、网络空间、生物、新能源等新兴领域拓展。坚持国防是全民的国防，发挥国防动员在军民融合发展中的重要纽带作用，以构建现代化国防动员体系为目标，全面提高平战结合、全域遂行、精确高效的国防动员能力。

# 着眼实现中国梦强军梦　努力加强全民国防教育[①]

　　国防是民族生存之盾，国防观念是民族生存之魂，国防教育是凝魂聚气、强基固本的战略工程。党的十八大明确要求增强全民国防观念，十八届三中全会对深化国防教育改革作出重大决策部署。习近平主席多次强调，要加强国防教育，增强全民国防观念，使关心国防、热爱国防、建设国防、保卫国防成为全社会的思想共识和自觉行动。在国家安全环境更加复杂的今天，大力加强全民国防教育，对强化全体公民的国家安全意识和忧患意识，增强民族凝聚力、向心力，推动实现中国梦、强军梦具有重大意义。近些年，特别是2011年中共中央、国务院、中央军委《关于加强新形势下国防教育工作的意见》（以下简称《意见》）下发以来，全民国防教育工作取得明显成效，但也存在一些亟须解决的矛盾问题，需要以改革创新精神认真研究解决。

## 一、健全完善各级国防教育组织体制机制

　　《中华人民共和国国防教育法》明确规定："国家国防教育工作机构规划、组织、指导和协调全国的国防教育工作。县级以上地方负责国防教育工作的机构组织、指导、协调和检查本行政区内的国防教育工作。"《意见》指出："各级党委和政府要把国防教育纳入经济社会发展总体规划，各地国防动员委员会应将国防教育纳入国防动员范畴，列入议事日程，加强统一领导，持之以恒、常抓不懈。"从领导体制看，我国全民国防教育工作由国

① 本文为作者在十二届全国人大三次会议解放军代表团全体会议讨论发言材料。其基本内容以专访的形式刊载于《国防》2015年第5期。

家国防动员委员会领导。2002年4月，根据国防教育法，经国务院、中央军委批准，成立国家国防教育办公室。该办公室为国防动员委员会的一个专业办公室，受国家国防动员委员会和总政治部双重领导。省级以下国防教育领导体制主要有三种模式：同级国防动员委员会直接领导；国防动员委员会体制下国防教育联席会议制度；国防教育领导小组或国防教育委员会领导。从工作机构看，《意见》要求"县级以上国防教育办公室要健全工作制度，配备专职工作人员，实行军地合署办公"，目前落实差距还很大。有关资料显示，全国31个省级国防教育办公室，有19个设在省军区政治机关，11个设在地方党委宣传部门，1个设在政府系统。设在军队的，工作人员均为兼职；设在地方的，只有少数省份配备了少量专职人员。市、县两级国防教育工作机构也不够健全，力量十分薄弱。三级国防教育工作机构，真正实现军地合署办公的也不多。各军区、军兵种国防动员委员会，虽然大都下设了国防教育工作机构，但人员组成、职能定位和工作制度也存在不够规范、明确的问题，亟待进一步健全完善。

建立健全科学合理和规范统一的国防教育组织体制机制，对于深化国防教育改革，在新的历史起点上普及和加强全民国防教育至关重要。一是明确各级职责。加强对国防教育的领导和管理，强化国防教育领导机构的综合、协调职能，进一步规范地方党委和政府以及军事机关、人民团体在国防教育中的职责，理顺隶属关系。将国防教育落实作为"硬指标"，加大监督检查力度，制定配套措施，及时反馈落实情况，确保国防教育取得实效。从各地国防教育的实际出发，实行国防动员委员会体制下联席会议制度和成立国防教育领导小组（委员会），促进国防教育工作的全面深入开展。二是配备专职人员。要全面落实《意见》要求，在县级以上国防教育办公室配备专职工作人员，尽快实行军地合署办公。可协调解放军总部机关有关部门，明确将部分担负学生军训任务的派遣军官，作为省级国防教育办公室专职工作人员，学生集中军训期间主要承担军训教学任务。三是完善法规制度。现行国防教育法已公布施行10多年了，一些内容和条款需要根据新的历史条件修订完善。应强化法规制度的约束力，严格国防教育工作制度，完善国防教育检查考评、奖惩激励、工作保障等制度机制。同时，探索建立国家国防教育协会，鼓励支持各大院校、研究机构和社会团体成立国防教育学会、基金会等社会组织，进一步调动全社会投身国防教育事业的积极性、创造性，形成从上到下、社会各界、各行各业齐抓共管的合力。

## 二、下大力增强青少年学生的国防观念

受长期相对和平环境影响，近些年青少年学生的国防观念有所淡化，崇军尚武热情出现下降，当前存在的"当兵冷""征兵难"等问题与此不无关系，这些问题对加强青少年学生国防教育提出了新的挑战和要求。目前，我国初中和小学国防教育主要以课堂授课与课外活动相结合的形式开展，国防教育进教材基本得到落实，但在各版本教材中所占比重不够均衡、内容体现不够充分。如苏教版语文教材中，国防教育内容所占比重为11.88%，沪教版仅为5.6%；各年级之间的分布差异也比较大，人教版思想品德教材五年级和六年级比例分别是35.7%和36%，一年级和八年级均为零。国防教育内容的系统性、时代性不够强，如对《全民国防教育大纲》明确的我国领土主权、领海和领空知识涉及甚少，一些影响深远的经典课文如《谁是最可爱的人》《飞夺泸定桥》《邱少云》等被删除了。而在高中和大学开展的军训，则普遍存在内容、形式和方法单一，重技能训练、轻知识传授，重入学军训、轻长期教育，重汇报表演、轻素质培养等问题。

青少年是建设祖国、保卫祖国的接班人。加强青少年的国防教育，是关乎国家安全与发展和中华民族伟大复兴的重大战略问题。一是加强顶层

设计。教育行政部门要加强顶层设计，梳理研究语文、思想品德、历史、地理等教材，在统编中小学教材中增加国防教育内容比重，规范分布比例，改进内容设计，增强国防教育的时代感、系统性、实效性。同时，依据《意见》和《全民国防教育大纲》，对现行的《国家教育委员会小学、初中国防教育纲要（试行）》进行修订，为规范学校国防教育提供科学有力的法规依据。二是创新方式方法。根据青少年性格心理特点，积极探索创新教育方法，完善国防教育内容和形式。利用节假日组织学生开展拥军优属、瞻仰烈士陵园、过军事夏令营等活动；丰富军训内容设置，开展军事体育和军事技能训练；结合国家安全形势变化和重大节日、纪念日，进行形势政策教育；结合国防科技创新，开展军事知识学习等激发青少年参与国防教育的兴趣。同时，要适应信息网络时代发展，积极探索运用报刊、电视、广播特别是互联网、手机等新兴媒体开展国防教育的方法手段，走政府行为和社会行为相结合拓宽国防教育渠道的道路。三是牢牢把握核心。我国现有2000多所高等院校、2.2万多所高级中学开展军训，2万多所初级中学和小学开展少年军校活动，每年参加军训和国防知识学习的大中学生达1700万人。学校国防教育是全民国防教育的基础，是实施素质教育的重要内容。青少年正处于世界观、人生观、价值观形成的特殊时期，抓好青少年学生国防教育，要坚持以爱国主义、革命英雄主义和奉献精神为核心，激励青少年的爱国之心、报国之志，自觉把党的事业、国家和民族利益放在首位，从而产生国家利益高于一切的民族向心力、凝聚力，引导青少年自觉关心支持国防建设，勇于献身国防实践。

### 三、重视加强边疆民族地区的国防教育

我国有2.2万多公里陆地边界，同14个国家接壤，是世界上跨界民族众多的国家之一。我国陆地边疆9个省份居住着全国近60%的少数民族人

口，新疆维吾尔自治区南疆几个地州维吾尔族人口比例都在80%以上。边疆民族地区多民族聚居、多宗教并存，地缘政治环境特殊，处在多种思想文化交融、价值观念碰撞、社会民族矛盾交织的前沿，既是维护国家主权、安全和领土完整的屏障，也是国内外敌对势力相互勾结，进行颠覆、渗透和分裂活动的重要地区。边疆民族地区独特的地域、历史和人文特点使"三股势力"有机可乘，如"东突"等分裂势力在新疆实施所谓"娃娃工程""母亲工程""人才工程"，宣传分裂思想，培养暴力恐怖分子骨干。

适应我国安全形势发展需要，特别是针对"东突""藏独"等分裂势力仍很猖獗的实际，必须在加强边疆民族地区国防教育上下大功夫。一是增强各族群众对中华民族的高度认同感。要针对边疆民族地区特点，协调部队与地方党政机关、公安、安全、司法、媒体、宗教团体建立国防教育统筹协调机制，规范国防教育基本内容，把民族团结和国家统一教育摆在重要位置。既强调尊重少数民族群众的风俗习惯和宗教信仰，尊重民族自尊，也要注重引导各族人民冲破本民族的狭小范围，把浓厚的民族意识升华为强烈的爱国意识，不断增强民族团结，增强对国家、对中华民族的高度认同感，树立中华民族的大民族观。二是运用具有边疆民族地区特色的教育形式。针对境内外民族分裂主义势力利用宗教进行渗透的实际，把党的宗教政策作为国防教育的一项内容，重视发挥爱国宗教人士和民族上层人士的作用，将宗教信仰与爱国爱疆统一起来，铲除民族分裂势力渗透的土壤。经常对边疆各族群众进行国防法规和政策教育，强化依法履行国防义务观念，加强边境地区维稳反恐管控，常态化组织军地联防联训，增强在复杂情况下进行有理、有利、有力斗争的能力。三是将国防教育融入边疆民族地区经济发展之中。加快发展边疆地区经济，结合"一带一路"倡议的实施，持续推进"西部大开发"战略，推动国防教育进机关、进企业、进农村、进学校、进宗教领域、进千家万户，有机融入边疆民族地区的日常生活、工作学习和经济发展之中。提升边疆民族群众物质文化生活水平，逐步消除民族隔阂，缩小边疆民族地区经济与我国发达地区差距，消除国际反华势力和境内外民族分裂势力赖以进行分裂活动的经济社会基础，增强民族自豪感和自信心，增强归属感和向心力，树立起全民大国防观念，共同维护边疆安宁。

### 四、着力强化全社会的海洋权益意识

我国是陆地大国也是海洋大国，主张管辖的海域面积达300万平方公里，对外贸易运输量的90%通过海上运输完成。海洋是我国战略利益拓展的主要方向，是确保国家长治久安和可持续发展必争必保的战略空间。习主席多次讲，面向海洋则兴、放弃海洋则衰，海权是决定我们国家和民族命运的重要因素。由于重陆轻海传统思维的影响，我国不少群众特别是内陆地区群众的海洋国土观念和海洋权益意识淡薄。2014年4月，中国青年报社社会调查中心进行的"中国青年海洋意识调查"显示，受访者中了解我国蓝色国土面积的为56.8%，知道我国海上丝绸之路起始朝代的不足26.6%，知道"1974年西沙之战"的只占三成左右。虽然近年来我国青年国民海洋意识有所提升，但海洋安全、海洋国土和海洋政策意识仍比较薄弱。

为维护国家主权、安全和发展利益，确保国家海上方向安全，必须强化全社会中国特色的海洋和海权意识。一是积极推进海洋文明建设。以党的十八大确立的建设海洋强国战略为指导，立足陆海统筹，坚持走依海富国、以海强国、人海和谐、合作共赢的发展道路，大力推进中国特色的海洋文明建设，逐步完善海洋法律法规，把经略海洋、维护海权作为国防教育的重要任务，尽快建立适合我国国情的海洋理论体系，为推进海洋强国建设、实现中华民族的海洋强国之梦提供理论指导。二是注重强化战略领

导能力。中华民族曾创造过灿烂的海洋文明，也遭受过来自海上的列强的侵略和侮辱。国民海洋意识强弱和国家维护海权能力高低与国家战略领导能力密切相关。解决全民族海洋意识薄弱的难题，提升国家维护海权能力，关键在于各级党政领导干部的引领推动作用。要从关系中华民族安全和发展的战略高度看待海洋问题，发挥党和政府的号召力、凝聚力、组织力和强制力，发展海洋科技，扶植海洋产业，建设强大海上力量，使开发海洋、维护海权成为国家和民族的坚定意志。三是大力开展海洋和海权宣传活动。以举办人民海军纪念日、全国海洋宣传日、中国航海日和编写海洋意识教材、开设海洋频道、建立海洋教育基地等活动为载体，协调新闻媒体、社会团体、企业事业组织、民间组织等开展形式多样的主题宣传教育活动。特别是要联系我国海上方向将长期存在的遏制与反遏制、侵权与反侵权斗争，一些国家在钓鱼岛、南海等岛屿归属和海域划界问题上不断挑起事端，加大对我防御性国防政策的时代内涵和向海则兴背海则衰战略思想的宣传力度，强化全民海洋国土观、海洋权益观、海洋安全观，增强全社会关心海洋、认识海洋、经略海洋、维护海权的使命感责任感，增强广大干部群众维护国家主权、安全和发展利益的自觉性和坚定性。

# 论加强国防教育的基本原则①

兵者，国之大事。党的十八大明确要求增强全民国防观念，十八届三中全会对深化国防教育改革作出重大决策部署。习近平主席多次强调"要加强国防教育，增强全民国防观念，使关心国防、热爱国防、建设国防、保卫国防成为全社会的思想共识和自觉行动"。在国家安全环境更加复杂的今天，大力加强全民国防教育，对强化全体公民的国家安全意识和忧患意识，增强民族凝聚力、向心力，推动实现中国梦、强军梦具有重大意义。依据《中华人民共和国国防法》和《中华人民共和国国防教育法》，总结近些年国防教育的实践经验，加强国防教育应遵循以下基本原则。

## 一、时代性

国防是国家生存和发展的安全保障，国防教育是凝魂聚气、强基固本的战略工程，事关国家兴衰、民族存亡。加强国防教育要站在时代发展的高度，既继承优秀历史文化传统，又赋予新的时代内涵。当今世界正面临前所未有之大变局，当代中国正处于由大变强的关键阶段，我国前所未有地靠近世界舞台的中心、接近中华民族伟大复兴的目标。我国国家安全的内涵和外延比历史上任何时候都要丰富，时空领域比历史上任何时候都要宽广，内外因素比历史上任何时候都要复杂。周边领土主权和海洋权益争端不断升温，大国地缘战略竞争日趋激烈，恐怖主义、分裂主义、极端主义活动日益猖獗，国家利益正在从领陆、领海、领空向深海、太空、电磁、

---

① 原载《国防》2016年第8期，参见《国防教育研究》2016年第1期。

网络空间扩展延伸,维护国家统一、领土主权、海洋权益和发展利益的任务更加艰巨。我们必须时刻高度警惕国家被侵略、被颠覆、被分裂的危险,高度警惕改革发展稳定大局被破坏的危险,高度警惕中国特色社会主义发展进程被打断的危险。可以预料,在我国由大向强发展的前进道路上,将面临前所未有的挑战和考验。

在当代中国与世界的关系发生历史性变化的时代大背景下,加强国防教育具有很强的政治性、战略性和现实针对性。加强国防教育、增强国防观念,是时代的要求和历史的必然。我们必须在国防教育中贯彻总体国家安全观,深刻认识国内大局和国际大局、内政和外交的紧密联系,服从服务于国家发展战略和安全战略,维护国家发展的重要战略机遇期,积极应对国家安全面临的新挑战。现阶段我国发生大规模外敌入侵战争的可能性不大,但因外部因素引发局部战争和武装冲突的可能性不能低估。我们维护国家安全的手段和选择增多了,但千万不能忘记,军事手段始终是保底的手段,强军才能卫国,强国必须强军。要克服民族复兴之路上的重重障碍,使中华民族的安全和发展利益不为各种势力所撼动,就必须以只争朝夕的精神加快建设与我国国际地位相称、与国家安全和发展利益相适应的巩固国防和强大军队。

## 二、爱国主义

依据《国防教育法》的第一条和第三条,国家开展国防教育的一个根本目的,就是发扬爱国主义精神、强化全民爱国意识。爱国主义是国防教育的核心,国防教育必须突出爱国主义这一核心内容,通过爱国主义教育,激发广大群众的爱国热情。爱国主义是民族精神的集中体现。在中国历史上,爱国主义从来就是动员和鼓舞人民团结奋斗的一面旗帜,在维护祖国统一和民族团结、抵御外来侵略和推动社会进步中发挥了重大作用。从1840年鸦片战争到1945年抗战胜利的100多年的历史，不仅是旧中国被帝国主义侵略蹂躏的历史，也是无数先烈为中华民族独立尊严前仆后继英勇奋斗的爱国主义历史。因此，人民群众的国防观念首先就来自爱国主义教育。没有爱国主义精神，就不会有热爱国防、献身国防的自觉意识。

我国现行的国防教育日为每年9月的第三个星期六。在讨论修订这一具体日期时，很多人首先想到九一八事变发生日，认为这个日子有利于激发全民爱国热情。九一八事变是中国抗日战争的起点，中国人民不屈不挠的局部抗战揭开了世界反法西斯战争序幕。中国人民抗日战争的伟大胜利，是近代以来中国抗击外敌入侵的第一次完全胜利。习主席说，这一伟大胜利洗刷了近代以来中国抗击外来侵略屡战屡败的民族耻辱，重新确立了中国在世界上的大国地位，开辟了中华民族伟大复兴的光明前景。九一八事变发生后的短短4个多月内，128万平方公里的中国东北全部沦陷，3000多万东北父老乡亲成了亡国奴，中华民族面临着空前严重的民族灾难。国歌中"中华民族到了最危险的时候"的那句歌词，就深刻地描述了当时的危急形势。在面临亡国灭种威胁的危难关头，不愿做奴隶的中国人民毅然奋起，英勇抵抗。在中国共产党倡导建立的抗日民族统一战线的旗帜下，以国共合作为基础，中国人民同凶恶的日本侵略者进行了气壮山河的斗争。在那场空前壮阔的斗争中，中华民族进一步弘扬了以爱国主义为核心的民族精神。

### 三、忧患意识

中国有句古语：生于忧患，死于安乐。从一定意义上说，忧患才能兴邦。越是处在相对和平的环境，越是要保持居安思危的忧患意识，牢记天下虽安、忘战必危的古训。越是在和平建设时期，越要宣传国防建设的意义，克服和平麻痹思想，增强人民的国防观念。加强全民国防教育，就是要警钟长鸣，安不忘危、存不忘亡、治不忘乱。周恩来在谈到是否保留"中华民族到了最危险的时候"这句国歌歌词时说，我们面前还有帝国主义反动派嘛！我们的建设发展越快，敌人越嫉恨我们，想法破坏我们，你能说现在不危险了吗？倒不如留下这句词，使我们耳边警钟长鸣的好。

近代以来，西方帝国主义国家逼迫我国签订了1000多个不平等条约和协定。1901年9月7日，清政府被迫与11个帝国主义列强签订的《辛丑条约》，是列强强加于中国的不平等条约中最为严重的一个。条约规定赔款4.5亿两白银，是按照每个中国人负担一两来计算的；北京东交民巷使馆区和从北京至山海关12处地方，由外国军队驻扎，开创了外国军队长期驻扎中国的先例；华北义和团活动的地区，禁止科举考试5年，给予当时中国青年巨大打击；封锁禁运武器，开创了国际上惩罚主权国家的先例；惩办曾经支持过义和团运动的各级官员，"即行革职、永不叙用"；保证永远禁止中国人民反对外国侵略者的行为，违者处以死刑；规定条约各条款在全国各地衙门墙上张贴，以警示全体中国人。这是中国近代史上赔款数目最庞大、主权丧失最严重、精神屈辱最深沉的条约，标志着中国半殖民地半封建社会最终形成。

1924年9月7日，孙中山在一篇纪念文章中说："什么叫作九七国耻纪念日？因为这一日是辛丑和约①签字的一日。辛丑和约签字何以是国耻纪念日？试看辛丑和约的内容，它的内容无一不是丧权辱国的条件。"在2000年至2001年起草国防教育法的过程中，起初确定的全民国防教育日方案就是9月7日。国耻日教育是国防教育的重要内容，它的最大的好处就是可以警醒人民居安思危，始终不忘近代备受欺凌、被动挨打的屈辱历

---

① 即《辛丑条约》。

史，始终保持全民族的忧患意识，使国防与人民的生活同在，与国家的发展同在。

## 四、革命英雄主义

革命英雄主义是我党我军在长期的革命斗争中形成的一种革命精神和优良传统，也是中华民族无数优秀儿女为了民族独立人民幸福抛头洒热血铸就的宝贵精神财富。毛泽东这样评价我军的革命英雄主义精神：这支军队具有一往无前的精神，它要压倒一切敌人，而决不被敌人所屈服。不论在任何艰难困苦的场合，只要还有一个人，这个人就要继续战斗下去。中华民族的伟大复兴，需要具备强大的经济实力、科技实力、军事实力和民族凝聚力。国防教育是建设和巩固国防的基础，是增强民族凝聚力、提高全民素质的重要途径。全民国防教育中的革命英雄主义教育，对于凝聚党心、军心和民心，对于培养公民深厚的国防观念、强烈的爱国热情、顽强的战斗意志和不怕流血的牺牲精神具有极端重要性。

《辛丑条约》也从反面证明了中国人民反帝爱国运动的巨大作用。帝国主义列强从着手瓜分转为不敢瓜分中国的原因，除了列强之间的激烈争夺和互不妥协之外，更重要的是义和团运动使他们感受到中国人民巨大的反抗力量。广大的义和团民和爱国将士，不怕流血牺牲，表现了中国人民敢于同帝国主义侵略者血战到底的英雄气概，使得侵略者也不得不承认中国尚"含有无限蓬勃的民气"，瓜分中国不啻"梦呓"。早在1924年，孙中山就指出："有人说道'辛丑条约由于庚子八国联军入京，而八国联军入京由于义和团事件'。这话不错，只是我们要问，义和团事件何以发生呢？……是因为帝国主义逼着他发生的。"他高度赞扬义和团反抗侵略者的战斗精神："其勇锐之气，殊不可当，真是令人惊奇佩服。所以经过那次血战之后，外国人才知道，中国还有民族精神，这种民族是不可消灭的。"义和团运动是一次反帝爱国运动，标志着近代意义上中国民族意识的觉醒。胡绳在《从鸦片战争到五四运动》一书中强调说，义和团虽然是传统的农民斗争形式的继续，但是把打击的矛头直接指向帝国主义侵略势力，包括戊戌变法和义和团运动在内的第二次革命高潮是中国近代历史中的一个重要环节。

## 五、全民性

国防教育的对象是全体公民。国防教育法第四条和第五条规定：国防教育贯彻全民参与、长期坚持、讲求实效的方针；中华人民共和国公民都有接受国防教育的权利和义务；普及和加强国防教育是全社会的共同责任。国家设立全民国防教育日、抗日战争胜利纪念日、南京大屠杀死难者公祭日、烈士纪念日等，就是为了更好地利用大众化、社会化的宣传教育平台，加强全民国防教育，增强全民国防观念。因此，国防教育的内容和形式，应当为人民群众所接受和认同，来源于我国历史上有影响的重大事件和全体民众深刻难忘的共同记忆。这样才能够极大地激发人民群众的爱国热情，产生热爱国防、献身国防的强大动力和自觉性。

既然需要全民参与，就必须讲求实效，把经常教育与集中教育、普及教育与重点教育、理论教育与行为教育结合起来，针对不同对象确定相应的教育内容分类组织实施。应当综合考虑各种主客观因素和社会条件，选择有利于全民参与、长期坚持和营造氛围的国防教育内容形式，创造有利于学校、国家机关、企（事）业组织、社会团体、国防后备力量等在内的全社会开展国防教育的条件，真正将普及和加强国防教育落到实处。国防教育的对象，主要分为学校和社会两大类。就社会国防教育而言，主要是考虑国防教育对象多样性的特点，利于社会组织开展国防教育活动。针对"东突""藏独"等分裂势力仍很猖獗的实际，必须在加强边疆民族地区国防教育上下大功夫，增强各族群众对中华民族的高度认同感，树立起全民大国防观念，共同维护边疆安宁。学校国防教育是全民国防教育的基础，是实施素质教育的重要内容。要根据青少年性格心理特点，创新教育方式方法，特别是适应信息网络时代发展，积极探索运用互联网、手机等新兴媒体开展国防教育的新途径、新手段。坚持以爱国主义、革命英雄主义和奉献精神为核心，激励青少年的爱国之心、报国之志，自觉把党的事业、国家和民族利益放在首位，从而产生国家利益高于一切的民族向心力、凝聚力，引导青少年自觉关心支持国防建设，勇于献身国防实践。

# 全面推进新时代中国特色国防教育[①]

**记者：** 党的十九大提出了新时代中国特色社会主义思想，拓展了国防建设走向现代化的新途径，对在新的历史基点上创新和发展国防教育提出了明确要求。请谈谈如何从战略视野的角度认识和把握新时代中国特色国防教育？其蕴含的重要意义和建设方向有哪些？

**陈舟：** 党的十九大最重大的贡献，就是把习近平新时代中国特色社会主义思想确立为我们党必须长期坚持的指导思想。习近平新时代中国特色社会主义思想，是马克思主义中国化的最新成果，是十八大以来党的理论创新和伟大实践创造的结晶，是全党全军全国人民为实现中华民族伟大复兴而奋斗的行动指南，必须长期坚持并不断发展。中国特色社会主义进入新时代，意味着近代以来久经磨难的中华民族迎来了从站起来、富起来到强起来的伟大飞跃，迎来了实现中华民族伟大复兴的光明前景；意味着中国特色社会主义道路、理论、制度、文化不断发展，为解决人类问题贡献了中国智慧和中国方案。

习主席多次指出，我国正处在由大向强发展的关键阶段，前景十分光明，挑战也十分严峻，中华民族伟大复兴绝不是轻轻松松、敲锣打鼓就能实现的；我们越发展壮大，遇到的阻力和压力也就越大，面临的外部风险也就越多。没有一个巩固的国防和强大的军队，实现社会主义新时代的伟大目标就没有保障。认真学习领会习主席的重要指示，准确把握国防教育面临的新时代特征，应该引导广大干部群众深刻理解"强国必须强军，军

① 本文为作者就学习领会党的十九大精神、积极推进新时代国防教育问题，接受《国防》记者的专访。原载《国防》2017年第11期。

强才能国安"的道理，自觉把爱国热情转化为富国强军之志、崇军尚武之行。要往心灵里注入精神，教育引导每一个人爱党、爱国、爱社会主义，坚定理想信念，自觉保家卫国，矢志民族复兴；往骨子里注入文化，传承民族血脉和基因，弘扬革命优良传统，强化国家认同和民族自豪感；往脑海里注入知识，通过持续不断的教育和训练，使全民掌握国防知识、强化安全意识、提高尚武本领；往肌体里注入活力，汇聚正能量，始终保持大无畏的革命斗志和奋发进取的精神风貌；往意识里注入责任，把每个人与国家兴亡、民族安危紧密联系在一起，自觉为把我国建成富强、民主、文明、和谐、美丽的社会主义现代化强国，实现中华民族伟大复兴注入强大精神动力。

**记者：**十八大以来，国家对国防教育高度重视，依托多种载体，开展了形式多样的教育活动，请谈谈这方面的主要做法和取得的成果。

**陈舟：**习主席多次指出，弘扬爱国主义精神要深化爱国主义教育研究和爱国主义精神阐释，不断丰富教育内容、创新教育载体、增强教育效果。十八大以来，习主席将国防教育作为激发人民群众爱国主义的重要环节，亲自领导、设计和推动改革，军地按照占领主流、延伸阵地、全面覆盖的思路，建立健全了一整套开放、互动的国防教育体系。从宣传方式上看，结合重大节日、纪念日、公祭日等重要节点，在全国范围内开展声势浩大的全民国防教育；利用国防教育日、军营开放日、征兵宣传、阅兵等重大活动，通过组织群众深入军史馆、烈士陵园、红色遗址等多种形式，激发广大群众自觉热爱国防、支持国防、献身国防。特别是2014年2月27日，十二届全国人大常委会第七次会议决定，将每年9月3日确定为中国人民抗日战争胜利纪念日、9月30日确定为烈士纪念日、12月13日确定为南京大屠杀死难者国家公祭日；2015年9月3日，国家举办了纪念中国人民抗日战争暨世界反法西斯战争胜利70周年阅兵式，2017年7月30日，在朱日和训练基地举行庆祝中国人民解放军建军90周年沙场阅兵；2017年10月12日，中央军委办公厅印发了《中国人民解放军军营开放办法》；等等。这一系列以上率下开展的以爱国主义、强军兴军为主题的重大教育活动，对培养全民国防意识和国防精神起到了很好的促进作用。从宣传手段上看，各有关单位积极利用手机网络、微信、微博平台等新兴媒体，把国防教育融入影视创作、文学欣赏和艺术熏陶之中，融入军民双拥共建、全民国防培训之中，使国防教育寓教于乐、寓教于文。比如，近期热播的影片《战狼2》《空天猎》等都是这方面的优秀作品。这些措施加强了国防教育宣传与舆论引导，既有利于培育广大群众尤其是青少年的爱国拥军情怀和爱军尚武精神，强化全民国家安全意识和国防观念，也有利于增强部队官兵的荣誉感、使命感、责任感。

**记者：**党的十九大提出坚持党对一切工作的领导，并指出党要把方向、谋大局、定政策、促改革，确保党始终总揽全局、协调各方，在新时代，中国特色国防教育如何坚持并完善党的领导？

**陈舟：**习主席强调，党政军民学，东西南北中，党是领导一切的。坚持中国共产党对国防的领导，是国家安全和发展的根本保证。《中华人民共和国宪法》序言明确肯定了中国共产党对国家的领导作用，当然也包括了党对军队及国防的领导；宪法还明确规定了中央军事委员会实行主席负责制。1997年通过的《中华人民共和国国防法》规定：中华人民共和国的武装力量受中国共产党领导。武装力量中的中国共产党组织依照《中国共产党章程》进行活动。2017年通过的《中国共产党章程》规定：中国共产党坚持对人民解放军和其他人民武装力量的绝对领导；中央军事委员会实行主席负责制。显然，国防教育坚持党的领导是法律所赋予的神圣职责，也是刚性的制度约束。

我军历来强调"兵权贵一、军令归一"。党和国家共同设立中央军事委员会，其组成人员和对军队的领导职能完全一致，既能保证党对军队的绝对领导，又恰当地规定了军队在国家体制中的地位。军委主席负责制，在党领导军队的一整套制度体系中处于最高层次，居于统领地位，是坚持党对军队绝对领导的根本制度和根本实现形式，是中国特色社会主义政治制度和军事制度的重要组成部分。党对军队实行领导的根本制度，是党委（支部）统一的集体领导下的首长分工负责制。省军区、军分区和人民武装部，实行军队和地方党的委员会的双重领导制度，也从体制机制上为党全面加强国防教育奠定了坚实的基础。国防教育必须在党的坚强领导下举全国之力、集全民智慧，始终坚持以党的旗帜为旗帜、以党的方向为方向、以党的意志为意志，确保党的重大决策在国防教育领域落地生根。

**记者：**党的十九大明确了要牢固确立习近平新时代强军思想在国防和军队建设中的指导地位，努力实现党在新时代的强军目标，把人民军队建设成为世界一流军队。如何理解习近平强军思想对国防教育的深刻指导意义？

**陈舟：**中国梦蕴含强军梦，强军梦支撑中国梦。中国特色社会主义进入新时代，国防和军队建设也进入了新时代。习近平强军思想是新时代中国特色社会主义思想的"军事篇"，既升华了我们党对军事指导规律的认识，又为实现党在新时代的强军目标、全面建成世界一流军队提供了科学指南和行动纲领。军队是要准备打仗的，军队的根本职能就是要坚决捍卫国家主权、安全和发展利益。我军要为实现"两个一百年"奋斗目标、实现中华民族伟大复兴的中国梦提供战略支撑，必须强化备战打仗的鲜明导向，全面提高新时代打赢能力，这就离不开巩固的国防。中国革命和建设的实践充分说明，要夺取战争的胜利，有效维护国家主权、安全和发展利益，保卫人民的财产和生命安全，不仅要有一支能打仗、打胜仗的人民军队，而且还要有全体人民同仇敌忾、万众一心、时刻准备打赢战争的坚强意志。无论是革命战争的胜利，还是抗美援朝战争以及祖国边疆自卫反击作战的胜利，都深刻昭示我们，人民群众强烈的爱国主义情怀、崇高的牺牲奉献精神、顽强的战斗意志品质、高度的组织纪律观念，始终是打赢战争的决定性因素。因此，进入新时代，我们不仅要在物质上强大起来，更要在凝聚全民战斗精神上强大起来。强国必先强民，强民必先强心，只有坚持不懈地对全民进行国防教育，筑牢精神长城，才能建设和巩固国防和强大军队，为能打胜仗提供坚强保障。

**记者：**当前，在中华民族伟大复兴的历史征程中，我们所肩负的任务更加艰巨繁重，各种矛盾错综复杂地交织在一起，对国家安全和社会稳定形成新挑战。新时代加强中国特色国防教育对我们坚持总体国家安全观有哪些现实需求？

**陈舟：**"国无防不立、民无防不安"。坚持总体国家安全观，是国家安全环境新变化的必然要求，是由我国政治经济社会发展的阶段性特点所决定的。加强全民国防教育，必须贯彻总体国家安全观，坚持国家利益至上，统筹发展和安全大局。习近平主席指出，增强忧患意识，做到居安思危，是我们治党治国必须始终坚持的一个重大原则。这个重要论述把国防教育上升到治党治国重大原则的高度，为国防教育发展指明了方向。实现中华民族伟大复兴，必须进行具有许多新的历史特点的伟大斗争，要时刻高度警惕国家被侵略、被颠覆、被分裂的危险，高度警惕改革发展稳定大局被破坏的危险，高度警惕中国特色社会主义发展进程被打断的危险。我们越是处在相对和平的环境，越是要保持居安思危的忧患意识，牢记天下虽安、忘战必危的古训。国防教育应该从不同侧面对总体国家安全观进行解读，引导干部群众清醒认识和准确判断我国当前的安全形势，认清国家安全形势的复杂性和严峻性，认清复兴过程中内外矛盾交织的联动性，认清敌对势力对我遏制围堵的不可调和性，更加自觉地维护我国主权、安全、发展利益。

**记者：**十九大报告明确指出"我们的军队是人民军队，我们的国防是全民国防"，如何理解新时代条件下国防教育的全民特征？

**陈舟：**我国革命、建设和改革的历史一再证明，我们的军队是人民的军队，我们的国防是全民的国防。我军来自人民、为了人民，根基和血脉在人民。人民是历史的创造者，也是建设巩固国防和强大军队最深厚的力量源泉。革命战争年代，军队打胜仗，人民是靠山；和平建设时期，军队要发展，人民是后盾。始终同人民群众在一起，从人民群众中获取丰厚的营养、智慧和力量，国防和军队就会稳固而强大；离开了人民的拥护和支持，我军就会失去生存发展的深厚根基。无论武器装备怎样发展、战争形态怎样演变，人民战争都不会过时，兵民是胜利之本永远是颠扑不破的真理，战争伟力最深厚的根源永远存在于民众之中。习主席强调，要加强国防教育，增强全民国防观念，使关心国防、热爱国防、建设国防、保卫国防成为全社会的思想共识和自觉行动。这就决定了我国的国防和军队现代化建设必须以全民为主体，紧紧依靠人民，动员人民群众广泛参与；必须大力弘扬依靠人民建设军队、建设国防的优良传统，把全社会的力量凝聚起来，把各界群众的积极性充分调动起来，共同推进国防和军队现代化。

**记者：**"军民融合发展战略"已经被十九大列为2020年全面建成小康社会决胜期的重大战略之一，新时代我们在国防教育中如何贯彻军民融合发展战略？

**陈舟：**富国和强军，是国家发展车之两轮、鸟之双翼，不能错位和割裂。推动军民融合深度发展，是全面增强国家战略能力、实现中华民族伟大复兴的战略决策，既是兴国之举，也是强军之策。开展国防教育，增强全民国防意识，是提升国家软实力的有机组成部分，也是军民融合的一项重要内容。要全面理解习主席关于做好军民融合深度发展的新论断、新观点、新要求，突出国防教育顶层设计，自觉将国防教育融入社会发展体系之中，把国防教育和国民教育有机结合起来，使二者协调发展、平衡发展、兼容发展，加快形成全要素、多领域、高效益的深度融合格局。从军队的角度看，正确认识富国和强军的辩证关系，自觉把国防和军队建设放在强国梦、强军梦的大目标下来思考，把国防建设放在与经济社会协调发展全局中来推进，把教育内容融入建设强大的现代化军队之中。从地方角度看，把国防教育放到国家发展大局来展开，发挥爱国拥军的光荣传统，积极开展智力拥军、科技拥军、文化拥军等活动，在国防教育中破除各自封闭、自我保障、自成体系的思维定式，推进军民密切联系、军政精诚团结、军地融合发展。

# 第二篇　国防费与军事透明

## 牢牢把握国家安全和发展的战略主动权
## 特别需要这样看待国防费增长[①]

我国的国防费问题历来备受外界关注。根据提交十二届全国人大四次会议审议的预算草案，2016年中国国防预算为9543.54亿元，比上年增长7.6%。

这是中国国防费预算连续5年保持两位数增长后，又回到个位数增长。2011年至2015年，中国国防费预算增幅分别为12.7%、11.2%、10.7%、12.2%、10.1%。

在国内外大势发生深刻变化的历史背景下，我们需要客观理性、与时俱进地看待我国国防费适度稳健地增长问题，全面准确地把握国防费变化的历史必然与时代内涵。

### 一件需要"相适应"的要事

我国政府依照国防法，贯彻国防建设与经济建设相协调的方针，适应国防需求和国民经济发展水平，合理确定国防费的规模，依法管理和使用国防费。这是国家法律的要求。

---

[①] 十二届全国人大一至四次会议期间，作者就国防费问题接受了新华社、《解放军报》和《瞭望》新闻周刊等记者的采访。原载《瞭望》2016年第10期。参见《解放军报》专访，2013年3月6日，2014年3月6日，2015年3月5日，2016年3月5日。

在国民经济快速发展和综合国力持续提高的今天，我们必须坚持以国家核心安全需求为导向，更加关注国防需求和国防费的投向投量，为国家发展提供更加坚强的安全保障，为实现党在新形势下的强军目标提供有力支撑。

我国经济发展已进入新常态，增长速度从高速转向中高速，2016年至2020年经济年均增长目标确定在6.5%。在经济发展新常态的新形势下，保持国防费的适度增长，主要基于以下考虑。

一是适应维护国家安全和发展利益的新要求。维护国家主权、安全、领土完整，保障国家和平发展，是我国加强国防建设的根本目的。

当今世界正面临前所未有之大变局，国际力量对比正在发生近代以来最具革命性的变化，国际安全环境进入一个动荡多变期，局部战争和武装冲突的威胁现实存在。

当代中国正处于由大向强发展的关键阶段，前所未有地靠近世界舞台中心，安全威胁多元复杂，风险挑战前所未有。亚太地缘战略竞争日趋激烈，"台独"分裂势力及其活动仍然是两岸关系和平发展的最大威胁，领土和海洋权益争端不断升温，朝鲜半岛和东北亚局势充满变数，恐怖主义、分裂主义、极端主义活动猖獗，海外能源资源、战略通道以及公民、法人等海外利益安全风险上升。

二是适应世界新军事革命的新要求。世界新军事革命深入发展，战争形态加速向信息化战争演变，国际军事竞争空前激烈。

当今世界，武器装备远程精确化、智能化、隐身化、无人化趋势明显，战场不断从传统空间向新型领域拓展，高超声速武器将从根本上改变传统的战争时空观念，大国战略竞争正在向网络、深海、极地、空天等领域延伸。

世界新军事革命和战争形态的演变具有彻底性和根本性，技术创新将深刻改变世界军事发展的战略走向，我军与主要国家军队在某些技术领域面临差距进一步拉大的危险。

三是适应深化国防和军队改革的新要求。强国必强军，强军必改革。全面实施改革强军战略，坚定不移走中国特色强军之路，是应对当今世界之大变局、有效维护国家安全的必然要求。

深化我国国防和军队改革是一场整体性、革命性变革，推进力度之大、触及利益之深、影响范围之广前所未有。依据军委管总、战区主战、军种主建的总原则，军委机关由总部制调整为多部门制，七大军区调整划设为五大战区，成立陆军领导机构、火箭军、战略支援部队。优化规模结构和部队编成，协调推进文职人员制度、军衔主导的等级制度、军官职业化制度的改革，推进军民融合深度发展改革等。

这次改革裁减军队员额30万，有许多干部要调整分流和编余安置，有大批干部要退出现役，配套保障政策措施必须到位。随着国家经济社会发展和城乡居民人均收入的提高，要保证军队人员工资待遇水平同步提高。

四是适应维护地区和世界和平的新要求。中国的安全和发展与世界和平繁荣息息相关，中国的国防政策坚持保障国家安全发展与履行国际义务的有机统一。随着综合国力和国际影响力的增强，中国军队不断加大参与国际维和、反恐和人道主义救援的力度。

近年来，从向南苏丹派出维和步兵营到向西非派出医疗队抗击埃博拉，从对马航失联客机展开立体大搜救到撤离被困也门的中外人员，从连续派出22批护航编队执行护航任务到40余次执行国际紧急人道主义物资援助任务，中国军队承担越来越多国际责任的事实有目共睹。

展望未来，中国军队将更加积极参与国际安全合作，提供更多公共安全产品，为维护世界和平与发展作出更大贡献。

## 一件需要及时"转化"的要事

确定国防费规模的一个基本原则，就是要与国民经济发展水平相适应。以经济建设为中心，是由我国社会主义初级阶段的基本国情和主要矛盾决定的。经济建设是基本依托，经济实力增强了，国防建设才能有更大发展。

但是，富国并不等于强军，以经济建设为中心并不意味着等经济建设搞上去了再抓国防建设。一个巩固的国防，一支强大的军队，始终是经济建设的安全保障。国防建设是我国现代化建设的战略任务，同时对经济社会发展也具有重要拉动作用。

经过新中国成立60多年，特别是改革开放近40年来的发展，我国综合国力显著增强，经济总量稳居世界第二位，人均国内生产总值（GDP）增至近8000美元，国家重大基础设施水平全面跃升，一批重大科技成果达到世界先进水平，这为建设巩固国防和强大军队奠定了雄厚物质基础。

20世纪90年代以来，经过近20年的发展，我们实现了国防和军队现代化建设"三步走"发展战略第一步目标，机械化建设有了较好基础，信息化建设取得明显进步。"十三五"规划纲要草案提出，全面推进国防和军队建设，到2020年基本完成国防和军队改革目标任务，基本实现机械化，信息化取得重大进展，构建能够打赢信息化战争、有效履行使命任务的中国特色现代军事力量体系。

我们要抓住这个难得的历史机遇，适当增加国防投入，及时把经济实力转化为国防实力，使安全战略和发展战略相协调、强军进程和强国进程相一致、国防实力和经济实力相匹配，实现国防和军队现代化水平的整体跨越。

改革开放近40年来，我国坚持国防建设服从和服务于经济大局，坚持国防建设与经济建设协调发展，国防投入保持了合理适度的规模。

1978年到1987年，随着国家工作重点转移到经济建设上来，国防建设处于低投入和维持性状态。国防费年平均增长3.5%，同期GDP年平均增长14.1%，国家财政支出年平均增长10.4%。国防费占GDP和国家财政支出的比重，分别从1978年的4.6%和14.96%下降到1987年的1.74%和9.27%。

1988年到1997年，为弥补国防基础建设的不足和维护国家安全统一的需要，我国在经济不断增长的基础上，逐步加大国防投入。国防费年平均增长14.5%，同期GDP年平均增长20.7%，国家财政支出年平均增长15.1%。

1998年到2007年，为维护国家安全和发展利益，适应中国特色军事变革的需要，我国在经济快速增长的基础上，继续保持国防费的稳步增长。国防费年平均增长15.9%，同期GDP年平均增长12.5%，国家财政支出年平均增长18.4%。国防费占GDP的比重虽有所上升，但占国家财政支出的比重总体上仍呈下降趋势。

2008年以来，我国国防费年平均增长12.55%，国防费占GDP的比重相对稳定，占国家财政支出的比重略有下降。

我国国防费主要由人员生活费、训练维持费和装备费三部分组成，各部分大体各占1/3。相对于世界其他主要大国，我国国防费无论是占GDP的比重，还是国民人均和军人人均数额，都是比较低的。

近10年，我国国防费占GDP的比重平均为1.33%，不仅低于世界主要国家，也大大低于2.6%的世界平均水平。2015年，我国年度国防费为8868.98亿元，相当于美国的24%。我国人均国防费为648.40元，仅相当于美国的1/18、日本的1/4、英国的1/9、法国的1/7、俄罗斯的1/5；军人人均数额为38.57万元，是美国的14%、日本的36%、英国的22%、法国的47%、德国的56%。

瑞典斯德哥尔摩国际和平研究所的数据显示，从近15年国民人均国防费数值看，美国、俄罗斯、英国、日本分别是我国的25.8倍、4.5倍、12.7倍、5.4倍。

每年全国"两会"时，我国的国防费问题都是海外关注的一个热门话题。一些人有疑虑是正常的，只要通过摆事实、讲道理是可以达成增信释疑结果的。但也有一些人总是戴着"有色眼镜"，别有用心地有意曲解我国国防费的增长，没事生事、没事找事、恶意说事，甚至拿其作为诋毁我国和平发展、制造"中国威胁论"的重要借口。对此类视事实和道理于不顾的论调，必须揭穿其有意曲解的真正用心。

一个国家是不是对其他国家构成威胁，主要不在于它的国力军力是否强大，而在于它奉行什么样的内外政策。中国特色社会主义对内求和谐求发展、对外求和平求合作的本质特征，决定了我们绝不会走历史上西方列强"国强必霸"的老路，而只会坚定不移地走和平发展的道路，始终如一地奉行防御性的国防政策。这是对中国发展的负责，也是对全人类进步的负责。

## 一件需要以改革精神做好的要事

我国对国防费实行严格的财政拨款制度。军队根据国家确定的国防发展战略、军队建设目标和年度军事任务开展预算编制工作，汇总编制的国防费预算经中央军委审查批准后提交财政部。财政部根据中长期财政计划和预计年度财政收入，与军队协商提出军费拨款方案，纳入年度中央财政预算草案，由全国人民代表大会审查和批准。国家和军队审计机构，对国防费预算及执行情况进行审计监督。

近年来，政府加强国防费科学化精细化管理，改革创新财经管理制度，推进资产管理改革，加强预算执行监督管理，提高国防费开支的透明度和规范性，确保国防费的正确有效使用。

国防预算实质上是配置国防资源的一种基本方式，对国防资源的使用效益具有重要作用。同样的国防费投入，不同的结构和投向，最终形成的国防能力可能完全不同。

作为军队来讲，我军现行的军费配置，存在着预算与规划计划的衔接不够紧密、配置结构不够优化、配置方法不够先进、使用管理效益不高等问题。

适应军队职能任务需求和国家政策制度创新，深化军费预算管理和审计制度改革，是军队政策制度改革的重要内容。

科学管理既是兴国之道，也是兴军之道。提高军事经济效益，关键是管好用好有限的军费，确保用于必需、用之合理，发挥最大效益。新形势下，必须坚持需求牵引规划、规划主导资源配置，把军费投向投量搞得更加科学。

要深化预算管理改革，完善规划计划与预算紧密衔接的工作机制，强化预算编制、执行、决算和绩效评价全过程管控；推进集中收付、物资采购和军人医疗、保险、住房保障、工资福利等制度改革，加快经费标准化建设，构建财力配置科学、预算规划透明、标准制度健全、集中收付严密、组织体系顺畅的具有我军特色的现代军费管理制度。

要强化经费使用管理监督，严格按照战斗力标准花钱办事，加强公务接待、基本建设、物资采购等重点领域财务监管，严格账户资金监管，加大财经管理和整治力度，强化纪检、财务、审计等管理监督。

要发扬艰苦奋斗、勤俭建军的优良传统，着眼提高保障质量效益，勤俭办一切事业，厉行勤俭节约，反对铺张浪费，用钱精打细算，花好每个"铜板"。花钱必问效、低效必问责，确保每一分钱都花到战斗力的刀刃上，这将成为我军建设的新常态。

信息化战争的体系作战，既是军事实力的对抗，更是综合国力的较量。

信息化建设成本高昂、资源技术军民相通的特点，决定了它更加追求资源配置的综合效益，内在地要求军民融合。据有关资料，西方发达国家军队信息化建设80%以上的技术都来自民用信息系统。

"十三五"规划纲要草案提出，实施军民融合发展战略，形成全要素、多领域、高效益的军民深度融合发展格局。

全要素融合，就是促进信息、技术、人才、资本、设施、服务等全部要素、全部资源在军地两大体系中双向流动、渗透兼容。

多领域融合，就是由主要面向国有大中型企业向多元经济成分延伸，由经济、科技、教育等行业向全社会覆盖，由传统安全领域向新型安全领域拓展。

高效益融合，就是坚持国家主导、市场运作，发挥市场配置资源的决定性作用，激励多元力量、优质资源服务国防建设，实现经济效益、国防效益、社会效益最大化。

军民深度融合将大大拓展军费资源配置效益的空间，为走投入较少、效益较高的国防和军队现代化建设路子奠定坚实的物质基础。

# 我们不会像美国一样建立12个航母编队①

**记者：** 根据3月4日上午全国人大新闻发布会发布的信息，2017年中国国防费预算增长的幅度是7%左右，在GDP中占的比重约为1.3%。您怎么看待这个增长幅度？

**陈舟：** 2011年到2015年，中国国防费预算连续5年保持两位数增长。2016年中国国防费预算为9543.54亿元，增长7.6%，2017年连续第二年以个位数增长。中国国防费增长是合理合法、适度稳健和可持续的。

我们今年国防费的增长有一个明显的标志——突破1万亿元。中国国防费自1999年超过1000亿元人民币以来，到2016年上升到9543亿元，2017年突破1万亿元，18年增长了10倍。这标志着我们的国防实力上了一个新台阶，也显示国防建设与经济建设协调发展进入了一个新阶段。

这个新阶段的突出标志是：我国的国防科技工业达到世界先进水平，武器装备发展取得长足进步，一大批关键技术实现突破、一大批新型装备交付部队，科研生产能力总体达到世界先进水平。军队要有效履行新的历史时期使命任务，坚决维护国家主权、安全、发展利益，为中华民族伟大复兴提供坚实的安全保障。军队积极参与国际维和、海上护航、国际反恐和人道主义救援，承担更多国际责任和义务，提供更多公共安全产品。

我们在考虑国防费增长的时候，是一个非常客观、非常理性的判断，而不是因外部因素的突然变化就改变整个国防费增长的规模，除非发生大

---

① 十二届全国人大五次会议期间，作者就国防费等问题接受了新华社、《解放军报》、《中国青年报》和《中国国防报》等记者的采访。原载《中国青年报》，2017年3月9日。参见《解放军报》2017年3月5日，《中国国防报》2017年3月6日，《中国军法》2017年第1期专访和文章。

规模的战争，应该说在相当长一个时期内，中国并不面临着大规模的战争威胁。我们将来面临的是由于外部因素引发的局部战争、武装冲突，所以我们的军事战略方针立足点放在要打赢信息化战争，而且要突出海上的军事斗争准备上来。

**记者**：今年国防费的增长主要用在哪些方面？

**陈舟**：今年增加的国防费主要用于加大武器装备建设投入，改善部队训练条件，保障军队各项改革和提高官兵福利待遇需要，以及对培养高素质的军事人才加大投入，最后还需要支持军民融合的深度发展。

之前我们会说军费的增长是一种补偿性增长，现在应该说我们的国防费增长进入一个适度稳健的、可持续的发展阶段。我们根据国家的战略需求、国防和军队改革的需要，来考虑我们国防费的增加，同时也是适应我们国家经济发展水平的。我们国家在2010年已经是世界第二大经济体了，近几年来尽管遇到一些困难，但我国经济仍然保持着中高速增长。2016年我国经济增长速度为6.7%，经济规模超过11万亿美元。这为我们加快和推进国防现代化奠定了一个雄厚的物质基础。

**记者**：一些西方国家说"中国军费不透明"，还有一些国家对中国国防费的增长存在担忧或者质疑，为什么我们似乎需要不断解释国防费增长的合理性？

**陈舟**：军事透明度的问题本来就是相对的。我们国家有一整套完整的制度，我们整个国防费的开支，每年都要提前做预算，由全国人大来审批，整个过程都是公开的。我是人大代表，每年都在审查国防费的预算，国防费的每项开支在代表们审议的时候都是清清楚楚的。另外，自1998年开始，每两年发表一次的国防白皮书，对国防费保障范围、增加费用的主要用途、财政拨款制度、预算审计制度、占国家财政支出比例等情况进行介绍。

中国现在还加入了联合国军费透明制度，按照联合国的要求每年提交上一财年的军费大项目的开支，涉及人员生活费、训练维持费、装备费等。中国国防费是客观、透明的，没有什么"隐形军费"。

我们常说，政治决定军事，政略决定战略。一个国家是不是对其他国家构成威胁，主要不在于它的国力军力是否强大，而在于它奉行什么样的内外政策。习主席讲我们永不争霸、永不扩张、永不谋求势力范围，所以我们国家是坚定地走和平发展道路，奉行防御性的国防政策。在这样一个大政方针的背景下，我们推进国防科技现代化，建立与我们国家大国地位相称、维护我们国家主权发展利益相一致的强大的人民军队。

实际上，相对于世界其他主要大国，我国国防费无论是占GDP的比重，还是国民人均和军人人均数额，都是比较低的。2007年到2016年，我国国防费占GDP的比重平均为1.32%。2016年，中国国防费支出占GDP的比例为1.28%，不仅远低于美国3.5%、俄罗斯3.7%等世界大国的比例水平，也大大低于2.4%的世界平均水平。

2016年，我国年度国防费为9543.54亿元，相当于美国的24.6%。我国人均国防费为690元，仅相当于美国的1/18、日本的1/4、英国的1/9、俄罗斯的1/5；军人人均数额为41.77万元，是美国的13.58%、日本的34.4%、英国的22.98%。

每一次国防费的增加总会引起一些这样那样的猜疑，有一些是可以理解的，那我们就摆事实讲道理，我相信可以增进相互理解。但如果有一些敌对势力恶意曲解，比如把中国国防费增加作为制造"中国威胁论"的借口，我觉得这是完全站不住脚的。对于这类视事实和道理而不顾的论调，必须揭穿他们有意曲解的真正用心。

**记者：** 如何理解"军费投入会偏向发展海军"这种说法？我们会发展多少艘航母呢？

**陈舟：**目前，我军整体上仍属于陆战型、国土防御型、人力密集型的力量结构。由于地缘环境复杂和维护国土安全的需要，我国必须保持强大的陆军，但随着改革的深入和中国安全环境的变化，以及战争形态的变化，我们需要精减陆军和压减老旧装备部队，加快海军、空军、火箭军和战略支援部队的建设。在国防资源配置和国防费投入上，应该加大向这些军种倾斜。

特别是中国已经确立了建立海洋强国的战略目标，中国海军这几年来发展的速度比较快。航母是发展海军的一个重要标志，我们的"辽宁舰"大家都已经看到了，无论是试验、训练都取得了很好的成绩。目前我国的第二艘航母进展顺利，已经完成了合拢，正在安装设备。除了"辽宁舰"，我们还需要建立航母编队。至于中国将来需要多少个航母编队，这要根据国家战略、军事战略需求最后确定。我们海军的发展、中国军力的发展都会是有限的、适度的，我们不会像美国一样建立12个航母编队，这对中国没有必要。中国会坚定地走和平发展道路，奉行防御性的国防政策，我们的军事战略是积极防御的军事战略，无论国际形势怎么变化，无论中国发展到什么地步，这一点不会改变。

**记者：**军队"脖子以下"的改革已经开始，能不能介绍一下相关情况？军队院校和科研机构改革的进展情况如何？

**陈舟：**我们目前推进的是军队规模结构和力量编成改革，是推进军队组织现代化的关键一步，是对我军力量体系的一次整体性重塑。这项改革包括军种比例的调整、规模的压缩和军队政策制度的改革。特别是涉及文职人员制度、军衔主导的等级制度、军官职业化制度的改革。

同时，随着整个军队规模结构和力量编成改革的深入，包括军队院校、科研机构和训练机构的改革正在推进，院校精简合并是不可避免的。这次改革的目标就是将构建院校教育、部队训练、职业教育三位一体的新型军事人才培养体系，包括建设大型综合性训练基地，构建实战化训练环境，开展跨区训练、对抗训练和远海训练等，这都将要作为一个整体来考虑。

**记者：** 今年会有大量的军官转业，从国家和地方两个层面入手，我们该如何做好转业军人安置工作？

**陈舟：** 这一轮改革中，许多干部要调整分流和编余安置，有大批干部要退出现役，在国家层面将进一步加强退役军人的管理保障工作的组织领导，同时要健全服务保障体系和相关的政策制度。我们会看到，将来会有一系列新的制度政策出台。

地方政府应该服从中央的、国家的一系列政策法规，应该站在安全发展战略全局的高度，从习主席讲的总体国家安全观这样一个高度来认识国防和军队改革的意义，进一步认识到做好军转安置工作的重要性。各级政府在这方面做了大量的工作，现在需要的就是根据新的情况、新的问题，在改革中加以完善、健全，不断推进新的政策，使我们的军人能够得到很好的安置。

**记者：** 军民融合发展已经上升为国家战略，现在发展到了一个什么状态？接下来军民深度融合的需求在哪里？在军民融合的过程中，军方更青睐和什么样的企业合作？

**陈舟：** 军民融合我们已经取得了不少成绩，比如说航天发射，航母的建设，导弹武器装备的研发、制造等，实际上都是军民融合的产物。近几年修建的数十条高速公路同时也可以起降军用飞机，这就是一种备战型的高速公路，这应该是军民融合的典范之一。

"十三五"规划纲要提出要形成一个全要素、多领域、高效益的军民深度融合的发展态势。全要素融合，就是促进信息、技术、人才、资本、设施、服务等全部要素和全部资源，在军地两大体系中双向流动、渗透兼容。多领域融合，就是由主要面向国有大中型企业向多元经济成分延伸，由经济、科技、教育等行业向全社会覆盖，由传统安全领域向新型安全领域拓展。高效益融合，就是坚持国家主导、市场运作，发挥市场配置资源的决定性作用，激励多元力量、优质资源服务国防建设，实现经济效益、国防效益、社会效益最大化。

实际上军民融合很大的考虑也是资源的综合配置，通过发挥市场配置资源的决定性作用，激励多元的力量、优质的资源，来服务国防建设，走一条投入较少、效益较高的军队现代化道路。

**记者**：在军民深度融合的过程中，我们在政策法规上有什么考量？

**陈舟**：现在已经有一系列的政策法规，可能还会有新的政策法规。这个很重要，因为军民融合深度发展一个很重要的方面就是要健全军民融合组织发展的管理体系、工作运行体系和政府制度体系。那么健全政策制度体系，实际上就是要完善相关的法规政策。要制定一系列的优惠政策和措施，来促进军民深度融合发展。

# 改革开放40年来中国国防费合理增长与公开透明[①]

从国防经济的观点来看，国防费规模是指政府为实现其保卫国家安全职能而配置与使用的那部分经济资源的价值总量，是居民为消费国家安全而支付的价格。国防费投入过多会影响经济建设，投入过少又不利于国家安全。从改革开放40年来的历史经验看，中国坚定不移地走和平发展道路，奉行防御性的国防政策，贯彻国防建设与经济建设协调发展的方针，适应国防需求和国民经济发展水平，合理确定国防费的规模，依法管理和使用国防费。

## 一、40年来中国国防费始终保持合理适度增长

以经济建设为中心，是由中国社会主义初级阶段的基本国情和主要矛盾决定的。但是，这并不意味着要等经济建设搞上去了再抓国防建设。一个巩固的国防，一支强大的军队，始终是经济建设的安全保障。国防建设是中国现代化建设的战略任务，同时对经济社会发展也具有重要拉动作用。改革开放40年来，中国坚持国防建设服从和服务于经济大局，坚持国防建设与经济建设协调发展，国防投入保持了合理适度的规模。

第一个十年——1978年到1987年，国防建设处于低投入和维持性状态。国防费年平均增长3.5%，同期GDP年平均增长14.1%，国家财政收入年平均增长10.8%，国家财政支出年平均增长10.4%。国防费占GDP和国家财政支出的比重，分别从1978年的4.6%和14.96%下降到1987年的1.74%

---

① 原载《学术前沿》2018年第6期。参见《解放军报》专访，2018年3月6日；《中国青年报》专访，2018年3月14日。收入本书时内容略有调整。

和9.27%。

第二个十年——1988年到1997年，在经济不断增长的基础上逐步加大国防投入。国防费年平均增长14.5%，同期GDP年平均增长20.7%，国家财政收入年平均增长14.82%，国家财政支出年平均增长15.1%。

第三个十年——1998年到2007年，在经济快速增长的基础上继续保持国防费的稳步增长。国防费年平均增长15.9%，同期GDP年平均增长12.5%，国家财政收入年平均增长19.61%，国家财政支出年平均增长18.4%。国防费占GDP的比重虽有所上升，但占国家财政支出的比重总体上仍呈下降趋势。

第四个十年——2008年到2017年，国防费年平均增长11.3%，同期GDP年平均增长11.8%，国家财政收入年平均增长12.69%，国家财政支出年平均增长14.91%。国防费增长与GDP增长、国家财政支出增长基本同步，表明国防费支出与国民经济是协调发展的。

历史地看，20世纪80—90年代初是国防费投入建设的低增长期。国防费增长十分缓慢，远远落后于经济增长，甚至出现过连续负增长的情况，产生了大量的建设"欠账"。直到90年代中后期，中国国防费才得到了真正意义上的较快增长，而这一期间国家经济增长的速度也很快。目前，经过近20年的调整后，中国国防费已经由弥补国防基础薄弱的补偿性增长进入到与国民经济增长相协调的发展性增长时期。"十二五"期间，中国GDP年均增长7.8%。中国经济发展进入新常态，增长速度从高速转向中高速，"十三五"时期经济年均增长至少也要达到6.5%。近三年国防费连续以个位数增长，正是基于与国民经济协调发展的考虑。

相对于世界其他主要大国，中国国防费无论是占GDP和国家财政支出的比重，还是国民人均和军人人均数额，都是比较低的。按照国际经济学界普遍的观点，国防费占GDP的比例在2%～4%，是比较安全的比例区间。

冷战结束后1991年至2017年的27年里，世界国防费占全球GDP的平均比重为2.2%～2.8%，中国的平均比重为1.3%，而同期美国为3.8%、俄罗斯为4%、法国为2.6%、英国为2.5%。近6年来，世界主要大国国防费占财政支出的平均比重，美国为16.95%、英国为6.80%、俄罗斯为16.86%，而中国为5.3%。近20年来，中国的国防费投入总额相当于美国的13.58%。2017年，中国人均国防费为735.22元，相当于美国的1/20、日本的1/3、英国的1/6、法国的1/5、俄罗斯的1/3；军人人均数额为51.13万元，是美国的14.93%、日本的34.7%、英国的22.4%。2018年，全球国防费将增长3.3%，达到16700亿美元，为冷战后全球国防费的最高水平。其中，美国国防费占40%，中国国防预算为11069.51亿元，不及美国的1/3，仅相当于美国1981年的水平。据估算，2018年，美国每平方公里领土所占国防费8.15万美元，日本为150多万美元，而中国每平方公里领土所占国防费仅为美国的21%、日本的1.1%；中国每公里边防、海防线所占国防费为385美元，仅相当于美国的13%，美国则高达2929美元。

## 二、中国国防费增长的历史必然和时代内涵

根据提交十三届全国人大一次会议审议的预算草案，2018年中国国防费预算为11069.51亿元（1638.79亿美元），增长8.1%，连续第三年以个位数增长。增加的国防费主要用于加大武器装备建设投入、改善训练条件、保障军队改革和提高官兵生活待遇，为实现党在新时代的强军目标提供有力支撑。在国家综合国力、安全环境和全球战略形势深刻变化的大背景下，中国国防费增长是合理合法、适度稳健和可持续的。

国防费增长主要基于三个"时代要求"和一个"现实可能"。

一是强国强军的时代要求。中国特色社会主义进入了新时代，这是我国发展新的历史方位。中国的国家战略目标即实现"两个一百年"的奋斗

目标有了新战略安排，提前15年完成基本实现现代化的目标，到21世纪中叶把我国建成社会主义现代化强国。强国必须强军，国防和军队现代化进程必须同国家现代化进程相适应，要持续不断、适度稳健地加大国防投入。按照党的十九大报告，全面推进军事理论现代化、军队组织形态现代化、军事人员现代化、武器装备现代化，把国防和军队现代化建设"三步走"发展战略提前15年，即到2035年基本实现国防和军队现代化，到21世纪中叶把人民军队全面建成世界一流军队。

二是履行使命的时代要求。世界正处于大发展、大变革、大调整时期，我国正处在从大国走向强国的关键时期，国防和军队现代化正站在新的历史起点上。新时代带来的机遇十分难得，挑战也十分严峻。从全球看，世界经济政治的不确定性不稳定性持续上升，大国战略竞争和博弈日趋激烈，国际关系复杂程度前所未有。从我国看，"树大招风"效应日益显现，一些国家和国际势力对华防范和遏制的一面有所增大，反对和遏制"台独"的斗争复杂严峻，海上安全形势更趋尖锐，恐怖主义、分裂主义、极端主义活动猖獗，海外利益安全风险明显上升。我军必须把握新时代国家安全战略需求，履行新时代使命任务，为实现中华民族伟大复兴提供战略支撑，坚决维护中国共产党领导和我国社会主义制度，维护国家主权、统一、领土完整，维护国家海外利益，维护地区和世界和平。

中国拥有2.2万多公里陆地边界、1.8万多公里大陆海岸线、主张管辖海域300万平方公里，同14个邻国接壤、6个国家隔海相望，是世界上邻国最多、陆地边界最长的国家之一。维护国家边海空防和网络、太空安全的任务很重，我军需要保持一定规模和国防费增长，随时应对各种安全威胁和突发事件。随着我国全方位对外开放不断扩大，我们的国家利益向全球不断拓展，维护海外利益安全成为我军的战略任务。我国现有3万多家企业遍布世界各地，海外资产总量6万多亿美元，每年有1亿多人次出境。开展海上护航、撤离海外公民、应急救援等海外行动和海外利益攸关区安全合作，成为军队维护国家利益和履行国际义务的重要方式。

与此同时，中国军队积极参与国际维和、反恐和人道主义救援，加强防扩散国际合作、参与管控热点敏感问题、共同维护国际通道安全、参与维护全球网络安全等。自1990年首次向联合国维和行动派遣军事观察员以来我军已累计派出维和人员近4万人次，先后参加了约24项维和行动，派兵数量居联合国安理会5个常任理事国之首。从2008年底以来，连续派出28批护航编队执行护航任务，已为6400多艘中外船舶提供安全保护，其中一半是外国船舶。从向西非派出医疗队抗击埃博拉到对马航失联客机展开立体大搜救，从撤离被困也门的中外人员到50余次执行国际紧急人道主义物资援助任务，表明中国军队在维护国际公共安全方面将对国际社会作出更大贡献。

三是深化改革的时代要求。世界新军事革命迅猛发展，依据新形势下军事战略方针，必须提高基于网络信息体系的联合作战能力、全域作战能力，有效塑造态势、管控危机、遏制战争、打赢战争。国防和军队改革取得历史性突破，形成军委管总、战区主战、军种主建的新格局，我军组织架构和力量体系实现革命性重塑。深化国防和军队改革，全面实行改革强军、科技兴军战略，国防费投向投量的重点是优化武器装备规模结构，发展新型武器装备。深化军官职业化制度、文职人员制度、兵役制度等重大政策制度改革，基于军事职业高技术性、高奉献性、高风险性，合理确定军官待遇保障、退役安置和荣誉制度等。

四是国民经济发展的现实可能。确定国防费规模的一个基本原则，就是要与国民经济发展水平相适应。国防费规模的战略需求，必须以经济发展为支撑保障。经济建设是基本依托，经济实力增强了，国防建设才能有更大发展。改革开放40年来中国经济快速增长，于2010年成为世界第二大经济体。近几年在严峻复杂的国际环境和国内长期积累的深层次矛盾凸显的情况下，中国经济在较高的发展基数上依然保持中高速增长，2016年增长6.7%，2017年增长6.9%。中国经济规模超过12万亿美元，对世界经济增长的贡献率保持在30%以上。国家重大基础设施水平全面跃升，一批重大科技成果达到世界先进水平，这为建设巩固国防和强大军队奠定了雄厚物质基础。我们要抓住机遇适当增加国防投入，及时把经济实力转化为国防实力，加快推进国防和军队现代化。

### 三、中国国防费是客观、公开和透明的

中国国防费是客观、公开和透明的，没有什么"隐形军费"。1978年以来，中国政府每年向全国人大提交财政预算报告，并对外公布年度国防费预算总额。从1998年始，每两年发表一次的国防白皮书，对国防费保障范围、增加费用的主要用途、财政拨款制度、预算审计制度、占国家财政支出比例等情况进行介绍。中国自2007年起开始参加联合国军费透明制度，向联合国提交上一财政年度的军事开支基本数据。中国对联合国常规武器登记册的建立和发展作出了重要贡献。登记册建立后，中国每年向登记册提供作战坦克、大口径火炮、装甲战斗车、作战飞机、攻击直升机、作战舰艇、导弹和导弹发射系统等七大类常规武器的进出口情况。由于个别国家自1996年起向登记册提供其向台湾出售武器的情况，违背了联大有关决议的精神及登记册的宗旨和原则，曾迫使中方暂停登记。鉴于有关国家已停止上述做法，中国从2007年起恢复向登记册提供七大类常规武器的进出口情况。

中国国防费主要由人员生活费、训练维持费和装备费三部分组成，各部分大体各占1/3。人员生活费，主要用于军官、士兵、文职干部的工资、伙食、服装、医疗、保险和住房等保障；训练维持费，主要用于部队训练、

工程设施建设及维护和日常消耗性支出；装备费，主要用于武器装备的科研、试验、采购、维修、运输和储存等。国防费的保障范围既有现役部队，也有民兵、预备役部队，还包括部分离退休干部的供养费、军人子女教育、支援国家经济建设等社会性支出等。

长期以来，一些西方国家指责中国给予国防科技工业大量隐性补贴，没有将武警部队开支列入国防费等，这是完全站不住脚的。以国防费投入方式对国防科技工业进行的更新改造费，既不是所谓的"专项补贴"，更不是隐性的投入。其目的主要是为保障特定武器装备生产质量所采取的先期投入，投入数额是十分有限的，这也是世界上通行的做法。至于武警部队开支，现行武警法明确规定：武警部队执行国家赋予的安全保卫任务及相关建设所需经费，列入中央和县级以上地方财政预算，按照国家有关规定给予保障。在每年全国人大审议的政府预算中，武警部队开支历来属于公共安全开支，而不属于国防开支。一些著名智库，如瑞典斯德哥尔摩国际和平研究所（SIPRI）和伦敦国际战略研究所（IISS）每年发布中国国防费开支数据时，硬将武警部队开支计算在内，这是不客观、不公正的，是与事实相违的主观臆测。

中国对国防费实行严格的财政拨款制度。军队根据国家确定的国防发展战略、军队建设目标和年度军事任务开展预算编制工作，汇总编制的国防费预算经中央军委审查批准后提交国家财政部。国家财政部根据中长期财政计划和预计年度财政收入，与军队协商提出军费拨款方案，纳入年度中央财政预算草案，由全国人民代表大会审查和批准。国家和军队审计机构，对国防费预算及执行情况进行审计监督。近年来，政府加强国防费科学化精细化管理，改革创新财经管理制度，推进资产管理改革，加强预算执行监督管理，提高国防费开支的透明度和规范性，确保国防费的正确有效使用。党的十九大报告明确提出，要推进军事管理革命。其中很重要的一项内容，就是健全军费管理制度，树立现代管理理念，提高专业化、精细化、科学化管理水平。军队现行的军费配置，存在着预算与规划计划的衔接不够紧密、配置结构不够优化、配置方法不够先进、使用管理效益不高等问题。适应军队职能任务需求和国家政策制度创新，深化军费预算管理和审计制度改革，是军队政策制度改革的重要内容。

政治决定军事，政略决定战略。一个国家是不是对其他国家构成威胁，主要不在于它的国力军力是否强大，而在于它奉行什么样的内外政策。习主席说，中国从一个积贫积弱的国家发展成为世界第二大经济体，靠的不是对外军事扩张和殖民掠夺，而是人民勤劳、维护和平。中国的防御性国防政策，绝不会因国家政策的调整和发展阶段的不同而改变。中国将一如既往地反对战争政策、侵略政策、扩张政策，无论发展到什么程度，永远不称霸、永远不搞扩张。中国必将走出一条崭新的、不同于历史上大国崛起的和平发展道路。

# 军事透明的概念分析[①]

当今世界，"透明"是一个被广泛使用的概念。从世界贸易组织有关贸易政策措施的公布、通知等规定到政府行政管理领域的阳光原则，从国际军控领域中的常规武器登记制度到国际环境法中对各国及时公布履行减排义务的要求，都涉及透明原则。军事透明问题事关国家安全和地区稳定，更加复杂和敏感。各国不同的社会历史条件、安全关切和发展状况，使其对军事透明的解释有较大的差异。深入分析军事透明的概念、特点及其基本构成，对于认识军事透明的本质具有重要意义。

## 一、透明与军事透明

自然科学所说的"透明"，是指物质的性状或状态可以让光线从中顺利传播。比如水晶是透明的，是因为人们能够毫不费力地透过它看到后面的物体。透明度，则是指物体允许可见光透过的程度。作为一种刻画透明程度的指标，它是处于透明和不透明之间的状态。

社会科学借用自然科学的"透明"概念，来描述一种信息交流并为人获知的状态。透明，就是一个行为体向另一个行为体"提供有关自己行动与能力的信息"。透明度，则是指行为体对外公开从而让他人了解的程度。比如，法律透明是指法律、法规或法律程序应该为人所知，政策透明就是政策信息充足、易被理解和责任明确。在这个意义上，美国学者安·弗洛里尼认为，透明就是"保密的反面"。保密就是蓄意地隐藏自己的行动，而

---

[①] 本文选自作者主编的《军事透明论》第一章。该书于2013年由解放军出版社出版。编入本书时作了删节。

透明则是蓄意地透露它们。

国际贸易领域特别是世界贸易组织的透明度原则，是以各成员方贸易具有相关性为基本假设前提，既包括法律、法规、行政规章和行政命令等的对外透明，也包括执行和实施的程序、标准和规则的透明。它要求任何成员方对本国（地区）制定和实施的与国际贸易有关的法律法规、司法判决、行政决定以及贸易政策都应当公布，以便其他缔约方政府及贸易商能够及时了解和熟悉它们。这一原则的核心，是要求各成员方提升信息公布的迅速性、准确性、便利性和全面性，增加各成员方在贸易领域的透明度，提高国际市场的可预见性。它的基本特性，就是"信息的可获得性、全面性、相关性，以及信息的质量和可信赖性"。

在政府行政管理领域，"透明"与"行政透明""政务公开""透明政府"等概念相关联。政府透明活动，主要包括政府的组织透明、决策透明和管理透明。政务公开，是指政府决策和行政行为除涉及国家安全及商业机密等不宜披露的信息外，都应通过适当的渠道和途径告知社会。政府履行公告和通知职能，可以使自己的行为和意图为公众所知，从而增强前瞻性和可预测性。同时，也是为了推动公众参与。政务公开的目的，是使公众能够了解社会系统的真实运行情况，帮助其作出准确判断，防止虚假信息造成系统运行的紊乱，并增加对政府的信任。除了信息的全面真实、规范易懂之外，确保信息流动的及时和可持续也十分重要。

在国际法上，透明度原则不仅要求国际法主体的条约义务是可获知的和清楚的，而且要求相关各方的行为也是可获知的和清楚的。但是，由于各国的发展道路、根本任务、社会制度和文化传统各不相同，对透明度原则的认识理解和价值判断存在很大差异。价值领域的对立和冲突十分激烈，很难在短时间内协调和化解，这就导致"透明度在国际法上并无一个能为所有各方都能接受的含义"[1]，国际社会也不可能拟定能够得到广泛接受的固定标准。

军事是一切与战争和国防直接相关的事项，如战争准备与实施、国防和军队建设、国际军事安全与合作等。军事透明（military transparency），顾名思义，就是将一切与军事相关信息的公开交流并为人获知的状态或行为。

目前，军事透明还没有一个普遍认同的定义。把军事透明看作"保密的反面"，这在一定程度上揭示了军事安全领域实现透明所遇到的内在矛盾。如何处理透明与保密的关系，始终是现代主权国家不得不面对的难题。然而，这个定义只看到了透明与保密的对立，而没有分析它们之间的联系。保密与透明，其最终目的都是国家利益。任何国家都有自己要保密的东西，只有当它认为透明有利于国家安全和发展利益时，才会真正改变传统的保密习惯，增加军事透明度。

联合国大会决议（A/60/40）在最一般的意义上，将军事透明定义为"关于军事情况的客观信息"。联合国裁军事务中心把军事透明描述为"根据正式和非正式协议所提供的系统性信息"。无论是单边措施或多边协议，军事透明都应包含公开或交流相关军事信息，中外学术界在这一点上没有分歧。如有的西方学者认为，军事领域的透明度，广义上是指"在一个国家获得与安全相关的信息的程度"，狭义上是指"为系统地交换与军事相关的准确信息而特别制定的措施"。中国学者则把透明度措施定义为"有关国家制定的表述其单方面意图、原则或进一步公开其军事能力和军事活动的措施"，提出军事透明是国家以某种方式将其战略意图或军事能力对外公开的行为。[2]不少中外学者认为军事透明应包括意图透明和能力透明两个层面，

---

① 王秉乾：《论 WTO 透明度原则对我国法治建设的影响》，第 16 页，对外经济贸易大学出版社，2007年。

② 刘华秋主编：《军备控制与裁军手册》，第 429 页，国防工业出版社，2000年。

但对两种透明地位作用的认识却大不相同。中国学者强调战略意图透明是最根本、最重要的透明，西方学者则认为能力透明具有更多的实际意义。

美国国防大学战略研究中心的一份报告，将军事透明定义为"提供关于军事能力和政策的信息，以便允许其他国家评估这些能力与其所宣称的安全目标是否相称"。提供相关军事能力和政策的信息是对的，但如果将外界评估作为必要条件引入军事透明定义，就可能引发不同价值判断的对立。国家利益、实力对比、地缘环境、意识形态和文化传统的不同，往往会导致价值领域持久的冲突和对立，从而在军事透明问题上难以形成一个完全统一、普遍适用的定义和标准。

应当指出，1991年联合国《关于如何促进国际常规武器转让的透明度的研究》报告，首次从联合国的角度对透明度概念作了比较客观和详尽的分析。报告认为，透明度概念与公开性概念相互关联，公开性就是公开军事事务信息的国家政策，军事透明则是"按照非正式或正式的国际安排系统地提供军事领域各个方面活动的具体信息"。参加这种安排的各国愿意在它们涉及的信息领域做到公开，有关信息可以在国家间提供，也可以向一个中央资料库提供。军事透明可以针对具体关心的事项，可以实行到不同的程度，并可按照逐步发生的变化加以调整。军事透明是要解决有关国家关心的具体安全问题，因而只有当这些国家"感到透明度有利于它们本国和国际的安全利益时，这种透明度才是可行的"。存在不同程度和范围的军事透明，但无论哪一种军事透明，都应当"有助于在各国间建立信任，并且减少互相误解或作出错误估计的危险"[1]。

从联合国这份报告以及国内外学术界的相关论述中，可以概括出军事透明的一些最重要的属性。军事透明的目的，是为了增进国家间互信、减

---

[1] 联合国秘书长：《关于如何促进国际常规武器转让的透明度的研究》（A/46/301），1991年9月9日。

少误解或误判、维护地区安全稳定。军事透明的主体，是依据平等和自愿的原则参与透明国际安排的国家或国家集团。军事透明的内容，是军事领域中包括意图、能力和活动等在内的客观信息。军事透明的方式方法应当是多种多样的，军事透明的发展可以分为不同阶段、不同层次等。

从冷战时期欧洲及其他地区建立信任措施的实践来看，军事透明的内容形式有一个演变发展的过程。20世纪50—70年代初，美苏两大集团之间虽然就减少核战争风险达成了一些协议，但其中所涉及的军事透明措施非常有限，主要体现在保持沟通渠道畅通或为紧急磋商提供可能，以避免因偶然事件、意外事故引发核战争。70年代中期，美苏关系的缓和及欧洲政治形势的改善，促成了欧洲安全会议的召开。1975年的《赫尔辛基最后文件》明确提出，欧安会与会国决心加强它们之间的信任，以有助于加强欧洲的稳定和安全。文件的基本精神，就是要求各国为减少武装冲突的危险，降低对军事活动的误解或误判危险作出贡献。这是因为，对军事活动的误解或误判可能引起人们的忧虑，尤其是在与会国对活动的性质缺少明确、及时的信息的情况下更可能如此。文件提出的军事透明措施，最主要的有两条：互相邀请观察员和事先通报重大军事演习。通报军事演习在20世纪60年代初提出时并非真正意义上的独立措施，而只是作为一个更广泛计划的一部分，其目的是降低因意外、误判、缺乏沟通或突然袭击而引发战争的风险。此外，除了重大演习的通报在政治上具有约束力外，包括邀请观察员在内的其他措施都建立在"自愿基础"之上。[①]这一文件签署三年后，1978年联合国第一届裁军特别联大《最后文件》提出，为促进裁军进程和建立各国间信任，建议通过建立"热线"等方法改进各国特别是紧张地区各国政府间通信，以防止因意外、估计错误或联系失灵发生的攻击。经过

---

① 约瑟夫·戈德布拉特：《军备控制导论》，中国国际战略学会军控与裁军研究中心编译，第333页，军事谊文出版社，2004年。

十几年的发展，到1986年欧洲裁军会议的《斯德哥尔摩文件》，军事透明措施开始呈现由依附于其他措施向独立措施转变，由政治法律约束力弱、自愿执行成分多向具备全面约束力转变，由核查措施缺失向核查形式不断完善转变，由偏重军事能力透明向战略意图透明与军事能力透明并重转变，由以通报、热线等单一透明方式为主向军事交往、限制部署等方向拓展等特点。

这一时期世界其他地区也出现了一些单边、双边或多边的建立信任措施的努力，并逐步形成了具有本地区特点的以阐明战略意图、建立军事热线和通报军事演习等为主的军事透明实践。1955年在印度尼西亚召开的万隆会议，确立了以和平共处五项原则为基础的"万隆会议十项原则"。它包括尊重一切国家的主权及领土完整、不以侵略行为或侵略威胁或使用武力来侵犯任何国家的领土完整或政治独立、通过和平方法解决一切国际争端、促进相互的利益和合作等在内的原则，是亚太地区实现战略意图透明、建立广义的信任措施的基本原则，成为维护地区安全的重要政治基础。中国政府于1964年10月宣布，在任何时候任何情况下，中国都不会对任何国家首先使用核武器。这是国际上最早在核武器问题上单方面采取的建立信任措施和战略意图透明行动。印度与巴基斯坦于1985年同意互不攻击对方的核设施，于1989年在两国政府、军队司令部和野战部队之间建立了"热线"通信联系等，也体现了亚洲国家重视与信守政治承诺的基本军事透明立场。1973年第四次中东战争后，以色列与埃及于1974年、1975年分别签署第一阶段和第二阶段脱离军事接触协议，规定建立由联合国紧急部队控制或监视的非军事化缓和区、限制军事力量区。

综合分析上述军事透明理论与实践的发展，我们可以给军事透明下这样一个定义：军事透明是国家或国家集团为减少误解或误判、增进军事安全互信、维护地区和平稳定，通过单边措施或双边、多边协议的方式，公开相关战略意图、军事能力和军事活动信息的行为。在不同层面、程度和范围的军事透明中，战略意图透明是最根本、最重要的透明，也是判断一国是否对他国或国际社会构成威胁的最具实质意义的指标。各国有权根据自身的国家安全利益自主决定军事透明的方式、原则和程度。军事透明的措施主要包括：公布或交换军事信息，发表国家安全、国防政策和军队建设文件，预先通报军事活动和军事演习，增加对外军事交流与合作，建立军事热线和定期会晤，观摩演习、现场检查和核查措施等。

## 二、军事透明的特点

军事透明问题是特定社会发展阶段的产物，必然随着社会历史条件的变化而变化。在不同历史时期、不同国家和民族、不同国际战略环境中，军事透明表现出各不相同的特点。但同时，军事透明作为建立信任和政治外交斗争的手段，有其自身的基本特点，这些特点既使军事透明有别于其他手段，又成为制约军事透明发展趋势的重要因素。

### （一）政治性

战争是政治通过另一种手段的继续，军事必须服从政治。以增加国家间安全互信、减少误解和冲突为目的的军事透明，必须服从服务于国家的总战略总政策，与国家的政治、外交、军事政策密切协调。作为国家间建立信任措施的重要内容，军事透明本质上是国家间一种特殊的政治行为，具有高度的政治从属性。它是国家利益和国家意志在军事安全领域的体现，必须以国家安全利益为基本准则。维护国家安全利益，满足国家安全利益的需要，是军事透明的根本宗旨。对军事透明度的不同理解，有关一国军事透明度的决策，主要源于各国对各自安全利益和安全环境的判断。

国际政治格局的变化和主要大国或国家集团的政治关系的改善，是推动建立信任和军事透明的最主要动力。20世纪70年代欧洲建立信任进程的主要动力是美苏政治关系的缓和，而90年代两极格局的解体，在一定程度上降低了建立信任与安全措施的重要性，"改进通报程序、交流信息、降低通报的军事活动门槛及详细规定更深入的核查程序，不会产生多少新的显著效果"[①]。同时，增加军事透明度，一定程度的政治互信是基础。没有政治互信的军事透明没有什么实际意义，不可能真正消除威胁与恐惧。冷战时期美苏争霸的历史已经证明了这一点。而要做到相互之间的信任，首先就必须不断发展共同利益和尊重对方的战略利益。

军事透明问题与国家主权和安全直接相关，因而具有很强的政治敏感性。在全球化和信息化时代，各国的相互依存日益加深，任何一个国家的安全都与世界的和平稳定息息相关。国家加入各种国际安全机制或组织和进行国际安全合作，在享有权利和得到利益的同时，不能不承担一定的义务，而履行这种义务便意味着要让渡包括国防军事信息在内的安全利益。国家仍是现代国际法和国际关系的主体，国际组织具有的国际法和国际关系行为能力来源于国家主权，它是国家主权的派生物。因此，必须始终坚持国家主权原则，维护国家的独立和主权是每个国家政府和人民的最高利益。国家在参与国际安全合作中让渡部分安全利益，要坚持自愿原则，即在国家主权平等条件下自主作出让渡或不让渡的决策；要坚持对等原则，即在安全利益受到约束或部分让渡的进程中，权利与义务通常应该是对等的；要坚持平等互利原则，即作为国际组织和国际社会的成员，应当是法律平等和政治经济平等的统一。应当看到，军事透明度的增加既可能带来国家间合作的深入，也可能成为某些大国干预别国内政的借口。

**（二）客观性**

依据联合国大会决议的定义，军事透明是关于军事情况的客观信息。

---

① 约瑟夫·戈德布拉特：《军备控制导论》，中国国际战略学会军控与裁军研究中心编译，第342页，军事谊文出版社，2004年。

这就是说，客观性是军事透明的一个重要特点。哲学上所说的客观性，是指事物及其规律是不以我们的意志、意识或愿望为转移的。矛盾的客观性，就在于它为一切事物、现象所固有，既不能任意地扩大或缩小，更不能任意地制造或消灭。真理的客观性，是说在真理中包含着不依赖于主体对它的意识的客观内容。而军事透明的客观性，则是指对外公开的军事信息、透明度措施和进程等包含着不依赖于主体意愿的客观内容。军事透明的客观性包括两个方面的内容：一是它要受到国际安全环境的制约。军事透明问题的产生和发展离不开特定的历史条件。国际格局、国际体制、地缘政治、战略文化等都有其自身存在和发展的固有规律，这就给军事透明实践造成了强有力的约束，使透明主体不可能随心所欲地行动。透明内容的确定，透明措施的使用，透明进程的设置，都必须适应国际安全环境的性质和状态。二是它要清晰准确地反映本国的安全利益和军事情况。军事透明的结果总是要在不同程度上反映本国军事战略、国防建设、力量运用的具体情况，而这是以对国家安全利益的客观判断为依据的。军事透明既可以针对具体的利益，采取不同的形式，也可以实行到不同的程度，并随着国家安全利益和形势的变化而变化。

军事透明的客观性决定了它与军事欺骗的根本不同。兵者诡道、兵不厌诈，历来是用兵作战的基本原则，是军事家必须掌握的指挥艺术。毛泽东在谈到革命战争中争取战场主动权时曾说过，错觉和不意可以丧失优势和主动。错觉是什么呢？"八公山上，草木皆兵"是造成敌人错觉之一例，"声东击西"是造成敌人错觉之一法。什么是不意？就是无准备。有优势而无准备，不是真正的优势，也没有主动。充分利用人民群众支持我们的有利条件，采用各种欺骗敌人的方法，造成敌人的错觉和出其不意的攻击，就是"以战争的不确定性给予敌人，而给自己以尽可能大的确实性，用以争取我之优势和主动，争取我之胜利"①。这里即使有透明，那也是不对称的透明，即对己透明、对敌黑暗。

与此相反，作为当今国际政治军事关系、军控与裁军领域重要内容的军事透明，是以增进安全互信、减少误解误判为目的的，必然要求提供客观准确的信息。由于军事透明度关系到国家安全，不可能强求一国提供全部准确的信息，一国有权决定不透明或部分透明。然而，即使是部分的信息，只要是准确可靠的，也符合军事透明的客观性原则。军事透明的客观性关乎主权国家的公信力。在以和平与发展为主题的时代，在侦察监测能力和媒体传播越来越发达的今天，一国如果长期提供虚假军事信息，搞军事欺骗，必然会在国际社会造成恶劣影响，从而最终不利于其维护国家安全。目前，衡量军事透明的客观性主要有两种途径：一是通过各种核查与核对措施。如通过现场视察了解一国的军控与裁军情况，通过交叉核对比较各国提交给联合国等机构的军控与裁军数据是否准确。二是通过较长期实践的检验。一国对外公布的相关军事信息是否准确客观，短期内可能难以验证，需要对其政策和实践进行较长时间的分析判断才能确认。

### （三）公开性

军事透明与公开性紧密相连、不可分割。军事领域的公开性是一种对外公开军事信息的国家政策，它不是通过强迫来保障实施，而是通过自愿公布、告知或披露来实现。军事透明就是各类军事信息公开交流的过程，没有公开性就没有军事透明。军事透明必须依据公开原则，采取单边措施或依照双边、多边协议安排，对外提供军事领域活动的具体信息。比如，一国政府同他国开展战略对话，主要是介绍本国的战略意图和对重要战略问题的看法；发表国防白皮书，主要是为了对外公开阐释本国的国防政策

---

① 《毛泽东选集》第2卷，第491—492页，人民出版社，1991年。

和国防行为；向联合国提交军费报表和常规武器登记册，主要是向国际社会报告本国的军费使用情况和武器购买与转移情况等。不具公开性的政府文件不能视为具有透明度意义的文件，也不能起到增加透明度的作用。如印度2000年以前的国防报告仅作为政府内部文件而不向社会公布，但从2001年起印度国防部开始在国际互联网上公布其年度国防报告，此时的国防报告才能称为国防白皮书。军事透明的公开性还表现为提供各种途径方便国际社会获取客观的军事信息，如召开新闻发布会、建立互联网网站、出版各类出版物、开展军事交流、接受军事核查等。

信息披露本身不必然导致透明，公开性与军事透明既有联系又有区别。为实现透明，必须提供及时、准确、相关和充分的定性与定量信息披露。否则，即使该信息正确且全面，也不能帮助系统建立正常的反馈机制，过时信息和不连续信息将使系统陷入混乱和危机。从这个意义上讲，军事解密虽然能够使一个国家达成一定的公开性，但并不是军事透明的方式。因为大多数军事秘密在经过几年或几十年的解密期后，已不能被其他国家作为即时形势判断和战略决策的主要依据。军事透明的公开性与信息的有效性即信息的质和量相关联，如一般认为战略意图属于质量透明，军事能力属于数量透明。从系统论的观点看，信源发出消息后，对不同的接受者、使用者，其效用和价值是不相同的。同样的消息对于不同的对象，在不同的时间、地点和条件下，其价值可以不同甚至完全不同。及时、连续地提供相关定性与定量的客观信息，有助于系统建立正常的反馈机制。军事透明的目的是减少国家间的误解误判，根据不同的对象、不同的情况，及时、连续和有针对性地提供包含战略意图和军事能力的客观军事信息，是使有关国家或国家集团准确判断形势和作出决策的重要条件。

作为保密的反面，透明就是有意识地公开自己的意图和行动。军事安全领域是一个特殊的领域，对保密的要求很高。正确处理透明与保密、公开与隐蔽的关系，存在于军事透明的全过程。军事透明的公开性从来都是有限度、有禁区的，首先要考虑政治和安全的需要，要始终把国家利益、国家安全放在第一位。这在任何国家都一样。其实，公开性并不是在任何情况下都有利于国家安全。比如，存在着"外交谈判结果的公开和外交谈判本身的公开之间的区别"[①]。谈判本身是一个讨价还价、相互施压的过程，过早公开谈判进程就等于毁灭或者至少损害一方讨价还价的地位，并可能使冲突加剧。

### （四）相对性

军事透明从来不是绝对、抽象和无限的，而是相对、具体和有限的。之所以具体，因为它是许多规定性的综合，因而是多样性的统一。军事透明的相对性，就是说它是有条件的和受限制的，在不同的历史条件下包含着不同的规定性和内部矛盾。马克思有一句名言：权利永远不能超出社会的经济结构以及由经济结构所制约的社会的文化发展。军事透明问题也是随着国际政治、经济、军事、社会和文化状况的发展而发展的。透明或不透明，透明到什么程度，采取什么方式透明，都取决于特定的历史条件，没有也不会有绝对的、无条件的军事透明度标准。1991年联合国秘书长关于透明度问题的报告明确提出，鉴于各区域政治—军事条件各不相同，增加武器转让透明度的措施可能不会立即为所有国家采纳。这就需要采取一种逐步的方式，既确保一定程度的同一性，又在后来发展中融入单边、多边、区域等具有不同特点的措施。普遍性原则不应排除区域办法，应当修改普遍性原则以使其适应特定区域或次区域的特殊条件，这样才可能实现进一步的发展。

作为建立信任措施重要内容的军事透明，应当采取多样化和渐进主义

---

① 汉斯·摩根索：《国家间政治》，第666页，中国人民公安大学出版社，1990年。

的方法。它的形式是多样的，既可以在双边、多边、地区、全球等各个层次上进行，也可以是单方面行动；既可以成为裁军谈判的附属内容，成为裁军协定的一个组成部分，也可以单独就此进行谈判并达成协议；既可以签订具有国际法约束力的协定，也可以签订具有政治约束力的国际文件，还可以签订根据自愿原则执行的国际文件。同时还要看到，欧洲的经验不可能完全适用于其他地区，不同地区和国家应当从自己的实际情况出发。比如，欧洲有着相对单一的文化、历史、政治、经济的传统和条件，而亚洲各国在社会制度、宗教信仰、发展水平和发展模式等方面则更具多样性，亚洲的文化是在长期历史过程中形成的一种多民族、多宗教、多元的文化。因此，亚洲地区只有首先从本地区的实际情况出发，充分尊重亚洲地区的多样性，尊重各国人民的自主选择，循序渐进，先易后难，才能最终形成符合实际、切实可行的建立信任和军事透明措施，从而促进本地区的安全与稳定。

经济全球化和社会信息化使世界各国越来越紧密地联系在一起，也使国家安全的相互依赖程度越来越高。然而，当今国际政治的首要因素仍然是以实力竞争为体现的权力政治。主要大国通过以实力为基础的战略互动，形成特定的国际战略环境。在这个环境中，任何国家为了自己利益而增加实力特别是军事实力，都会引起相关国家的不安，从而产生"安全困境"。由于实力和安全环境的不同，军事透明给各国带来的影响各不相同。因此，各国军事透明的意愿、方式和程度等必然受到当今国际政治军事条件更多的制约。要改变这种状况，就需要创造包括制度合作、观念文化等在内的新的国际条件。

（五）博弈性

作为一种重要的建立信任措施，军事透明从其本性上说是手段而非目的，具有明显的工具性或方法性特征。联合国大会文件在谈到常规武器转让的透明度问题时指出，这一问题"就其本身而言并不是一个目标，而是达成其他目的的一个手段：它是建立信任措施、军备限制和裁军的更广泛范畴内的一个要素"；它"本身并非一个目的，而是进而实现一个或若干个目的的一个手段"[①]。提高国际常规武器转让中的透明度的目的，是建立信任和安全，减少猜疑、不信任和恐惧，实行单方面或多边的克制，以及及时发现武器转让中出现的趋势。当然，手段和目的的关系，在一定意义上也是原因和结果的关系。所谓手段，就是造成一定结果的原因。所谓目的，就是运用一定手段达到的结果。原因产生结果，一定的原因产生一定的结果。但结果又反过来影响原因改变原因，原因和结果在一定条件下相互转化。透明与互信的关系，实际上也是这样一种辩证统一的关系。承认军事透明从最终和本原的意义上是一种手段，这就从根本上确定了军事透明的质的规定性。而承认军事透明在一定条件下也是手段与目的的辩证统一，这就避免了形而上学的片面性。

军事透明作为国家间增进互信和维护安全的一种手段选择，必然会表现出国际安全互动中的"博弈"特征。国家间的军事透明是在各种博弈条件下进行的复杂博弈过程，由此也导致了军事透明不同的类型、方式和方法。从博弈论来看，各国对安全的追求可以构成"零和"博弈和"非零和"博弈两种基本类型。在"零和"博弈中，一方所得就是另一方所失，大多数军事对抗和国际危机都具有"零和"博弈特点。在这种博弈中，理性的军事透明战略是建立在最小/最大化原则之上，即期望己方以最小限度的军事透明获得最大限度的安全收益，期望对方以最大限度的军事透明获得最小限度的安全收益。也就是说，各方都努力把能够获得的最小收益最大化或者把必须承担的最大损失最小化。在"非零和"的博弈中，一方所得不

---

① 联合国秘书长：《关于如何促进国际常规武器转让的透明度的研究》（A/46/301），1991年9月9日。

一定是另一方所失，冲突和合作都可以存在，博弈结局既可能共赢也可能共输，这取决于参与者是彼此合作还是彼此背叛。由于国家间博弈一般是持续多次而非一次性博弈，透明度才有衡量的必要，"如果国家间只进行一次博弈，透明度不仅没有实际意义，相反欺诈占优倒可能成为国家的一种'理性'选择"①。从一次性博弈到多次博弈，军事透明的博弈就会逐步从追求短期利益最大化走向追求长期利益最大化，最后发展为追求共同利益最大化。欧洲的国际关系在数百年间就经历了这样的变化，从互不信任、军备竞赛、军事较量的状态，"经过认知进步发展到了和平共处和合作安全的局面"②。

### 三、军事透明的要素

军事透明的构成要素，主要包括透明主体、透明内容、透明对象、透明方式和透明目的。这5个方面的构成要素，解决了谁透明、透明什么、向谁透明、如何透明和为什么透明的基本逻辑问题，形成了军事透明实践的完整运行链条。

#### （一）透明主体

透明主体是指军事信息发布的主要行为者。从认识论角度看，任何事物的主体性都不是主观、先验的东西，而是由实践活动所赋予的，并对实践具有主动、积极的指导与推动作用。军事透明作为一种社会实践活动，不可能是相关军事信息自发地、自然地对外公布，而必然是由信息的管理者或掌握者对外发布。是否存在发布者以及与信息相关联的发布行为，从根本上决定着军事透明实践的存在与否。因此，透明主体只能是军事信息的发布者而非军事信息本身。透明主体根据自身的需要和目的，决定军事

---

① 李义虎，赵为民：《中美军事透明度问题的新安全观思考》，《现代国际关系》2005年第11期。
② 李少军：《国际战略学》，第89页，中国社会科学出版社，2009年。

信息发布的方式、内容和范围等，启动军事透明行为。

在全球化和信息化时代条件下，军事透明的主体是主权国家或国家集团，包括一些由主权国家组成的全球或地区性国际组织。近代欧洲国家在结束30年战争后签署的《威斯特伐利亚条约》确立了主权国家原则，由此产生了近代以主权国家为核心的国际体系，使国际军事安全成为近现代国际社会特有的客观现象。这种国际社会体系本身就蕴藏着竞争、冲突和战争，而这一切都是围绕着主权国家的利益进行的。从近代到当代，主权国家始终在国际军事安全中扮演着重要角色，无疑也在军事透明过程中承担主要责任。主权国家和政府是各类军事信息最大的使用者和管理者，对军事信息发布具有最直接的权力和意愿，构成了军事透明主体的主要部分。20世纪90年代以来，世界多极化、经济全球化和社会信息化的发展，使国际组织在国家间建立政治互信、推进军事透明的过程中发挥越来越大的作用。各类国际组织根据自身的利益需求和所掌握的军事信息情况，对外发布相关信息，推动军事透明活动，影响相关国家决策，成为军事透明主体的重要组成部分。例如，在当代国际体制中，联合国是一个包括世界上几乎所有国家和各种不同的国际组织、非政府组织的大体系。联合国以及一些地区组织如欧安全、东盟地区论坛、美洲国家组织等，都既是军事透明的积极倡导者，也成为发布客观军事信息的重要平台。

需要注意的是，掌握并发布信息是成为透明主体的基本前提，但并不是所有的信息发布者都必然成为透明主体。透明主体既应是信息的直接拥有者、管理者和发布者，同时也应是国家或国家集团。比如，"谷歌地球"在其网站上发布有关国家军事设施的高分辨率卫星照片，虽然探测能力已经大大超出了一般国家所具有的军事侦察能力，客观上提供了一些军事信息，对各国军事透明形成压力，但因其不具有国家或国家集团的属性，其根本目的也不是增进国家间军事互信和地区的和平稳定，因而不具备军事透明主体的地位。

2010年7月25日，维基解密（Wikileaks）在网站上公布了约9.2万份与阿富汗战争有关的美国军方机密文件。这些文件主要是2004年1月至2009年12月间由驻阿美军及情报人员撰写的报告，包括描述美军参与的军事行动、各种情报信息、美方人员和各方政治人物会面等细节。这种行为虽然也是一种"保密的反面"，但却不能被看作军事透明。类似维基解密式的信息公开，在一定程度上是对一国军事秘密的有意泄露，不属于主权国家军事信息的有序流动，有时可能对国家安全造成重大威胁。迄今为止，多数国家仍把维基解密视为"非法窃取和泄露国家机密"。2010年11月27日，美国当局宣布维基解密持有300多万份美国政府机密文件属于违反美国法律的非法行为，并拒绝与其谈判。澳大利亚总理吉拉德也"坚决谴责维基解密的泄密行径"，并认为"这是非常不负责和非法的行为"。美国军方报告称，维基解密网站的行为已经对美国军方机构的"情报安全和运作安全"构成了严重的威胁。民调显示，越来越多的美国人并不支持维基解密的所作所为。皮尤大众与传媒研究中心的一个调查显示，53%的美国受访者认为，维基解密的所作所为损害了公共利益，并不是正确的事情。

当然，谷歌地球、维基解密等对军事透明的影响也不容低估。正如维基解密网站发言人丹尼尔·施密特所说："你要么自己选择透明，要么'被透明'。"当今世界，信息网络技术的发展正在日益超出主权国家控制的范围，人类社会几乎到了"无密可保"的地步，这在客观上对各类透明主体构成重大挑战，并形成强大压力。

（二）透明内容

透明内容是指所公布的与军事领域相关的政策、意图、能力、活动及决策过程等客观信息。从当前各国军事透明的实践情况看，透明内容主要包括军事政策和意图、军事实力信息、军事力量发展规划计划、军事投入、当前和未来武器系统信息、军事行动情况、决策进程信息等。在信息化时代，军事领域的海量信息并不都能成为透明内容。军事信息作为透明行为的基本载体，只有在数量与质量条件方面满足一定要求时，才能有效保证军事透明行动的正常进行。

军事信息的数量要求，主要包括信息的可获取性和足够性。可获取性是指信息获取的容易度和及时性，以便在信息披露和信息时效上满足外界了解相关信息最新进展的基本需求。信息披露的及时性要求所公布军事信息必须满足一定的时限，以支持外界对相关问题的即时判断。正因如此，军事解密可以作为一种公开性，但并不必然就是军事透明。国家或国家集团在进行形势判断和战略决策时，对于十几年或几十年后解密的客观军事信息，最多只能将其作为历史依据而不是现实依据。由于互联网的出现，军事信息的可获取性大幅度提高了。一些过去只有通过特别要求（如书面申请形式）才有可能获取的信息，现在任何人只要有一台连到互联网上的计算机就能获取。随着各国政府行政透明度的不断增加，有关军事领域的相关信息也较过去有了更为丰富多样的公布途径。各种定期公报制度、新闻发布制度和相关数据手册的编印，都大大提高了信息的可获取性。足够性是指信息类型和数量上的充裕程度，以便在信息供给上满足外界了解相关信息的最低需求，如信息是否能够依据事件的发展进程而多渠道供给、连续供给等。官方权威信息的缺乏或所公布信息数量的不足，容易使外界对实际情况予以各种无端猜测、歪曲和夸大。

军事信息的质量要求，主要包括信息披露的准确性、可靠性、可比性和首次性。准确性是指相关信息表述的清晰明确程度，不会使外界产生歧义的联想、推测或判断。可靠性是指信息来源权威、所述情况真实可信的程度。可比性是指相近或相关事物之间具有一定的关联性、参照性，可通过其他事物对所发布的信息进行分析，包括可以与不同国家之间的相近军事信息具有一定比较性。例如，大部分国家在发表国防白皮书时，都将相关军事能力的透明情况与国家安全目标相联系，形成了关联信息之间的相互印证、相互支持，增强了可信度。首次性是指所披露的信息不应是重复信息、过时信息，而应是与事物发展进程基本一致的最新信息。构成透明内容的相关信息应以新披露信息为主体，重复信息或过时信息仅是透明内容的辅助部分，是为更好地阐述新披露信息而提供的补充和说明。新信息与既有信息之间的关联性越好，新旧信息所构成的信息体系越完善，则越容易使外界对相关发展情况有更为客观全面的认识。

透明内容的数量、质量情况，对于透明效果具有决定性影响。只有相关军事信息具备可获取性、足够性、准确性、可靠性和可比性等基本条件时，才能保证透明行为的针对性和透明效果的有效性。当信息的可获取性和持续供给较差时，往往会引发外界对相关内部信息的过度关注和长期跟踪。如果新披露信息少而重复信息、过时信息较多，可能会使外界依据有限的新信息点予以无限推测和猜忌，从而影响军事透明的效果。

### （三）透明对象

透明对象是指军事信息发布所针对的受众，分为特定透明对象和非特定透明对象两类。特定透明对象是指受众仅是某一或某些国家和国际组织，非特定透明对象是指受众为国际社会全体成员或非指定成员。透明主体通过采取限制知晓范围、增加透明内容等方式，对特定透明对象进行相关军事透明。透明主体不设定知晓范围，将相关军事信息向国际社会广泛公布，则形成非特定透明对象。特定透明对象在知晓相关信息后，一般要根据透明主体的要求予以保密，以不损害对方利益为前提对相关信息予以利用。与非特定透明对象相比，特定透明对象往往能够从透明主体处获取更多、更详细的军事信息。

透明主体与透明对象之间是否存在稳定、特殊或紧迫的共同利益需求，是决定其能否成为特定或非特定透明对象的基本因素。一般来说，盟国之间存在着以共同利益和目标为基础的特定透明。所谓"联盟"是指这样一群行动者，"他们决定采纳同一种路线，如同具有一个目标的一个行动者那样行动，为该群体谋取利益；而如果不结盟，这种利益是不可能获得的"[①]。盟国之间因有共同的战略利益、目标和路线，形成稳定而特殊的共同利益基础，透明内容的涉及范围广、涉密程度高，许多军事信息的相互透明是通过建立信息交换机制得以实现，因而形成了互为特定透明对象的关系。冷战时期的北约成员国之间、华约成员国之间，以及今天美国的一些军事同盟成员国之间，都存在这种相互透明。20世纪50年代中苏结盟，两国依据条约和协定互相提供技术资料、交换有关情报和派遣专家进行技术援助，中国在军事战略、体制编制、军事外交、军费构成等方面对苏联全方位透明。

除了盟国之外，特定军事透明对象还包括一些以共同利益和政治信任为基础而构建的紧密合作伙伴国家。一些国家或地区组织成员国之间为应对共同的安全威胁而进行各种形式的安全合作，相互开放某些军事领域或通报军事信息，通过加大局部军事透明来保证合作的顺利进行。这种军事透明虽不及同盟国之间的透明度高，但总体趋势和效果仍是建设性的。冷战结束后，这种类型的军事透明已成为主流。

特定透明对象还应包括另一种情况，即处于对抗状态但又未爆发战争的国家之间的相互军事透明关系。冷战时期北约和华约两大阵营间因担心过度紧张而引发大规模核战争，对建立军事互信的需求比较强烈，形成了紧迫而特殊的共同利益需求，因而促成了相互间的透明措施。这些透明内容往往并不全部对外公布，相当多的信息仅限在双边或多边范围之内

---

[①] ［荷］A.F.G.汉肯：《控制论与社会》，第51页，商务印书馆，1985年。

交换。

非特定透明对象，一般指国际社会的全体成员。透明主体将其军事信息向整个国际社会公开，往往是基于国际社会共同的安全利益需求，以促进国际安全环境稳定为目标。由于历史和现实的原因，一些国家或地区之间存在一定程度的不信任乃至紧张的关系。为减少误解误判、增进政治互信、促进地区稳定，各国有时单方面采取包括发表国防白皮书、发布安全战略报告等军事透明措施。

在军事透明实践中，向特定透明对象透明和向非特定透明对象透明，二者所起的作用不完全一样。向特定透明对象透明，透明内容可以涵盖战略层面到战术层面的各个层次，有利于在双边或多边范围内推进共同利益的实现，有利于促进双方或多方合作基础的提高、合作范围的拓展。这是透明主体实现特定安全利益的重要途径。向非特定透明对象透明，更侧重于国际社会对透明主体基础情况、常态情况的了解掌握，是透明主体为建立国家间互信、实现合作安全、避免安全困境的基本途径。

### （四）透明方式

透明方式是指透明主体通过何种途径和机制来对外公布信息。它是军事透明行为的程序化规定，是透明载体、透明手段、透明机制、透明指向等多种因素的综合表现形式。按时间周期区分，可以分为定期透明与不定期透明、常态透明与应急透明等方式。按发布途径区分，可分为官方发布与非官方发布、媒体发布与非媒体发布（如双边军事信息交换、资料提供、会议介绍等）。按发布意愿区分，可分为主动透明与被动透明等方式。按透明方向区分，可分为单边透明、双边透明、多边透明等方式。按国际关系互动性质区分，可分为军事交流、军事核查等方式。在军事透明实践过程中，多种方式可能集中表现于某一次具体军事透明行为中。例如，发表政府公告声明既可能是定期透明方式，也可能同时是借助媒体来实现的媒体发布方式，并具有主动透明的性质。军事交流中的透明方式，可以是单向方式，也可以是双向或多向方式。

具体透明方式的选择，主要是透明主体根据军事信息性质、受众对象需求情况、风险评估和国际通行做法等因素予以决定。军事信息性质，主要包括适宜知晓的范围、急缓程度等内容。通常情况下，基础性、经常性信息往往通过常态化、制度化的发布方式予以透明，而突发性信息往往是通过应急发布方式予以透明；涉密度低的信息往往以单向或多向方式发布，而涉密度相对较高的信息则是在双边之间予以透明。受众对象需求情况，主要包括受众对相关事件的关注程度、了解程度和反馈情况等内容。关注程度越高，选择主动透明、定期透明等方式所获得的透明效果越好；了解程度越低，选择官方发布、单向发布等方式就越能引导外界认知；反馈情况越正面，选择媒体透明等方式所获得的收益越大。风险评估，是指透明主体对信息公布后所产生效果的预测分析情况。这种风险主要是由外界环境的不确定性，以及受众对信息认知与理解的不确定性而引起的。如果风险评估可靠，则选择媒体发布、定期透明等制度化、常态化透明方式，即可满足外界的透明需求；反之，则可能更倾向于选择不定期透明、双向透明、应急透明等方式。此外，透明主体要充分考虑国际社会在相关、相近透明方式上的通行做法，以使外界更便于理解和接受。

不同的时代条件、地区特点和安全环境，决定了军事透明方式存在较大差异。冷战时期欧洲建立信任措施中的透明度以应对传统安全为主，基本上是军事性质的，并以多边方式执行。而随着冷战后国际政治格局和经济全球化的发展，建立信任措施和军事透明开始广泛适用于非传统安全领域，成为预防、管理和解决冲突的重要工具。同时，欧洲的方式不一定适用于亚洲，亚洲的多边主义进程以及建立信任措施将经历更加曲折的过程。在亚洲，建立信任措施可以从经济领域开始，双方首先从经济上获利，然后再逐步发展到军事安全领域。这是一种合适的、谨慎的而且能够逐渐增容的方式。[①]

**（五）透明目的**

透明目的是指透明主体在行动中所追求的目标，也就是要达到的预期效果或影响。目的是军事透明实践活动的一个必不可少的内在因素，它是透明行动的出发点，决定着透明行动的性质、方式和方法。军事透明目的作为主观性的理想性存在，首先是对自身安全需要的意识，反映着主体的意志和愿望。同时，它又是具有现实性的目的，必须反映国际政治的客观现实及其内在联系。具体说来，军事透明的目的，主要是减少误解或误判、增进国家间安全互信、预防危机和冲突。在不同历史时期、不同安全领域、不同发展阶段，军事透明的目的不完全相同。例如，提高国际常规武器转让中的透明度的目的，是建立信任和安全，减少猜疑、不信任和恐惧，实行单方面或多边的克制，以及及时发现武器转让中出现的趋势。而促进所有军事情况的进一步公开和透明化，则是为了缓和国际紧张局势，为预防冲突作出重大贡献。[②]

对于安全环境和力量对比不同的国家或国家集团，确定合理的透明目的是十分必要的。20世纪70年代初欧安会关于建立信任措施的谈判中，西方国家把建立信任措施看作是一个具有政治色彩而非军事色彩的词汇，强调欧洲军事活动应增加"公开性"；而东欧国家则认为，建立信任措施本质上是军事的而非政治的，所谓的"公开性"不过是某种开展合法化谍报活动的伎俩。当时，东欧国家既重视保守本国的军事机密，又急于就边界问题与西欧达成协议。相反，西欧国家虽对边界问题没有兴趣，但却很想窥

---

① ［英］基佐：《建立信任措施：欧洲经验及其对亚洲的启示》，《现代国际关系》2005年第12期。
② 联合国秘书长：《关于如何促进国际常规武器转让的透明度的研究》（A/46/301），1991年9月9日；联合国大会决议《军事情况的客观情报，包括军事支出的透明度》（A/RES/60/44），2000年1月6日。

探东欧国家的军事实力，并插手东欧的人权问题。这样，欧洲的建立信任措施（CBMS）实质上成了冷战时期东西方两大阵营之间的一笔"以物易物"的交易。① 又如，美苏第一阶段限制战略武器谈判的一个基本目的，就是要通过减少由于无止境的战略技术竞争而产生的不安定因素来增强相互威慑，并防止对手可能取得意想不到的重大技术成就从而获得军事优势。今天，美俄等国在具有核优势的情况下，适度展示核实力不仅不会损害本国利益，反而可以增强威慑力。美国于2010年5月公布了其核弹头数量，即截至2009年9月30日，美核武库现有5113枚核弹头，其中包括作战部署核弹头和库存核弹头，但不包括退役核弹头和待销核弹头。美国公开其核弹头数量，恰恰体现了军事透明的威慑目的和功能。

不同的透明主体，其透明的目的也有所区别。国家行为体的透明目的，主要是通过阐释安全政策立场、军事能力现状和发展动向，以消除外界判断的不确定性，营造有利于国家自身发展的安全环境，增进与其他国家间的相互信任，避免陷入安全困境。虽然国家行为体的军事透明行为，在客观上具有促进和改善整体国际安全环境的效果或作用，但其基本出发点首先是建立在改善自身安全环境之上的，自身安全利益的需求是确立军事透明行为的根本依据。任何外界的透明需求和透明压力，都必然要经过与国家行为体自身利益的协调与磨合，才能成为透明目的的组成部分。联合国或一些地区组织倡导军事透明的目的，则更侧重于通过政治宣言、协商交流以及建立某种机制的形式，调动和形成更广泛国际力量、国际舆论，达到对影响国际和地区安全的重大问题进行监督、预防和解决的目的。

---

① ［英］基佐：《建立信任措施：欧洲经验及其对亚洲的启示》，《现代国际关系》2005年第12期。

# 军事透明的制约因素[1]

军事透明作为国家或国家集团对外公开军事信息的行为，不是政府或领导者个人意志的自由创作，而是为社会历史发展的客观条件所制约的。透明还是不透明，对谁透明，透明什么，怎么透明，透明到什么程度，都与有关国家面对的客观环境和历史条件息息相关，与国家利益、军事实力、安全环境、国内政治、科技水平和战略文化等因素紧密相连。

## 一、国家利益

国家利益是与特定的社会经济关系相联系的国家物质与精神需求、生存与发展需求的总和。西方国际政治理论往往把国家利益与政治权力等同起来，忽视它与经济关系的本质联系。而在马克思主义看来，每一既定社会的经济关系首先表现为利益，建立在一定生产力发展水平之上的社会经济和政治关系决定着国家利益的存在方式。自民族国家确立以来，国家利益就开始成为国家各种行为的出发点和归宿。西方现实主义大师汉斯·摩根索说过："利益是判断、指导政治行为的唯一永存的标准。"[2]军事透明说到底也是一种政治行为，其最高原则和目标就是维护国家利益。因此，它必然要受到国家利益的影响和制约。

国家利益既是具体的又是历史的。所谓具体的，就是说它是多样性的统一；所谓历史的，就是说它是随着社会的发展而发展的。不同的经济政

---

[1] 本文选自作者主编的《军事透明论》第三章。该书于2013年由解放军出版社出版。编入本书作了删节。

[2] 汉斯·摩根索：《国家间政治：权力斗争与和平》，第36页，北京大学出版社，2006年。

治状况、国力军力水平、安全环境特点和历史文化传统，不同的历史发展阶段，决定了不同时期有不同的国家利益追求。国家利益可以从不同的角度进行界定和区分，其构成要素及表现形式具有多样性。例如，从对国家的重要性来看，可以将国家利益分为根本利益或核心利益、重大利益和一般利益；从时间跨度来看，可以将其区分为长远利益和当前利益；从涉及范围来看，可以将其分为普遍利益和特殊利益、国内利益和海外利益；按照国家活动领域分类，可以将其划分为国家政治利益、国家经济利益、国家军事利益；等等。从国家利益的基本作用与功能来看，还可以在总体上将国家利益划分为生存利益与发展利益两大类。就一般情况而言，国家的主权、领土完整、安全、发展和稳定是构成国家利益的核心要素。

军事安全利益历来是国家利益的核心部分，军事透明度问题则直接关系到国家安全利益，关系到国家安全利益的实现和维护。因此，国家利益是军事透明最重要的制约因素，任何国家的军事透明都必然要考虑到维护国家利益的需要。

第一，国家利益是军事透明的根本出发点和最高准则。国家利益作为社会经济关系、历史文化传统、地缘环境、社会心理以及意识形态等因素的综合产物，反映了国家作为一个整体的需求。同时，国家利益作为国内各种政治、经济、社会力量利益较量互动的结果，体现了大多数人所认可的长期的集体利益，具有广泛的社会基础。因此，维护国家利益是主权国家据以作出决策的出发点，也是军事透明的根本出发点和立足点。以实力竞争为核心的权力政治依然是影响国际战略格局变化的主要因素，因而当今国际关系中的国家利益在具有相互性与共同性的同时，仍然具有一定的冲突性和排他性，并在特定条件下形成"我所得即你所失，我所失即你所得"的零和关系。国家利益的这种属性"使得利益与安全息息相关，即利益常常表现为受威胁的东西，或是需要经过竞争去获取的东西"①。军事透明包括战略意图、军事能力和军事活动的透明，具体内容涉及国家军事安全利益。一旦核心机密被有敌对意图的国家得知，将会对国家安全构成严重威胁。因此，军事透明应以国家利益为最高准则。有利于实现国家利益，则公之于众，实现透明；反之，则要严格保密。在国际政治生活中，敌友关系虽然有时也以价值观和意识形态的异同为分野，但意识形态与价值观只是表象，它的背后仍然是国家利益。意识形态相同的国家有时可能因利益争夺而对立，意识形态不同的国家有时也可以因利益一致而结盟。就军事透明而言，向谁透明，透明到什么程度，不能简单地以意识形态划线。

第二，国家利益的优先顺序决定军事透明的地位作用。一般来说，国家生存利益优先于发展利益，国家的主权、统一、领土完整、制度巩固和社会稳定要始终放在第一位。但在不同的历史时期，发展问题也可以成为国家的核心利益。国家利益重心的变化，对军事透明的地位作用产生深刻影响。国家安全利益事关国家生存，是国家的根本利益所在，同时也为国家其他权力和利益的实现提供必要的保障。只有主权和安全利益有了切实保障，国家才能考虑发展利益，才能考虑融入世界，才能考虑军事透明问题。如果一个国家面临强大的外部压力，处于被封锁、被制裁、被禁运的状态，其安全利益受到极大的威胁，那么该国必然将以生存为核心的安全利益置于国家利益的重心，在军事透明问题上自然也会极为慎重。

新中国的成立，标志着困扰中华民族百年的救亡问题得以解决。但在一个相当长的时期，国家仍面临大规模外敌入侵的现实威胁，"图存"即生存安全问题成为国家安全战略的重心。在此背景下，中国没有条件也不可能对军事透明度问题给予足够的重视。改革开放以来，"求强"即维护改革

---

① 李少军主编：《国际战略学》，第29页，中国社会科学出版社，2009年。

开放、社会主义现代化建设和中华民族伟大复兴，开始成为国家安全的基本目标。从总体上看，国家利益的重心已经由生存转变为发展。维护国家利益，就是要坚持安全与发展的统一，谋求国家政治、经济、军事和社会的综合安全。中国逐步发展出了以互信、互利、平等、协作为核心，以综合安全、合作安全、共同安全等为特征的新安全观。国家利益的实现手段由封闭走向开放，中国日益突破了通过内源性发展和自外于国际体系实现国家利益的封闭方式，逐渐融入国际社会，越来越多地通过多边方式维护国家利益，并在与国际社会的互动过程中，发现更多的国家利益，创新更多维护国家利益的方式。在此背景下，中国政府对军事透明持积极的态度，并通过多种方面大幅提高军事透明度，努力塑造负责任大国的形象。

第三，国家间的军事透明需要以一定的共同利益为基础。国家间的利益恰如一张经纬交织的大网，上面有许多"利益交汇点"。在这些"交汇点"上，国家间利益相互"吸引"或"碰撞"，从而形成"共同利益"或者"利益冲突"。具有共同利益的国家之间往往具有较高的军事透明度，同样，有利益冲突的国家之间军事透明度较低。共同利益是多样化的，不同的"利益共同体"是形成双边军事透明、多边军事透明和地区性军事透明等多种形式的基础。冷战后，随着区域经济一体化的发展，地区性军事透明机制不断涌现。比如，随着东盟的发展，该组织明确提出了军事透明度议题，要求各成员国之间实现相互军费透明，引入武器登记制度，以逐渐增加各国之间的信任。上海合作组织成立后，各成员国之间在打击"三股势力"、发展区域经济、维护地区稳定上存在共同利益，因此在该组织内部，成员国之间具有较高的军事透明度。

一般来说，军事透明程度与共同利益的"量"和"质"成正比关系。共同利益的量，主要是指共同利益的面，即在多少领域有共同利益。共同利益的质，主要是指该共同利益对双方的重要性。共同利益的量固然重要，但共同利益的质对军事透明来说更为关键。美国与以色列的共同利益，就其涉及的领域而言比较窄，不及中美两国间共同利益所涉及的领域宽泛。然而以色列是美国最亲近的盟友之一，其关键是两国共同利益有非常厚实的质。中美两国在金融、贸易、反恐、核不扩散、全球气候变暖、文化交流等诸多领域有共同利益。尤其是在经贸领域，两国的合作广泛而深入。1979年中美建交的时候，中美贸易额不足25亿美元，2010年中美贸易额已超过3800亿美元。但是，中美双边军事透明远不如20世纪七八十年代两国"蜜月期"的一个根本原因，就是两国共同利益在质的方面已不如当年。冷战时期，中美面临共同的敌人苏联，两国在传统安全领域有重大共同利益。冷战后这一基础已不复存在，美国的全球战略利益发生重要变化，因而在事关中国核心利益的主权、统一和领土完整等方面，美国与中国共同利益的基础正在被削弱，有些方面相去甚远乃至背道而驰。

第四，军事透明必须服从和服务于国家利益的需要。军队是国家利益的坚定维护者、捍卫者，一切军事活动都是为了最高限度地实现国家利益。军事透明作为军事活动的一种，当然也必须坚持这一最高原则。综观世界各国的军事透明，无不以维护国家利益为首要目的。对那些并未涉及国家利益，或虽然涉及国家利益，但公开无损于国家利益的事项，可以适度公开。对那些关乎国家安全和利益的敏感事项，则必须严加保密。这是世界各国都通行的做法。西方国家的军事透明程度相对较高，只是因为较高的军事透明度，不仅无损于国家利益，反而还有可能通过显示实力达到威慑的效果，从而更好地实现国家利益。

国家利益是军事透明的根本出发点，因而必须以国家利益为最高准则来确定军事透明的原则和立场。在任何情况下，都不能为了提高透明度而牺牲国家安全利益，尤其是不能损害国家的主权和尊严。比如，1996年通过的《全面禁止核试验条约》的每个缔约国，均有权请求在另一缔约国领土内或其管辖或控制下的任何地区进行现场视察，被视察国有义务在视察区域内授权准入，但同时该国"有权采取措施保护其国家安全利益并防止泄露与视察目的无关的机密资料"①。

1993年，中国在第89届各国议会联盟会议上明确提出，军备透明应遵循各国安全不受减损的基本原则，强调任何透明措施均不得损害和影响各国民用科技的和平发展。中国曾以积极和建设性的态度参加《联合国常规武器登记册》相关工作，对其建立、发展和完善作出了重要贡献。但是，从1998年起，中国暂停向登记册提供七大类常规武器的进出口情况。2005年中国代表团在第60届联大上对"军备透明"决议案投了弃权票。在投票后的解释性发言中，中国代表团说明了中方的相关立场："中方对联合国常规武器登记册一贯持积极态度，在1993年登记册建立之初就开始登记。但自1996年起，个别国家每年在登记册中以所谓'脚注'的形式登记向中国台湾省出售武器的情况。此举是对中国内政的干涉，也违反了联合国设立的常规武器登记册只应记录主权国家之间军贸情况这一重要原则，从而损害了登记册的权威性，这是中国无法接受的。因此，我们被迫自1998年起暂停登记。该国的错误做法是中国提交登记的唯一障碍，也是中方无法支持'军备透明'决议案的主要原因。我们再次呼吁该国立即改正其错误做法，为中国恢复参加登记册创造条件。"2006年8月，《联合国常规武器登记册》政府专家组在向联大提交的报告中，确认登记册仅登记联合国成员国之间的武器转让情况。美国表示，会按照联大决议的要求从2007年停止登记售台武器情况。2007年8月31日，中国宣布恢复参加《联合国常规武器登记册》。由此可见，中国高度重视军事透明问题，积极参加国际军事透明制度和组织，但必须以不损害国家利益为首要原则。

---

① 约瑟夫·戈德布拉特：《军备控制导论》，中国国际战略学会军控与裁军研究中心编译，第419页，军事谊文出版社，2004年。

军事透明的内容，必须经过相关机构的评估和确认，只有在得到授权的情况下才能对外发布。否则，就有可能危及国家利益。众所周知，各国都设有专门的国家安全保密机构并出台大量的安全保密规定，它们的主要职责就是要确保国家核心机密不被泄露。美国国防部对信息发布的授权、媒介、内容、保密等作了严格规定。例如，美国国防部指令5230.9《国防部信息发布权限》1982年颁布，又先后于1996年、1999年和2003年进行三次修订，目前仍在使用。①2005年9月27日，美国就如何贯彻《信息自由法》发布了5122.5国防部指令。指令除要求对外提供完整及时的信息外，还规定一旦信息的公开危及国家安全、威胁美国政府人员及其家人的安全、侵犯美国公民的隐私或违反法律规定，则应不予公开。此外，美国还发布了国防部指令5200.1《国防部信息安全项目》、国防部指令5230.29《国防部公共信息保密与政策审查》等信息安全指令。

当然，对军事信息的过分控制，军事透明度过低，对一国来说可能会造成政府公信力下降，对国际社会来说会产生国家间互不信任，加剧安全困境，这同样不利于维护国家利益。

第五，国家利益的变化影响军事透明的发展趋势。国家利益是一个具体的、历史的概念，其内涵不是一成不变的，而是随着国家身份的建构过程不断发生变化。同样一个国家，会因其在国际体系中所扮演角色和自我定位的不同，而产生不同的利益认知。一些利益可能被"发现"，另外一些利益则可能被"排除"；一些利益的重要性上升，而另外一些利益的重要性则下降。国家利益的变化主要受国际国内两种因素的影响。国际因素对国家利益的影响是多方面的，其中影响最大的是国际格局的变化。比如，20世纪60—70年代，中国的安全利益主要是防止苏联的进攻，而苏联解体后

---

① 金苗：《美军公共事务传播研究》，第206页，解放军出版社，2009年。

这一直接军事威胁基本消失。再如，在经济全球化的背景下，国际组织在国际社会扮演着越来越重要的角色，国家主权的观念也随之发生变化。追求本国利益的同时应充分考虑各国的共同利益，这一观念越来越为国际社会所认同。国内因素对国家利益的影响也是明显的，民族分裂、政局动荡、科技进步、经济发展等，会直接影响一国对国家利益的判断。

国家利益变化对军事透明发展趋势的影响，主要表现为：首先，国家主权观念的变化对军事透明的影响。国家主权是国家对内的最高统治权和对外保持独立自主的权力，是国家的重要构成要素。自民族国家产生以来，国家主权就被认为是不可分割、不可让渡、神圣不可侵犯的。然而，20世纪90年代以来，愈演愈烈的全球化进程从方方面面冲击着国家主权观念。国际组织、跨国公司都在一定程度上左右着国家的内外政策，特别是联合国和一些区域性国际组织的存在，使国家让渡了一部分权力，这对军事透明的发展有着重要的影响。过去，军事透明是一国的内政，他国无权干涉。而在全球化的条件下，军事透明事实上已经成了许多国家的国际义务，各国需要定期或不定期地通过发布白皮书、举行听证会、新闻发布会等形式披露相关的军事信息。其次，国家利益的拓展对军事透明的影响。随着国家实力的增强，国家利益也会相应地拓展，这种拓展客观上对军事透明也有一定的影响。比如，在全球化时代，国家与国家之间的关系日益紧密，各种利益相互交叉、盘根错节。任何一个国家实力的增强、利益的拓展，都会引起他国的关注乃至猜疑，国际社会特别是其"利益攸关方"对该国军事透明的期望相应提高。为了表达自己的和平目的和诚意，实现相应程度的军事透明，有利于缓解他国的紧张情绪，从而更好地维护自己国家的利益。

## 二、军事实力

军事实力是指已经建立起来、能够直接用于战争的现实军事力量，包括物质因素和精神因素，如武装力量的员额、武器装备的拥有量和技术水平、国防工程设施的数量和质量，以及军事理论、作战思想和武装力量的军政素质和士气等。[①] 国家的军事透明程度同一国的军事实力密切相关。军事实力既是军事透明的主要内容，又影响并制约着军事透明本身。

军事实力是军事透明的主要内容。军事透明既包括对外公开相关战略意图，也包括对外公开军事能力和军事活动的信息。而军事能力的透明，本质上就是军事实力的透明。力量对比的强弱大小，决定了不同的国家对战略意图、军事能力和军事活动透明的关注程度有所不同。但总的来说，由于军事实力是一国可以直接用于战争和军事行动的"硬力量"，直接决定着战争的胜负和军事行动的成败，因而任何国家在任何时候都不能不给予高度关注。相关国家会千方百计地侦察对方军事实力，或者要求对方提高军事透明度，定期或不定期公布国防和军队建设情况。军事透明关注的重点内容，如国防经费、国防工业、武器装备、兵力配置、体制编制和后备力量建设等，无不属于军事实力范畴。

军事实力增强往往伴随着军事透明压力的增大。当一个国家实力弱小时，它的意图和行为一般不太为外界所关注，国际社会对其在军事透明上的压力相对较小。当一个国家实力增强后，其利益范围扩大，行动能力增强，国际社会特别是与其利益关联紧密的国家对其军事透明的关注和压力也相应增大。冷战时期，美苏两大军事集团实力达到巅峰，存在着爆发新的世界大战的现实危险。在此背景下，双方都有避免战争的需要，于是达成了一系列以建立信任和军事透明为主体的协议。冷战结束后，国际力量对比严重失衡，西方大国对中国的军事透明度压力开始并不突出。但随着中国综合国力和军事实力的不断增强，其国际地位和国际影响力也随之增

---

① 《中国大百科全书·军事》，第413页，中国大百科全书出版社，2007年。

大，中国的一举一动都受到高度关注。"中国威胁论""中国责任论""中国强硬论"不时泛起，使中国在军事透明度问题上面临着空前的国际压力。其中，既有西方大国出于防范、牵制和遏制中国崛起的需要，也有部分周边国家对中国和平发展的疑虑和担忧。

军事实力是军事透明的客观物质基础，它的强弱往往决定军事透明的意愿和程度。一般来说，国家的军事实力越强，它提高军事透明度的意愿就越强，所提供的军事信息也越全面、细致；而当一国国力和军力相对较弱时，其提高军事透明度的意愿就比较弱，所提供的内容也比较有限。比如，西方发达国家的综合国力较强，军队现代化水平较高，机械化、信息化建设程度遥遥领先，军队战斗力较强，实战经验丰富，在军事透明的问题上也相对积极主动，能够采用多种方式实现军事透明。而一些发展中国家综合国力和军事实力相对较弱，可资利用的军事资源有限，在军事透明的问题上就相对消极被动，注重搞好保密工作，不愿意也不能够过多地强调军事透明。此外，在存在利益冲突的情况下，如果双方军事实力均比较强大，又都有避免战争的意愿，对军事透明的需求也会增大。这是因为，在大战打不起来的历史条件下，力量相对均衡的国家或国家集团之间不会轻易选择战争，为了避免因误判而导致冲突升级，建立互信和增加军事透明度就成为一个很好的选择。

同时，军事透明程度同该国军事实力的相对变化密切相关。一般而言，军事实力较强的国家，其军事透明程度相对较高；军事实力较弱的国家，其军事透明程度相对较低。冷战时期，面对华约组织较强的军事实力，英国国防白皮书的重点是对安全环境进行评估和如何应对这种安全形势，对具体的数据和相关的军队建设、战役战术层面的实质性内容介绍甚少。冷战结束后，苏联的现实威胁消失，华约的压力也不复存在，英国所发表的《战略防务评估》也发生了变化，具体内容明显增多，透明程度明显增加。

其中，战略评估包括联合构想和高级作战分析（HLOA）两个过程。HLOA过程主要设置一些反映未来可能出现的各种冲突的想定，这有助于对未来部队所需的结构和能力作出判断，以适应未来15～20年可能发生的冲突和行动。战略指导包括三项内容：一是国防计划制订假设，主要是确定武装部队需要完成的军事任务；二是海外应急作战行动的指导，即明确武装部队可同时参与多少海外行动、行动的规模和类型；三是未来能力发展，即确定武装部队未来的体制编制和能力及如何实现这些能力。这说明，军事实力的对比及此消彼长会对一国的军事透明程度产生重大影响。

当然，这种影响不是绝对的。军事透明的决策是一个很复杂的过程，受到方方面面因素的影响，有时这一方面的影响大一些，有时另一方面的影响大一些。比如，军事实力都比较强且有敌对意图的两个国家，有可能在军事透明问题上没有任何作为。双方势同水火，难以相容，冲突不断，时刻面临着战争的威胁，都唯恐对方获知己方的军事信息，对自己的安全形成威胁。最重要的是，双方不存在基本的信任，因而军事透明、军事合作就无从谈起。又如，军事实力较弱的国家在面临超强的压力时，没有战略转圜的余地，要么选择对抗，其结果是遭受沉重打击乃至灭顶之灾；要么屈服于强权的压力，接受强加于己的苛刻条件。在这样的情况下，该国也有可能被迫采取更为透明的方式，以换取国际社会的支持，使自己免于遭受严重打击。

军事实力还影响到一国对他国军事透明内容的关注重点。军事实力不仅影响到一国的军事透明程度，还会影响到一国对他国军事透明内容关注的侧重点。一般情况下，军事实力强的国家更关注军事实力弱的国家的军事能力及其发展趋势，核心是关注自己的实力地位是否受到弱势方的挑战，以及这种挑战的进展状况与程度。军事实力强的国家通常不太关心弱势方的意图，因为双方的战略关系在很大程度上是由强势方的意图决定的，弱势方的意图不会影响大局。而军事实力弱的国家由于军事实力的对比现状难以迅速改变，因此更关注军事实力强的国家是否有对己不利的战略意图。目前中美在军事透明问题上就存在这样的分歧。美方高度关注中国军事实力增长的现状和趋势，急于了解中国的国防费、武器装备、军事训练和发展战略等方面的详细情况。这是因为，美方关心的问题是中国军事实力的增长是否会对其地位构成挑战，至于中国有何战略意图则在其次。相对而言，尽管中国也很关注美国的军事实力，但中国更关注美国的战略意图。这是因为，不论从哪个角度看，美国的军事实力都远高于中国，而且这种态势短期内难以逆转。在这样的情况下，美国对中国的和平崛起究竟持什么态度，将来可能采取什么措施，即美国的战略意图到底怎么样，才是至关重要的问题。

一国是重视对方的意图透明还是能力透明，也是相对而言的。实际上，每个国家对相关国家的意图透明和能力透明都是很重视的。它在关注对方能力的同时，也会关注对方的意图，反之亦然。只不过在某一个特殊的时期，一方可能更关注对方的能力，或者更关注对方的意图。一旦形势发生变化，其关注的重心就有可能发生转移。

## 三、安全环境

安全环境，就是国家在一定时期内所面临的影响和平稳定的客观情况和条件等因素。如果把国家比喻为一个生命体的话，那么，安全环境就如同生命体的生态环境，其重要性不言而喻。一个国家的安全环境如何，直接影响该国对国家安全利益的判断和定位，进而影响其在军事透明问题上的决策和政策制定。一国的安全环境主要包括时代主题、国际格局、国家间关系、地缘环境等，这些因素对军事透明均有重要的影响。

### （一）时代主题

所谓时代，是根据某种特征划分的社会系统诸要素发展的历史阶段，其中可以根据同一特征划分某一要素不同的发展阶段。[①]时代主题就是一个时代的基本特征，具有世界性、阶段性等特点。它既是历史发展到一定阶段的必然产物，同时也是世界各国不得不共同面临的问题以及时代发展的大趋势。这就决定了它对国家安全环境的影响不是一时一事，而是根本性、全局性的。列宁曾经指出："首先估计到区别各个'时代'的基本特征（而不是个别国家历史上的个别情节），我们才能够正确地制定自己的策略；只有认清这个时代的基本特征，我们才能以此为根据来估计这国或那国的更加详细的特点。"[②]这说明，无论是哪个国家，在作出具体的决策的时候，都不能不受到时代条件的制约，不得不考虑到天下大势和顺应时代潮流。

事实上，在各个不同的时代，国家面临的安全环境都大不一样，所要解决的问题也各不相同，国家的对外政策也会存在明显差异。在革命与战争的时代，世界风云变幻莫测，国际形势波诡云谲，战争的阴云挥之不去。在这样的时代，国家间乃至国家联盟之间的利益不可调和，其矛盾只会越来越尖锐，对抗程度只会越来越强，战争很难避免。存在利害冲突的国家和国家联盟都想占据绝对优势地位，互相之间难以达成信任，要让各国提高军事透明度，其难度可想而知。而在和平与发展成为时代主题的条件下，求和平、谋发展、促合作成为各国的共同要求，增信释疑、避免误判成为各国化解危机和战争的重要选择。在这样的大背景下，提高军事透明度也就成为世界许多国家的主动选择。

### （二）国际格局

国际格局，是指在国际关系中起主导和支配作用的国家或国家集团基

---

① 王邦佐：《新政治学概要》，第325页，复旦大学出版社，2006年。
② 《列宁全集》第21卷，第123页，人民出版社，1963年。

于力量对比关系而形成的一种相对稳定的互动结构和态势。[①]这种格局虽然由主要战略力量决定，但会对世界上所有国家的行为构成制约。军事透明问题之所以产生，说到底就是国际行为体基于各自的利益而相互作用、相互影响的结果。各国处在特定的社会历史阶段和国际格局之中，军事透明问题不可能不受到特定的时代条件和国际大氛围的影响与制约。第二次世界大战结束后，形成了东西方冷战对峙的两极格局，以苏联为首的社会主义阵营和以美国为首的资本主义阵营各自结成军事同盟，同盟内部互相通报军事信息、转让武器装备、举行联合军事演习，军事透明程度相对较高；而两大阵营之间由于互相对抗，剑拔弩张，双方都在想方设法搞清对方的军事实力和兵力部署，对己方的情况则讳莫如深。为了防止因战略误判而发生大规模战争，双方才就建立热线、防止核意外和海上意外事件、通报重大军事行动、交换军事信息等问题达成了相关谅解和协议。总体而言，在两极格局的情况下，军事透明的程度并不高，双方对各自的武器装备性能和战略部队构成等从不透露有价值的情况。

冷战结束后，苏联解体、东欧剧变，一部分原华约集团国家加入北约，直接导致这些北约新成员在军事透明对象上作出重大调整。与此同时，由于国际战略力量对比严重失衡，逐步形成一超多强的国际格局。美国一家独大，无论是综合国力、科技水平，还是军事实力，其他国家都难望其项背。在这样的国际格局中，美国由于其超强的军事实力，在军事透明尤其是在军事能力透明上程度较高，定期公布其军事战略、装备发展、军费开支、军力部署等。这既是国内政治的需要，也可以作为对特定国家进行威慑、施加压力的手段。

值得注意的是，世界主要国家的互动对军事透明的发展趋势影响巨大。

---

① 李义虎：《国际格局论》，第35页，北京出版社，2004年。

当今世界是由不同社会制度、实力大小不同的国家组成的。各国之间都存在一定程度的交往和互动，在军事透明问题上也存在一定的合作和交流。其中，那些对世界或地区具有较大影响的国家所采取的政策和措施，对军事透明的发展趋势有至关重要的影响。世界各主要国家处于国际政治的中心，它们之间的互动对国际政治形势的发展和国际格局的演变具有决定性意义，构成了军事透明问题演变发展的基础条件。一旦主要国家在军事透明问题上陷入僵持状态，国际军事透明进程就会陷入停顿乃至倒退，一些已经发挥积极作用的透明机制可能因此而失效。相反，如果世界各主要国家能努力建立长期有效的政治互信，并以此为基础开展积极的军事交流与合作，那么，新的更合理有效的军事透明机制就会不断出现，并被更多的国家所借鉴和采用。迄今为止，世界大多数国家所采取的军事透明方式，如军事热线、通报核查、战略对话、发表国防白皮书等，无不是由世界主要国家所率先发展起来的。可以预见，今后世界各主要国家基于自身的利益需要，在军事透明问题上所采取的立场、政策和措施，仍将对军事透明的发展产生决定性影响。

### （三）国家间关系

国家间关系是各国制定军事透明政策的重要依据和前提。国家间关系是国家安全环境中变化性最强的因素，它经常处在风云变幻之中，有时甚至是瞬息万变。国家间关系的变化，对一国的外交影响极大，甚至会影响到一国的战略定位和政策制定。一般来说，当一国与其他国家关系良好，没有明显的敌对国家时，该国可能会积极参加军事透明活动，以显示己方的合作诚意。相反，当一国与他国特别是周边国家关系恶化时，其在军事透明问题上会采取非常审慎的态度，可能会拒绝参加任何形式的军事透明制度，其目的是保守军事秘密，以应付可能发生的冲突和战争。

国家间关系按密切程度，可分三种情况：联盟关系、伙伴关系、敌对关系。联盟是指以共同利益为基础成立的国际组织，是一种制度化水平最高的国际合作形式。冷战时期的华约和北约，其各自成员国之间互信程度很高，并且在武器装备、兵力部署、作战计划、军事训练、军事演习等方面，存在相当程度的军事透明，其中很多情况对非成员国是完全保密的。一般而言，军事—政治性的联盟相对于经济性的联盟更紧密，其主要特征包括针对共同外部威胁、以安全合作为目的、签订正式盟约和具有相对稳定性等，因而其内部在军事透明的程度上更大一些。比如，与东盟相比较，北约内部成员国之间的军事透明程度就要高得多。当然，盟国之间由于在国家利益、战略目标、社会制度和文化传统等方面存在差异，其透明程度也往往是相对的，不可能做到百分之百的透明。伙伴关系是指两个国家在某些领域有共同利益而建立的合作关系。双方不存在亟待解决的关乎国家安全和重大利益的问题，国家间关系比较稳定，具有一定程度的互信和透明。伙伴关系依双方合作领域、政治互信和军事透明程度又可细分为多种不同类型，如合作伙伴关系、全面合作伙伴关系、战略伙伴关系等。敌对国家之间由于重大利益存在难以调和的矛盾，安全互信程度低，甚至随时有可能爆发战争，因而军事透明程度很低。当然，出于遏制危机、避免战争的需要，双方也有可能建立军事透明机制。

综上所述，国家间安全互信的程度影响并制约着国家间军事透明的程度，而政治和安全互信是军事透明的基础，军事透明度的提高必须与国家间安全互信进程相匹配。没有基本的政治和安全互信，片面要求增加军事透明度，既不现实，也不利于地区稳定。冷战结束后，美国强化亚太地区军事同盟、加强在西太平洋军事部署、对假想敌进行频繁军事侦察等做法，不仅不利于安全互信，同时也阻碍和影响了该地区军事透明度的提高。

**（四）地缘环境**

地缘环境是指影响国家安全的地理位置、地理特征以及与地理密切相关的国家关系等因素。一国的地缘环境是相对比较稳定、持久的，在较长时期内难以改变。因此，地缘环境是国家安全环境中最经常发生作用的因素，也是影响最深远的因素。一个国家的自然地理因素包括国家的地理位置、国土面积、国土形状、自然资源、国都、边疆国界等，人文地理因素包括一个国家的经济科技文化和军事综合实力、人力资源的有机构成及分布、民族宗教和社会力量的结构、国家在国际社会中的角色定位及对外政策特征等。这些因素都对国家安全构成极大的影响，进而影响到军事透明政策的制定。

国家的地理位置决定了国家的地缘环境，进而决定国家的地缘战略，并对其包括军事透明问题在内的安全和外交决策产生重要影响。英国地理学家麦金德在20世纪初提出了"心脏地带"理论，认为欧洲、亚洲和非洲组成了"世界岛"，谁统治了东欧谁就能控制心脏地带，谁统治了心脏地带谁就能控制世界岛，谁统治了世界岛谁就能主宰全世界。40年代，美国地缘政治学家斯派克曼又提出"边缘地带"理论，认为各国的地理位置可以分为"内陆""岛屿""边缘地带"三大类，那些处在大陆和近海之间的边缘地带是世界的力量中心。尤其是欧亚大陆的边缘地带比所谓的心脏地带更为重要，谁统治了边缘地带谁就能统治欧亚大陆，并进而能够控制世界的命运。90年代，布热津斯基进一步提出了"地缘战略棋手"的概念，指出欧亚大陆存在法国、德国、俄罗斯、中国和印度等5个关键的地缘战略棋手，以及一些地缘政治支轴国家。[①]按照西方地缘政治学家的看法，这些国家特殊的地缘战略位置，决定了其政治态度、战略意图和军事实力等必然受到国际社会的广泛关注。

从现实情况来看，对军事透明问题影响最大的地缘因素，是一国与其

---

① ［美］布热津斯基：《大棋局：美国的首要地位及其地缘战略》，第35页，上海人民出版社，2007年。

他国家之间的地理位置关系。国家间的地理位置关系，按其距离远近以及是否接壤，可以分为相邻关系（接壤毗邻）、相望关系（近而不接）、相通关系（较远但可及）、相隔关系（较近但不可及）、相远关系（远而不及）。一般来说，国家之间对彼此军事透明的重视程度，遵守地理学的距离衰减律，即国家与国家之间的距离越远，对彼此的军事透明问题关心程度就越低；国家与国家之间的距离越近，尤其是在国家与国家领土毗邻的情况下，互相之间对彼此的军事透明问题关切的程度就越高。当然，这也不是绝对的。比如，当某个国家积极推行全球战略的时候，该国会对其他许多国家和地区的军事问题感兴趣，尤其是更加关注那些在地缘战略上起重要作用的国家。国土面积大小也直接决定了一国在国际社会中的地位。国土面积越大的国家，在地区乃至世界上的影响也就越大，其军事发展走向也会越受关注。相反，国土面积狭小且地缘战略地位较低的国家，其军事发展状况一般不容易受太多关注。

## 四、科技水平

科技水平是一国对科学技术掌握的水平和世界科技的发展现状。在全球化背景下，一国的科技水平不仅决定着其综合国力和经济的可持续发展，也深刻地影响着国家的追求目标及其行为方式。从全球角度看，军事透明与技术以及由于技术进步而导致的交往方式、通信手段、侦察监视系统的快速发展密切相关，军事透明问题因此而深受科技发展水平尤其是军事科技发展水平的影响。

科学技术的发展是当代军事透明问题产生和兴起的重要物质条件。从更广阔的视野来看，科学技术的发展进步推动了人类的交往范围不断扩大，程度不断加深。在技术革命之前，由于地理空间的阻隔，人类生活在不同的地域，互相之间交往的规模较小、领域较少。即使生活在同一块大陆上，由于交通不便，不同的国家之间对彼此的情况也知之甚少。因此，在技术不发达的时代，不可能产生现代意义上的军事透明问题。只有在人类的科技水平达到了一定的程度，不同国家之间的交往达到一定规模的基础上，人们才有可能更深刻地去了解彼此的情况。从这个意义上说，科技进步实质上是现代军事透明问题产生和发展的一个重要原因。随着科学技术的不断发展进步，人类获知军事信息的方式也会不断增多，对各国提高军事透明程度的要求也会越来越强烈。当前，信息技术的发展为军事透明提供了各种便利手段。无论是信息获取还是信息传播，都较以往产生了质的飞跃，卫星技术、数字技术、电脑、多媒体和互联网等信息传播技术的出现，使国家间获取信息、传递信息变得更加便利。可以断言，科学技术的发展进步将继续对军事透明问题产生深远的影响。

武器装备技术的发展对军事透明问题有重要的影响。武器装备历来是军事实力的基本标志，也是军事透明问题中最引人关注的部分。武器装备技术的发展经历了从简单到复杂、从低级到高级的发展过程。冷兵器时代，无论是刀枪剑戟，还是强弓硬弩，从技术的层面看，主要是铁的冶炼技术含量比较高，而杀伤性并不是很大。到了热兵器时代，武器的科技含量越来越高、杀伤力越来越大，战争的规模及其造成的影响也越来越大。在这样的情况下，国际社会开始出现限制战争的政治需求，军事透明作为一种避免战争、维持和平的手段，其作用日益引起人们的重视。特别是进入核时代后，人类对未来战争的看法发生了很大改变。核武器被称为"绝对武器""恐怖武器"，一旦爆发核大战，则人类将面临空前浩劫。冷战时期，美苏为了避免因情报误差和战略误判而爆发大规模战争乃至核战争，就制定了一系列通报军事相关信息的制度和措施。军事透明成为敌对双方保持战略均衡、避免冲突的重要手段，这在客观上促进了军事透明的发展。目前，世界上依然存在庞大的核武库，人类面临核战争的威胁并没有消除，大规模杀伤性武器及其运载工具的扩散威胁世界的和平与安全。因此，高度重视建立军事互信、定期通报相关军事信息，以避免有核国家因误判而导致危机和战争的发生，是国际社会的重要任务。由此可见，随着武器装备技术的发展，军事透明涉及的领域、实施的方式、运用的手段也在不断发生变化，国际社会也对军事透明不断提出新的更高的要求。

信息技术的发展使主权国家的军事透明活动面临更大的挑战。近期几场高技术局部战争显示，现代发达的信息技术使战争对民众的透明度增加。传统媒体和新兴媒体高度介入战争，以前所未有的速度向全世界进行战争实况同步报道，在很大程度上将战争双方的所作所为大白于天下，战争备受国际政治和世界舆论的监督，成为任何一方在战略决策和指导上不得不加以高度关注的政治因素。同时，信息技术同经济全球化、媒体商业化的结合，使非国家行为体获取军事信息的能力显著增强。卫星技术的普及和互联网的发展，使无线通信和网络通信的成本越来越低，非政府组织和个人可以使用许多过去只有国家和政府组织使用的传播媒介，获取信息的来源越来越丰富，获取信息的速度越来越快，对主权国家军事信息发布的及时性、真实性和丰富性提出了越来越大的挑战。

核查技术是建立军事透明机制的重要保障。有效的军事透明机制需要一些核查手段予以保障，而现代科学技术大大提高了核查的有效性。历史证明，如果没有技术进步促进了各国用越来越先进的手段进行军控协议的核查，要达成某些重要的条约是非常困难的，特别是核军备限制和削减条约更是如此。随着科学技术的不断发展，卫星、侦察机、雷达、电子监听等设备在军控核查中发挥着越来越重要的作用。而且，一些军控条约缔约国一旦同意将卫星或飞机侦察作为一种合法的核查手段，实际上也就承诺了不干扰国家技术手段，这意味着禁止用反卫星系统对抗用于核查目的的卫星，以及禁止用隐蔽措施妨碍利用国家技术手段进行核查。《全面禁止核试验条约》生效后，各缔约国将使用国际监测系统（IMS）提供的数据。在该系统中，全球地震台站用于探测和定位地震事件并区分地下核爆炸和真正的地震；水声监测台站探测海洋中或小岛上由自然现象和人工现象所产生的声波；次声监测台站探测大气中由自然事件和人为事件所产生的极低频声波；放射性核素监测台站用空气样品来探测大气层核爆炸释放的放射性尘埃，以及那些从地下或水下核爆炸泄漏出的尘埃。实践证明，隐藏被禁物资已变得非常困难。即使进行了广泛的清洗，现代化学检测设备也能够检测到化学战剂的痕迹。

## 五、战略文化

战略文化是影响和制约军事透明的观念性因素。客观物质因素固然重要，但文化对战略行为的影响是更深层次的、长期而稳定地发挥作用的因素。所谓战略文化，就是影响和制约国家或民族战略行为的文化因素，是"一个国家或民族在一定的历史和民族文化传统的基础上所形成，并长期稳定地影响其战略指导的观念形态；是制定战略的潜在意识和历史文化情结，影响和制约战略的选择"[1]。国家利益、军事实力、安全环境、科技水平等因素对军事透明的制约作用，也要通过文化传统、价值观念和思维方式等方面体现出来。这就是说，军事透明既反映行为体当前的战略需求，也深受其战略文化传统的影响。

战略文化影响一国对军事透明问题的基本看法。从历史和现实的情况来看，一国对军事透明问题的关注程度与该国的战略文化传统有很大关系。有的国家受自身实力、政治体制和战略传统文化的影响，对军事透明持比较积极的态度。有的国家在传统上则注重保守军事秘密，对军事透明持相

---

① 《中国军事百科全书（军事战略）》分册，第384页，中国大百科全书出版社，2007年。

对消极的态度。如美国处于地缘环境、政治体制和军事实力的优势地位，来自欧洲大陆的清教文化又使其形成了对其他民族的优越感，自建国之初就对欧洲的秘密外交深恶痛绝，因而能够长期保持相对透明与开放的政治军事制度。日本作为太平洋西岸岛国，受地缘环境、资源状况、人口数量等方面的影响形成了一种岛国心态，反映在战略文化上就是具有强烈的忧患意识，凡事小心谨慎，注重秘密行动。历史上日本多次秘密扩充军备、对外发动侵略战争即证明了这一点。中国是一个有五千年历史的文明古国，在主要围绕内部秩序的崩溃与重建为内容的"王朝兴衰"而展开的长期军事实践中，形成了充满辩证法思想的独特战略文化传统。中国的战略文化强调谋略与灵活，注重奇正与虚实，认为信息不充分的灰色地带是军事决策的基本环境。中华民族在近现代历史上饱受列强侵略、掠夺和欺凌，新中国成立后又长期受到西方大国的排斥和威胁。在以相对较弱的综合国力参与国际安全博弈的情况下，中国领导人不得不高度注重军事谋略，强调利用国际矛盾，以弥补自身实力的不足，维护国家安全利益。[①]因此，在军事透明问题上，中国既认同军事透明对增进信任、消除疑虑、缓解危机、遏制战争具有一定的积极意义，同时也强调各国有自己特殊的国情和安全关切，在军事透明问题上应尊重各国自己的选择。

战略文化影响一国对他国军事透明的关注点。从东西方战略文化对比的角度来看，在人与人、国与国之间的关系上，西方战略文化传统总体上比较强调对抗，认为人与人之间的关系是"狼与狼之间的关系"，国家之间基于不同的利益需求会产生对抗性的矛盾，信奉社会达尔文主义"生存竞争""弱肉强食"的丛林法则。因此，要维护自己的利益，就必须千方百计地削弱对方、搞垮对方。在对抗的方式上，更强调实力的重要性，认为只

---

① 吴晓明，徐纬地：《军事透明与安全互信——兼与马伟宁先生等对话》，《现代国际关系》2005年第12期。

要拥有更强的实力、更先进的科技，就能够占据优势，从而实现自己的利益。中国战略文化传统则更强调世界应是一个和谐整体的观念，崇尚"和而不同""天人合一""以和为贵"的理念。它认同世界的一体性和相互依存性，认为人与人、人与自然应和谐相处，也可以和谐相处，人与人、国家与国家之间的矛盾可以协调解决。在对抗的方式上，更看重谋略、计谋的重要性，认为实力和科技固然重要，但人的主观能动性更重要，只要善于审时度势，善用谋略，实力居于劣势的一方完全可以打败优势方。这种战略文化传统的差异性反映在军事透明问题上，就表现为西方国家更看重军事实力的透明，而中国更看重军事意图的透明。

战略文化影响一国实现军事透明的方式和手段。西方国家极为看重实力和科技的作用，因而在军事透明问题上也高度重视科技应用。无论是在保守己方军事秘密方面，还是在逼迫对方实现军事透明方面，西方发达国家都大量利用现代化的高科技手段。西方国家研制开发了大量军事侦察、通信、预警、探测卫星，对它们"关心"的国家实行全天候、不间断的侦察和监视，以获取最新军事信息。在他们看来，不管对方愿不愿意实现军事透明，只要己方掌握和利用了最新的技术手段，就能实现自己的目的。相对而言，东方国家受传统战略文化的影响，认为谋略比科技更重要，只要谋略上高人一等，就能弥补技术上低人一等的差距。因此，在军事透明的问题上，更强调运用心理的、舆论的手段。西方战略文化传统是建立在个人主义的基础之上的，因而往往将自己的主张和标准强加于人，主张要制定共同的、统一的军事透明度标准，以此来实现自己的目的。而许多东方国家和发展中国家都认为，世界具有多样性，军事透明问题上也是如此，不顾历史、不顾现实地强求军事透明度标准的统一，是违背国际政治的现实和国际关系民主化的基本原则的。

# 中国推动建立军事互信的政策与实践[①]

《孙子兵法》既是一部指导战争的谋略全书，也是一部避免战争、维护和平的经典名著。其中一些思想，对于今天国家间建立军事互信具有重要的借鉴意义。

## 一、《孙子兵法》与军事互信

《九地篇》中有个"同舟共济"的故事："夫吴人与越人相恶也，当其同舟而济，遇风，其相救也，如左右手。"中国古代的吴国与越国相互敌对，但在同舟遇风时却能相救。何以如此？共同安危之"势"使然。共同的安全利益使其有了互信的基础，就能够像两只手一样相互救助。当今时代，世界多极化、经济全球化、社会信息化深入发展，国际社会日益成为你中有我、我中有你的命运共同体，国际安全从未像今天这样休戚与共，这就为国家间建立军事互信提供了先决条件。

《孙子兵法》的一个核心，是围绕"利"字求"先胜""全胜""智胜"之道。当今世界，安全为最大之"利"。如何才能做到"兵不顿而利可全"？建立军事互信，便是以最小代价维护国家安全的有效途径。建立军事互信也需要"知彼知己"。《军争篇》中说："不知诸侯之谋者，不能豫交。"只有搞清楚其他国家的意图，厘清利益诉求，才能与之合作。当然，建立军事互信要以维护国家利益为前提，做到"合于利而动，不合于利而止"。

"信"在东方价值观中具有重要地位，所谓无信不立、讲信修睦。人与

① 本文为作者参加2014年7月第九届孙子兵法国际研讨会论文，与侯小河合写。原载中国孙子兵法研究会编：《孙子兵法与和平合作发展》，军事科学出版社，2015年。

人交往在于言而有信，国与国相处讲究诚信为本。孙子非常重视"信"，将其列在智、信、仁、勇、严为将"五德"的第二位。

## 二、中国推动建立军事互信的基本政策原则

在《2010年中国的国防》白皮书中，中国政府第一次明确提出了建立军事互信的基本政策原则。

首先，建立军事互信要以增强政治互信为基础。2002年发表的《中国关于新安全观的立场文件》指出："互信，是指超越意识形态和社会制度异同，摒弃冷战思维和强权政治心态，互不猜疑，互不敌视。"政治互信要求不以别国为假想敌，不迎合某种势力的需要去刻意制造一个敌人，通过对话协商来解决分歧和争端，增进相互了解和信任。军事是政治的继续，建立军事互信本质上是国家间一种特殊的政治行为。军事互信的建立以各方政治关系的缓和为基础，政治上达成某种程度的互信是军事互信建立的前提。比如，1986年签署《斯德哥尔摩文件》的各方声明不以武力来威胁任何国家，也不对任何国家使用武力，不管这个国家的政治、社会、经济和文化制度如何，也不论这个国家是否与他们保持同盟关系。[1]这个声明既是一种战略意图的透明，也是一种政治承诺和保证。没有相互信任的政治基础，军事互信就算建立起来，也只是空中楼阁。军事上建立互信反过来又能促进政治关系的改善，军事互信能走多远，取决于各方政治互信的质量。

其次，建立军事互信要以促进共同安全为目标。《中国关于新安全观的立场文件》明确提出："新安全观实质是超越单方面安全范畴，以互利合作寻求共同安全。"当今世界，许多安全威胁突破了传统国界的约束。任何一个国家都不能独自解决跨国安全威胁。只有各国团结起来，共同对付这些

---

① 约瑟夫·戈德布拉特：《军备控制导论》，中国国际战略学会军控与裁军研究中心编译，第334页，军事谊文出版社，2004年。

威胁，才可能实现共同安全。军事互信作为双边或多边制度化安排，其目的是使各方的安全感都得到加强。因此，要倡导共同、综合、合作、可持续安全的理念，尊重和保障每一个国家安全。各国在实现自身安全的同时，必须尊重别国利益和关切，为对方的安全创造条件。不能一个国家安全而其他国家不安全，一部分国家安全而另一部分国家不安全，更不能牺牲别国安全谋求自身所谓"绝对安全"。这也决定了建立军事互信是一个对话交流、沟通协调的过程，双方必须尊重彼此的安全需求，放弃零和思维，用双赢的态度来看待利益分歧。

最后，建立军事互信要遵循三项原则。一是平等协商。各方实力不同，安全考虑也不一样，但所有参与者都是平等的。建立军事互信需要自觉自愿、平等协商，不能施加压力或采取强制手段，任何一方都可根据需要随时终止执行相关措施。同时，由于各地区的历史和地缘差异，安全背景不同，建立军事互信的内容和方式应该是多样的，既可以在双边、多边、地区、全球等各个层次上进行，也可以是单方面行动；既可以成为裁军谈判的附属内容，成为裁军协定的一个组成部分，也可以单独就此进行谈判并达成协议；既可以签订具有国际法约束力的协定，也可以签订具有政治约束力的国际文件，还可以签订根据自愿原则执行的国际文件。二是尊重彼此核心利益和重大安全关切。建立军事互信作为一种战略行为，直接影响国家安全和发展，必然服从和服务于国家利益，受到国家利益的根本制约。2011年9月，中国政府发表《中国的和平发展》白皮书，明确指出："中国的核心利益包括：国家主权，国家安全，领土完整，国家统一，中国宪法确立的国家政治制度和社会大局稳定，经济社会可持续发展的基本保障。"可见，核心利益是国家的最高利益，关乎国家、民族的生死存亡，因而在国际交往和谈判中难以进行交易或妥协退让。建立军事互信不能以牺牲国家的核心利益为代价，要以不削弱自主维护国家安全的能力为依据，这是建立军事互信的前提。三是不针对第三国，不威胁和损害他国安全稳定。这是军事互信与军事同盟的本质区别。军事同盟一般有明确的针对性，常常会损害其他国家的安全，在某些情况下也会给同盟成员国带来沉重的负担。建立军事互信的目的是要实现地区长期的和平稳定、维护各国的长远利益，而不是挑战和损害第三方的战略和安全利益。军事互信机制本质上是一种防御性的安全机制，其建立的过程应当秉持公开、透明和开放的原则，这有利于化解第三方疑虑，营造良好的安全环境。

### 三、中国建立军事互信的实践和启示

20世纪90年代以来，中国奉行互信、互利、平等、协作的新安全观，为增进与世界各国的军事互信作出了不懈努力。中国与22个国家建立了防务安全磋商对话机制，致力于增进国际社会对中国战略意图和中国军队的了解，避免各种误解和误判；与俄罗斯、美国等国开通了国防部直通电话；通过和平谈判协商，与12个陆地邻国划定了边界；中国坚持与邻为善、以邻为伴的周边外交方针，与相邻国家（包括存有领土争议的国家）签署了一系列边境地区信任措施协定，加强边境地区军队友好交往，积极预防危险军事活动，维护边境地区和平与稳定；中国国防部分别与朝鲜、俄罗斯、蒙古、哈萨克斯坦、缅甸、越南等国相关部门签署《边防合作协议》，建立总部、军区（省军区）和边防部队三级会晤机制，及时通报边境信息，协商处置重要边境事务，与俄罗斯、塔吉克斯坦、蒙古、巴基斯坦等国在边境地区举行双边或多边边境封控、联合反恐等军事演练，开展联合巡逻、联合检查等活动；积极参与国际海上安全对话与合作，与美国建立海上军事安全磋商机制，与韩国开通相邻海空军间直通电话，与越南签署《中越海军北部湾联合巡逻协议》，与日本就建立海上联络机制进行多次磋商，参加西太平洋海军论坛的各项活动，参加东盟地区论坛和亚太

安全理事会关于海上安全的研讨活动；积极参加亚太地区安全对话和安全机制建设，参与上海合作组织框架下的国防部长会议、防务安全论坛，参加东盟防长扩大会、东盟地区论坛安全政策会议等高级别官方多边对话机制，加强与亚太各国的政治互信和安全合作，维护地区和平稳定；按照和平共处五项原则全方位开展对外军事交往，深化同各国军队的务实交流与合作，努力营造互信互利的军事安全环境；发表多部军备控制与裁军白皮书、国防白皮书、中国的和平发展白皮书，开通国防部网站，建立国防部新闻发言人制度，参加联合国常规武器登记制度和联合国军费透明机制，邀请外国军事代表、观察员和驻华武官观摩我联合军事演习，努力提高军事透明度。

总结建立军事互信的实践，我们认为，建立平等、互利、有效的军事互信机制要重视4个关键词，这就是尊重、沟通、合作、渐进。

一是相互尊重。国家不分大小、强弱、贫富，都有平等参与国际和地区安全事务的权利，也有维护国际和地区安全的责任。各方应当以信相交，重视相互核心利益和关切，努力通过对话和协商，互谅互让，实现互惠共赢。中美建立军事互信之所以存在障碍，主要原因在于美台之间的军事联系和美国持续对中国进行高强度舰机侦察，损害了中国主权和安全利益。中美军事关系六次中断，原因各不相同，但有一个共同的特征，那就是美国损害了中国的核心利益和重大安全关切。美国不但不承认这一点，反而指责中国军力和战略意图不透明，极力防止中国人民解放军通过军事交流与合作提高作战能力。未来中美军事互信能走多远，在很大程度上取决于美国能否真正做到尊重中国的核心利益和重大安全关切。

二是加强沟通。《孙子兵法》总共6000多个字，其中"知"字就用了79次。所谓"知"，不仅仅是"知道"（know），更含有深入"了解"（understand）的意义。如何才能做到"知"？沟通、交流、对话是重要的方式。中国传统战略思想认为，沟通是国家间信任的重要来源，"会所，信之始也"。在分散化、缺乏有效制度和规范的传统国际关系中，国际行为体之间文化上相异、地理上相分离，存在着严重的"信息不对称"的情况，彼此无法了解对方的动机和意图，因而不能迅速和理性地作出决策。"囚徒困境"之所以形成，很重要的原因就是缺乏信息沟通。及时、有效的沟通有助于形成相互理解，相互理解则是相互信任的前提。在军事上，加强沟通有助于化解疑虑、减少误判、防止冲突、增强互信。

三是增进合作。信任是合作的前提条件，也是成功合作的产物。如同人际关系，当国家间的交往与合作增多时，国家间更容易建立互信，"外人"有可能变成"自己人"。军事互信则需要通过军事交流与合作不断累积，特别是在非传统安全领域的合作，往往可以为增进军事互信提供强大的动力。2002年以来，中国与20多个国家举行了近60场陆上、海上和空中联合演习和训练。特别是与上合组织成员国举行的"和平使命"系列联合反恐军事演习，既震慑了地区"三股势力"，也增进了有关国家间的军事互信。当然，在合作中既要注重发掘共同利益，又要敢于直面分歧，共同探讨问题解决之道。

四是循序渐进。建立军事互信的需求往往存在于有重大现实利益矛盾的国际行为体之间。互信的建立要求各方能够客观认识和理性对待矛盾分歧，以积极意愿不断克服与消除猜疑，努力探索与寻求安全合作，为最终解决问题创造条件。这决定了军事互信必然是不断检验对方诚信程度、评估己方所冒风险的互动过程，通过合理设定和逐步实现不同发展阶段的预期目标，不断拓展军事互信的领域范围，形成一个由易到难、由小到大、由低到高的渐进式发展过程。在初期一般实行一些难度较小，较不敏感，并容易执行的措施。随着双方政治关系的不断改善，再遂行一些难度较大、较为敏感的措施。

中国古代思想家庄子说过："凡交，近则必相靡以信，远则必忠之以言。"与关系亲近的交往，一定要相互信任；与关系不亲近的交往，一定要忠于自己的诺言。展望未来，中国将更加开放地面向世界，以互动促互信，以互信促合作，以合作促安全，为维护世界和平与地区稳定发挥积极作用。

# 第三篇　安全形势与现代战争

## 科学判断新形势　沉着应对新挑战[①]

**记者：**《战略评估 2011》是军事科学院国防政策研究中心成立后公开发表的第一份评估报告。为什么要对国际战略形势进行评估？这份报告是在怎样的背景下形成的？

**陈舟：**战略评估就是从国际战略全局和国家利益大局的高度，对国际形势和国家安全环境进行评价估量。这也就是我们过去常说的，要正确地观察、分析、判断国内外大势。如何观察形势，是马克思主义理论和策略的一个大问题。因为只有正确地观察形势，才能够正确地决定发展方向和方针政策。对形势的估计和判断，也是事关我们的信心、信念的大问题。坚强的信心和坚定的信念从哪里来？首先就源于对世情、国情、军情的全面分析和正确判断。

毛泽东在《中国革命战争的战略问题》一文中有段名言："指挥员的正确的部署来源于正确的决心，正确的决心来源于正确的判断，正确的判断来源于周到的和必要的侦察，和对于各种侦察材料的联贯起来的思索。"正确的形势分析，不仅要有详尽而可靠的材料，还要有连贯起来进行有系统有条理的思索，下一番"去粗取精、去伪存真、由此及彼、由表及里"的

---

[①] 2012 年 4 月，军事科学院国防政策研究中心发表《战略评估 2011》报告，引起外界广泛关注。作者就评估报告所涉及的有关问题，接受了《中国军事科学》记者的专访。原载《中国军事科学》2012 年第 3 期。

功夫。列宁在1921年的《再论工会、目前局势及托洛茨基和布哈林的错误》一文中曾提出辩证观察社会现象的四条要求：把握研究事物的一切方面、一切联系和中介，即要全面地观察事物；从事物的发展、"自己运动"、变化中来观察事物，即要发展地观察事物；把人的全部实践包括到事物的完满"定义"中去，即不能离开人的实践因素来谈论形势；真理总是具体的，即具体问题要具体分析。这种分析方法，就是要求我们努力把握事物全体而避免片面性，把握事物之间的联系和人的全部实践而避免孤立地、静止地看问题。当今世界的时代条件和国际形势已发生巨大变化，当代中国与世界的关系也发生了历史性变化。以胡锦涛为总书记的党中央，坚持运用马克思主义的分析方法观察形势，反复强调要用宽广的眼界观察世界，深刻认识国内大局和国际大局、内政和外交的紧密联系，全面把握世界的深刻变化及其特点，提高科学判断国际形势和进行战略思维的能力。

2011年12月成立的军事科学院国防政策研究中心的一项主要任务，就是撰写年度国家安全环境战略评估报告。由中心组织不同领域专家学者撰写完成的《战略评估2011》，全文近6万字，包括前言和全球战略形势、美国战略调整、台海形势及海峡两岸关系走向、国际金融危机与中国经济发展、世界海洋竞争与合作、网络空间安全、世界军事发展新趋势7个部分。这份报告的选题很新，每个题目都是近年来国家发展与安全所高度关注的重大问题，而对每个问题又都力求深入其内部去探究竟、找规律。发表评估报告的目的，是为国防政策的制定与实施服务，为国家战略决策服务。同时，也是为增进国际间的了解和信任服务。该评估报告的意义还在于坦诚地向外界表达军队专家学者在国家安全与发展问题上所关注的热点问题，没有回避我们在这些问题上的态度。比如我们关心什么问题，担心什么问题，对哪些问题有压力，感觉在哪些方面是机遇，哪些方面是挑战，等等。这也可以说是中国军队更加开放、透明和自信的一个标志。

**记者**：《战略评估2011》报告是怎样分析判断国际形势的？为什么说"全球战略形势正在发生划时代的深刻复杂变化"？

**陈舟**：当今世界正进入一个发展与动荡、变革与危机、合作与竞争交织互动的新时期。和平、发展、合作依然是时代的潮流，世界保持总体和平稳定的基本态势，但国际战略竞争日趋激烈，传统与非传统安全威胁交织互动，世界和平发展面临的难题和挑战增多。该评估报告主要从世界多极化、经济全球化、社会信息化等方面，系统分析了全球战略形势正在发生的时代性变化。

国际格局加速从"一超多强"向多极过渡。当今国际格局最重大的变化，就是美国等西方国家整体实力相对下降，新兴市场国家、区域集团和亚洲等地区力量上升，各类非国家行为体迅速成长。国际战略力量消长变化加快，必然要打破以单极主导为基本特征的国际体系旧平衡。主要大国围绕战略再平衡正在展开新博弈，博弈的地缘中心从大西洋—欧洲历史性地转移到太平洋—亚洲地区。利益深度相互依存决定了霸权国不会轻易对崛起国全面动用武力，新兴大国普遍选择走体系内和平崛起的道路。中国、印度、巴西、南非、印度尼西亚、墨西哥、土耳其等近代以来远离国际体系权力中心的大国，历史性地成为地区乃至全球博弈大棋局中的重要棋手。

全球经济格局酝酿新变化。冷战后经济全球化浪潮的高涨，极大地促进了世界经济发展，也加剧了世界发展不平衡的矛盾。当前国际金融危机的持续发展，暴露了资本主义经济体制长期积累的深层次弊端，也暴露了经济全球化与全球经济治理机制间的深刻矛盾。尽管世界主要经济体发展都遭遇困难，但发展是人类社会永恒的主题，经济全球化不会因国际金融危机而停止。发达国家谋划经济结构的深度调整，加速发展新兴产业和实施以先进制造业为核心的"再工业化"。发展中国家加速发展具有比较优势的产业和技术，谋求实现跨越式发展。国际经济结构和产业布局面临新的重大调整，科学技术孕育着新的创新突破，全球治理机制改革要求更加强烈。

社会信息化挑战传统治理模式和战争形态。人类社会快速步入信息网络时代，社会信息化与经济全球化相互交织，重塑世界政治、经济、社会、文化和军事发展的新格局。信息网络技术普遍应用，现实社会和虚拟社会交织互动，社会组织动员模式发生重大变化，传统社会治理模式愈显被动无力。在遍及全球的社会政治风潮中，互联网起到了广泛联络、快速动员、引导舆论的重要作用。网络空间已经成为与陆、海、空、天并列的第五维战场空间，制网权成为赢得战略主动权的前提、基础和关键。围绕全球网络空间主导权的斗争持续升温，主要大国加紧构建网络空间战略体系，竞相推进网络空间军事力量建设，并企图主导制定网络空间国际规则。

**记者：**美国正在进行冷战后新一轮的战略大调整，《战略评估2011》专章对此进行了评估。请问美国战略调整的主要内容是什么？它对我国安全环境将产生何种影响？

**陈舟：**冷战时期美国全球战略的核心，就是与苏联争霸。冷战后它的全球战略目标，是以中、俄为潜在战略对手，以欧亚大陆为大棋盘，以北约、美日同盟等为主要工具，确保美国的全球霸主地位。该评估报告认为，面对国际战略格局急剧变化、美国战略能力相对下降的现实，奥巴马政府对其全球战略的调整已经进入全面加速期。这一战略调整以确保美国"全球领导地位"为核心目标，以重振经济、聚焦亚太、应对新兴大国崛起为主要任务，针对中国的指向性明显增强。在战略调整进程中，美国的战略重心加速向亚太地区转移，积极推行"太平洋—印度洋"新两洋战略。同时，强调巧用软、硬两种实力，扩大盟友网络，发展伙伴关系，利用各国间矛盾使其相互制衡，军事手段的使用更加谨慎、隐性和巧妙。在军力建设上，依照减地面、保海空的原则调整三军力量结构，发展新型作战能力，提高快速动员能力，努力打造一支精干、高效的全频谱联合部队。

美国新亚太战略突出对新兴大国的战略防范，特别是突出应对中国崛起。美国已将中国的快速崛起特别是军事力量的现代化视为影响地区乃至世界格局的重要变量，以及可能撼动美国全球主导地位的重要因素。美国新防务战略指南强调，中国可能以多种方式影响美国的经济和安全，中国正在寻求以非对称方式对付美国的兵力投送能力。面对中国的崛起，美国强化两面下注和软硬两手，尤其是突出多边规制和战略防范。一方面，借助中国经济持续高位增长的势头，为美国摆脱经济困境寻找推动因素，并在应对核扩散、气候变化等全球性和地区问题上谋求与中国的深度合作。另一方面，面对中美新的结构性矛盾，美国牵制、防范、规制多手并用，试图在欧亚大陆东部边缘拉起一条主要由海洋国家组成的战略防范带，军事上调整优化岛链部署，提升美军应对"反进入和区域拒止"挑战的能力。

奥巴马政府充分利用亚太地区矛盾热点，频频制造议题，参与多边机制，努力巩固扩大亚太事务主导权，如在东亚海域频繁举行大规模联合军演，彰显对盟友的安全承诺，显示在西太平洋的军事优势；高调介入南海争端，公开宣称南海涉及美国国家利益，炒作南海地区航行自由问题，支持南海争端的多边化和国际化；积极介入湄公河流域开发活动；积极参与东亚峰会、东盟地区论坛、东盟防长扩大会等地区多边安全机制，显示存在和影响，试图主导地区安全合作进程。

制海权是美国维持全球主导权的根基。美国认为，伴随经济快速发展，中国的军队现代化取得了长足进步，尤其是海空军力量不断增强，可能打破西太平洋地区军力平衡，威胁到美国西太平洋的制海权。目前，美军"空海一体战"构想已从智库思想上升为战略决策，逐渐进入部署和落实阶段，并成为支撑美国新亚太战略的核心军事举措。美军此举的目的，是为未来可能在西太平洋地区爆发的大规模冲突进行预防性作战准备，力求以此为牵引，提高打一场高端常规战争的能力，改变长期专注于非正规战而导致军队建设失衡的现象。

**记者：** 台海形势及海峡两岸关系发展走向历来是影响中国安全的主要因素。该评估报告是如何评估两岸关系发展的？两岸建立军事互信机制还受哪些因素制约？

**陈舟：** 评估报告的基本判断是，2008年以来，海峡两岸关系在坚持"九二共识"的共同政治基础上发生了历史性转折，进入几十年来前所未有的良性发展阶段。两岸经贸文化交流持续升温，经济整合进程加速，"台独"势力及其活动受到遏制。海峡两岸已实现全面直接双向三通，2011年贸易总额达1600亿美元，文化交流与合作趋于常态化和实效化。但也要看到，"台独"的社会基础没有根本改变，美国以台制华战略没有根本改变，海峡两岸政治僵局的突破仍需克服多重阻力，两岸建立军事安全互信机制仍受多种因素制约。

海峡两岸关系发展"先经后政、先易后难"的模式推进到一定阶段后，面临的困难和阻力将会增大。这是因为，经济整合并不会必然导致政治的整合。两岸在打造"经济共同体"的同时，进一步增强"利益共同体"和"命运共同体"意识，显得尤为重要。

中国政府明确提出，海峡两岸中国人有责任共同终结两岸敌对的历史，竭力避免再出现骨肉同胞兵戎相见，双方可以适时就军事问题进行接触交流，探讨建立军事安全互信机制问题，以利于共同采取进一步稳定台海局势、减轻军事安全顾虑的措施。该评估报告认为，2008年以来，两岸退役将领开展了一些交流活动，对缓和两岸关系发挥了正面作用。然而，两岸建立军事安全互信机制还没有取得实质性突破。一个主要原因，就是两岸政治僵局的突破仍遇到多重阻力。

长期以来，中国政府多次强调"结束两岸敌对状态"。结束两岸敌对状态，不应仅仅是在军事上达成互信机制。海峡两岸基于"一个中国"框架实现政治上的互信应与军事安全互信机制的建立互相促进、并行不悖。而结束海峡两岸敌对状态要经过一个循序渐进的过程，一些相对容易的、敏感程度不高的措施可以先做，有些难度较大的措施则需在海峡两岸结束敌对状态谈判取得阶段性成果之后才有可能实施。双方也应创造条件和气氛就军事问题进行接触、交流，深化海峡两岸在非传统安全领域的合作，减轻海峡两岸关系和平发展过程中的军事安全顾虑。

该评估报告强调，台湾与美国军事关系有实质性发展，对台海和平稳定形成长期干扰。美国深知台湾在第一岛链的重要战略地位，不会轻易放弃这个西太平洋地区的前沿支点。美国将台湾定位为"非北约盟国"，不断强化美台军事一体化。马英九上台以来，美国始终对海峡两岸关系走得太近保持高度警惕，并多方面设置障碍。近年来，美军鼓动日本海空力量走近台海一线，部分承担监控台海局势的任务。美国的基本战略选择，就是平衡大陆军力发展，在海峡两岸之间营造一定均势，维持台海现状。未来若美继续对台售武，将对中美关系及海峡两岸关系造成严重损害。

**记者：** 该评估报告认为国际金融危机仍在持续发展蔓延，世界经济发展的不稳定性和不确定性突出，对此如何理解？中国经济发展面临哪些困难和挑战？

**陈舟：** 国际金融危机是西方国家经济和全球化条件下世界经济长期积累的各种矛盾的一次总爆发，具有明显长周期特征。世界主要发达国家目前所采取的应对措施没有触及其经济发展的内在性、根本性、制度性矛盾和问题，新兴经济体获得可持续增长的能力也存在较大的不确定性，这就表明全球经济复苏基础很不牢固，复苏进程仍面临多重困难。该评估报告在评估国际金融危机与中国经济发展的关系时指出，中国外部经济环境严峻复杂，面临西方转嫁危机和国际社会期待过高的双重压力。同时，经济社会转型期各种矛盾和问题凸显，影响中国经济可持续发展。

在国际金融危机背景下中国经济仍保持较快增长，占世界经济的比重从2008年的6.8%增加到2011年的约10%，已经发展成为世界第二大经济体、第二大贸易国和第一大外汇储备国，市场和消费潜能巨大，对外投资快速增长，在全球经济治理中的地位不断上升。然而，中国经济已经深度融入世界，2011年对外依存度高达50%，石油、铁矿石等战略资源对外依存度超过50%。国际金融危机持续发展对中国的影响日益凸显，外需持续走弱，2011年外贸出口增速从1月份的37.7%降至12月份的12.6%。一些国家在操纵本国货币贬值的同时，对中国设置贸易壁垒，施压人民币升值，诱压中国承担超过自身实力的国际责任。

该评估报告同时也指出，中国面临着继续深化改革开放，推动经济持续发展，扩大国际合作的难得机遇。中国不仅是世界工厂，也是世界市场，还是世界资本输出国。中国是世界上拥有完整工业体系的少数几个国家之一，特别是加工制造业发达，产出的多是人们离不开的消费品，即使在金融危机状态下市场需求也相对稳定。与西方发达国家虚拟经济膨胀、实体产业空洞化相比，金融危机凸显中国拥有完整工业体系的巨大优势，如果能在关键核心技术和先进装备制造方面取得突破，将会增加中国在国际市场上的产品定价权。

中国正处于经济社会转型期，面临保增长、调结构和防通胀的矛盾。受短期利益驱动和科学技术水平限制，推动经济结构调整和发展方式转型面临诸多阻碍和困难。经济增长的内生性动力不足，物价上涨的中长期压力依然存在，房地产信贷、民间借贷资金链断裂引发的金融风险和社会风险开始显现，贫富分化、分配不公仍未得到根本扭转。就业总量需求庞大与结构性矛盾并存格局更加复杂，就业难与招工难并存现象趋于常态化。中国已开始进入老年社会，人口老龄化问题给经济可持续发展带来现实考验和长期压力。改革步入深水区，解决体制性结构性矛盾，缓解不平衡、不协调、不可持续的问题更为迫切。

**记者：**近年来，世界海洋战略竞争不断升温，这种竞争主要表现在哪些地区及方面？中国维护海洋权益面临哪些挑战？近海尤其是南海的形势如何？

**陈舟：**应当说，世界海洋的竞争与合作都在发展。随着海洋开发的不断深入，21世纪将成为海洋的世纪，从陆地走向海洋是人类扩展生存和发展空间的基本路径。该评估报告专门设"世界海洋竞争与合作"一章，一方面强调在和平与发展为主题的时代条件下，各国对海洋的竞争日趋激烈、合作更加紧密，另一方面也指出中国维护海洋权益面临着诸多机遇和挑战。

从海洋竞争来看，世界各国纷纷制定政策和战略，发展海上力量，加强对海洋的争夺和开发利用，加紧对岛礁、专属经济区和大陆架的争夺控制。西太平洋正在成为21世纪世界海洋战略竞争的焦点地区，印度洋大国战略角逐日趋激烈，北极地区大陆架归属、专属经济区划界和航道控制权成为争夺焦点。

海洋是中国实现完全统一和长远发展的命脉所系，在中华民族复兴进程中占有越来越重要的地位。在海洋方向，中国面临着祖国统一、领土权益争端问题，一些国家对中国正常海上力量发展和正当海上行动也存在猜忌和防范。近海与中国最发达的沿海地区相连，是国家多重利益的聚集区，是联系外部世界和发展海外利益的桥梁。中国在三大近海与多个海上邻国存在权益争端，争议海域面积达150万平方公里，约占中国海域辖区的1/2。近年来，中国周边海洋战略竞争不断升温，黄海、东海、南海形势同时趋紧，三海局势的联动效应增强，特别是南海周边声索国频频采取行动，域外大国强势介入，南海问题日益呈现政治化、国际化的复杂态势。

中国在南海问题上的立场是一贯和明确的，中国对南海诸岛及其附近海域拥有无可争辩的主权。中国一贯从和平发展的国家战略和睦邻友好的周边外交政策出发，着眼维护地区和平稳定，致力于与有关当事国在尊重历史事实和国际法的基础上，通过直接谈判和友好协商，和平解决南海争议。事实证明，南海的航行自由和安全从来不是问题，没有因为南海争议受到任何影响。自20世纪70年代以来，中国就南海和东海有关问题多次提出"搁置争议、共同开发"的主张，先后与东盟有关国家和日本达成原则共识。当前，中国正在积极实施《南海及其周边海洋国际合作框架计划（2011—2015）》，落实《南海各方行为宣言》及其后续行动指针，加强务实合作，共同把南海、东海建设成为和平之海、友谊之海、合作之海。

该评估报告指出，中国作为最大发展中国家，一贯主张和平利用海洋，合作开发和保护海洋，公平解决海洋争端。为此，中国积极参与国际和地区海洋事务，推动海洋领域的合作与交流，认真履行自己承担的义务。30多年来，中国已与美国、法国、德国、西班牙、加拿大、印度、韩国、印度尼西亚、马来西亚等国签订了海洋科技、海洋环境、海洋渔业等多个协议，共同促进海洋开发和保护事业。在中国政府的倡议下，2011年11月亚太经济合作组织（APEC）海洋可持续发展中心在中国成立。

**记者：**怎样理解该评估报告所说的网络空间安全威胁越来越构成世界性挑战？它对维护中国综合安全具有什么样的影响？

**陈舟：**网络空间安全威胁越来越构成世界性挑战，已经成为国家综合安全的重要内容。这是该评估报告得出的一个重要结论。具体地说，网络空间正在历史性地塑造新的社会系统、权力结构、生产生活方式和价值观念。全球联网助推经济全球化向纵深演进，同时也带来国际金融危机快速传导扩散。互联网促进世界思想文化交流交锋交融，促使政治权力配置在政府、社会组织和个人之间寻求新的平衡，主权国家文化和社会管理难度空前上升。机械化时代以平台为中心的建军模式和作战形式，正在转向信息化时代以网络为中心的建军模式和作战形式。

托夫勒曾预言，谁掌握了信息，控制了网络，谁就将拥有整个世界。世界强国高度重视网络空间这一新兴全球公域，围绕网络空间发展权、主导权和控制权展开激烈角逐。全球网络空间国际规制的斗争持续升温，大国强国加紧构建网络空间战略体系，竞相推进网络空间军事力量建设，一些西方国家将网络作为国际政治斗争工具。放眼未来，网络空间国际战略竞争影响深远，将在很大程度上决定着21世纪国际战略力量的消长和大国的兴衰。

该评估报告在专章谈到网络空间安全时分析认为，中国作为发展中的信息大国，在享有网络化带来发展机遇的同时，也承受着与日俱增的网络空间安全压力，国际反华势力已经将网络作为遏制中国崛起的新抓手和关键着力点。维护国家网络空间安全，对于促进经济社会发展、确保国家长治久安、打赢信息化战争具有极为重要的战略意义。

网络化既给中国经济社会发展注入巨大活力，也带来日益严重的新型安全挑战。比如，网上意识形态斗争对政治安全和社会稳定影响巨大。一些国家横加指责中国限制网络自由，一再压中国加大网络开放度，实施网上西化、分化、丑化战略，网上渗透与反渗透、破坏与反破坏、颠覆与反颠覆的斗争复杂尖锐。又如，日益上升的网络依赖度使中国经济社会运行潜藏重大安全风险。网络化水平不断提升，但信息网络安全建设没有得到同步发展，信息网络安全监管缺乏有效手段，容灾备份和应急处置能力明显不足。薄弱的网络防御能力实际上为对手提供了实施新型战略威慑、控制和打击的可乘之机，而自主可控核心信息技术不足则成为根本隐患。

我军未来作战将面临复杂严峻的网络空间攻防对抗。近年来，信息网络已经成为军队提升基于信息系统体系作战能力的战略性基础设施。侦察预警、指挥控制、精确打击、投送机动、多维防护、综合保障等对信息网络的依赖度越来越大，这既是军队战斗力的倍增器，也在客观上增加了作战体系的脆弱性。未来强敌可能凭借网战技术优势，攻击军队核心信息网络，干扰、中断甚至"接管"指挥控制系统，使作战体系陷入指挥失灵。加快构建网络防御体系，提升网络空间攻防对抗能力，成为摆在我军面前的紧迫战略任务。

**记者：**世界军事发展主要有哪些新趋势？世界军事强国在发展高新武器装备方面有什么新特点？

**陈舟：**当今世界大战不起、小战不已，信息化战争向更高更成熟阶段演进，主要大国进入新一轮国家安全和军事战略调整期，加速推进新军事变革，竞相发展先进武器装备，国际军事竞争与合作进一步加强。这是该评估报告所提出的世界军事发展新趋势的几个重要方面。特别需要指出的是，局部战争和武装冲突在数量上呈明显上升趋势。1990年至1999年世界新发生的局部战争和武装冲突平均每年9.2起，21世纪头10年则增加到平均每年14.7起。这些局部战争和武装冲突主要集中于朝鲜半岛、东南亚、南亚、高加索、中东和非洲这一不稳定的弧形地带。

从信息化战争发展的趋势上看，就是信息化维度上的精确、可控、智能与机械化维度上的更远、更快、更强紧密结合，基于信息系统的陆海、海空、空地、空天、网电等多维一体的中远程精确打击成为战争主导样式。军事强国把立体电子干扰压制、隐形超视距攻击、导弹防区外精确打击、飞机超高度临空袭击和特种作战、网络攻击等作战样式作为达成战争目的基本手段，以压倒性优势在战争中频频得手。同时，采用信息、智能、纳米、微型机械等技术的无人作战系统，采用隐形、致盲、干扰、变轨等技术的"侦察—打击"兵器，在军事行动中发挥越来越突出的作用。

世界主要大国加快战略调整步伐，国际军事竞争进入新阶段。美军提出"空海一体战"构想和"均衡建军"思想，保持其在全球军事格局中的超强优势地位。北约已从原来的防卫组织逐步向扩张性、进攻性组织转变，其职能和防务范围正向全球扩展。俄罗斯推进"武装力量新面貌"改革，实行从大战动员型向机动常备型转变。日本提出"多层次合作"安全保障战略，由"静态威慑"向"动态威慑"转变，战略重心转向"西南地区"。印度推进"东进政策"，强调"由陆上防务向海上防务转变"，建设"灵活、机动、网络化并具有强大力量投送能力的军队"。

军事强国加速发展高新武器装备，与发展中国家军事技术对比形成新差距。美、俄、印、日等国进入新一轮武器装备更新发展周期，纷纷保持和加大武器装备建设投入力度，综合利用多领域高新技术，重点发展远程打击、反导反卫、战略投送等武器系统，开发新概念新机理武器，持续提升武器装备智能化、隐形化、精确化、远程化水平。信息技术、网络技术、智能技术、光电技术和新材料技术、新机械技术等高技术迅猛发展，为大幅提高武器装备技战术性能提供了重要途径，成为军事强国保持和拉大与其他国家军事技术"代差"优势的主要抓手和竞争焦点。

**记者：**面对世界纷繁复杂的变化，我们应当如何从总体上把握国家安全环境的基本特征？

**陈舟：**还是列宁讲的，要用全面、发展、实践和具体的观点来看问题。中国正处于和平崛起的关键阶段，改革开放攻坚期、社会矛盾凸显期、对外关系磨合期与亚太格局和国际体系转型期高度重合，内外问题密切联动，这是新中国成立以来没有的，也是其他大国少有的。未来中国面临的现实和潜在安全挑战是复杂严峻的，我们始终要有强烈的忧患意识，要保持高度警惕。但是，又要始终坚持马克思主义的历史辩证法，看清我国和平发展的机遇还是大于挑战，希望仍然多于困难。《战略评估2011》报告开篇就说，中国经济在国际金融危机背景下实现较快发展，综合国力稳步提升，改革发展稳定的大局得以维护，两岸关系和平发展的势头继续推进，外部安全环境总体稳定，仍处于发展黄金期和重要战略机遇期。中国的基本安全态势尚未发生根本性变化，对世界特别是周边的影响力在日益扩大，对特定事态的主导力在不断增强，对战争的遏制力持续上升。只要我们科学判断形势，全面把握当今世界发展变化带来的机遇和挑战，坚持和平发展，继续深化改革开放，按照冷静观察、沉着应对的方针处理一切国际事务，就一定能够走出一条与其他大国不同、与历史陈规不同、具有世界意义的复兴之路。

# 全球战略形势的划时代变化[①]

## ——2011 年全球战略形势评估

世界保持总体和平稳定的基本态势，世界多极化、经济全球化、社会信息化不可阻挡，和平、发展、合作的时代潮流更加浩荡。全球战略形势正在发生划时代的深刻复杂变化，国际战略竞争日趋激烈，传统与非传统安全威胁交织互动，世界和平发展面临的难题和挑战增多。亚太格局正经历第二次世界大战以来最深刻调整，战略力量重新分化组合，新兴大国群体性崛起，亚洲经济成为拉动世界经济的主引擎，亚洲地区成为国际安全的焦点和大国地缘角逐的主战场。中国经济在国际金融危机背景下实现较快发展，综合国力稳步提升，仍处于发展黄金期和重要战略机遇期。但也要看到，中国正处于和平发展关键阶段，改革开放攻坚期、社会矛盾凸显期、对外关系磨合期与亚太格局和国际体系转型期高度重叠，内外问题密切联动，维护主权、安全、发展利益的复杂性和艰巨性明显增大。

## 一、国际力量消长加快，大国围绕战略再平衡展开新博弈

国际政治经济发展的不平衡，决定了国际力量消长是人类历史的必然和常态。当今国际格局最重大的变化趋势，就是发达国家实力相对下降，新兴国家群体性崛起。虽然"一超多强"的总格局尚未根本动摇，国际战略力量对比的"拐点"尚未来临，但多极化前景更加明朗，大国关系面临深刻复杂调整。以单极主导为基本特征的国际体系旧平衡正在被打破，以

---

[①] 本文为作者参与一项重点研究课题而撰写。原载军事科学院国防政策研究中心：《战略评估 2011》，军事科学出版社，2013 年。邓红洲、熊玉祥参加了修改讨论。

多极共治为发展取向的国际体系新平衡尚未建立起来。大国之间利益重心和目标追求渐显差异，围绕战略再平衡的博弈日益激烈，新老大国之间、新兴大国之间交织互动频繁，既有基于传统联盟政策的合纵连横，同时议题式的临时抱团现象也明显增强。

美国经过20年战略扩张、10年反恐战争、4年金融危机，陷入冷战结束以来的严重困境。其GDP从2001年占世界31.8％下降至2011年的23％以下，债务占GDP的比例从2001年的57.1％上升至2011年的98.7％，接近15万亿美元，财政赤字连续4年超过1万亿美元，实体经济回升乏力，新经济增长点未成气候，体制性缺陷难以克服。美国靠举债维持庞大财政开支、在全球范围强势扩张的道路难以为继，主导国际体系、操控国际事务的战略能力有所下降。与此同时，新兴市场国家和发展中国家迅速成长。21世纪头10年，发达国家平均经济增长率不足2％，新兴国家平均经济增长率接近7％，中国的平均经济增长率则超过10％。"金砖四国"对全球经济增长的贡献率，由20世纪最后10年的16％上升到21世纪头10年的30％。而同期西方七国集团对世界经济增长的贡献率则从70％下降到40％。中国GDP从2008年相当于美国GDP的31.6％，迅速上升到2011年的49％。近代以来大国兴衰规律表明，经济发展速度的差异是引发大国力量消长进而改变国际格局的决定性因素。

适应力量消长加快的客观趋势，在新一轮再平衡中谋求战略收益最大化，成为当前及未来一个时期大国博弈的主题。这种博弈的动因是霸权国与崛起国之间的结构性矛盾，本质是围绕国际体系内经济、政治和安全新秩序的斗争，表现是国际体系内力量板块的重新分化组合、权力的再转移和再配置。相对于近代大国博弈，此轮博弈呈现新的特点：博弈的地缘中心从大西洋—欧洲历史性地转移到太平洋—亚洲地区；博弈的主要方式具有非零和性，利益的深度相互依存决定了霸权国不会轻易对崛起国全面动用武力，新兴大国也普遍选择走体系内和平崛起的道路，各大国之间既存在激烈的战略竞争，同时在应对共同威胁、追求共同利益方面的合作也在不断拓展；中国、印度、巴西、南非、印度尼西亚、墨西哥、土耳其等近代以来远离国际体系权力中心的大国，历史性地成为地区乃至全球博弈大棋局中的重要棋手。大国博弈的主要领域包括：

一是围绕全球经济治理机制的国际规制权竞争。2008年以来持续发酵的国际金融危机，充分暴露了第二次世界大战后建立起来的国际金融体系和经济运行规则的深层次矛盾和弊端，改革全球经济治理机制既是新兴国家的呼声，也成为西方发达国家摆脱危机的必由之路。美元占全球外汇储备85%以上的时代已成"昨天的故事"，G7扩展为G20，金砖国家在全球经济治理话语权问题上政策立场协调程度明显加强，世界银行和国际货币基金组织将更多投票权份额和执行董事席位给予新兴大国和发展中国家，世界银行转移3.13%的投票权，国际货币基金组织转移的投票权超过6%。此外，发达国家与发展中国家在气候变化议题上争夺新秩序话语权，在新能源开发上争夺新标准话语权的斗争也十分激烈。以美国为首的西方发达国家，在危机重压下不得不将国际经济规制权向新兴市场国家、广大发展中国家作出一定程度的让渡，并在今后继续让渡。这种让渡还可能从国际经济领域向国际政治领域扩散。

二是围绕战略要地和战略新疆域的国际地缘政治竞争。历史地看，两次世界大战主要是围绕欧亚大陆中心地带的地缘政治竞争，冷战时代主要是围绕欧亚大陆边缘地带的地缘政治竞争，冷战后美国经过海湾战争、科索沃战争、阿富汗战争和伊拉克战争，控制了欧亚大陆南部边缘特别是中东地区的众多战略支点，从而实现了从东、南、西三面对欧亚大陆的地缘瞰制。当前和未来一个时期，亚太和大中东地区是全球地缘政治竞争的重心所在，西亚北非局势尚未尘埃落定，围绕伊朗、叙利亚的战略博弈正在加剧，大国在亚太的战略调整和部署加快推进，大国在亚太的竞争影响更加深远并且更具关键意义。同时，世界地缘战略竞争正在向海洋、太空、网络、极地等空间扩展延伸，这些战略新疆域既是资源的富集地，也是联通全球的纽带，还是掌握未来、威慑和打击对手的战略制高点。战略新疆域主导权的得失，很大程度上关乎21世纪大国兴衰成败。在一个或数个战略新疆域占有优势地位，成为一些国家的战略追求。

三是围绕发展与安全的地区事务主导权竞争。美国通过战略调整和"巧实力"外交，继续强化对亚太、中东等重点地区的主导权。俄罗斯提出"欧亚联盟"的宏大构想，巩固在独联体范围的主导地位。欧盟主要国家借助北约新战略，谋求在传统"防区"外扩大影响，积极介入西亚、北非、中亚等地区事务。日本以美日同盟新指针为导向，追求扩大在亚太地区事务上的影响力。印度借助"美印全球战略伙伴关系"，积极谋求在南亚次大陆和印度洋地区的主导权。东盟加快推进区域一体化进程，加大地区安全合作力度，并试图在大国之间寻求战略平衡。阿盟努力增强在阿拉伯世界的影响力，试图在解决西亚北非乱局中扮演重要角色。非盟在加快非洲经济一体化与和平进程中，发挥着越来越大的作用。拉美国家随着自身实力增强，独立自主意识不断上升，力图依靠自身力量主导本地区一体化进程。世界主要大国与地区强国、地区强国之间，既互有需求也相互矛盾，借重中有牵制，合作中有防范，呈现错综复杂的联动态势，地区事务主导权之争往往波及全球范围，引发更加广泛更加复杂的博弈斗争。

## 二、世界经济复苏曲折艰难，全球经济格局酝酿新变化

冷战后经济全球化浪潮高涨，极大地促进了世界经济发展。商品、能源、技术、信息特别是资本在全球范围内自由流动和配置，带来了新的发展机遇，加深了各国经济的相互联系和相互依赖，国与国、地区与地区的

共同利益增多。世界性联系的空前紧密,主要大国利益的深度依存,颠覆了过去国家间那种阵线森严、敌友分明的关系,呈现竞争中有合作、斗争中有妥协的态势,对大国之间的全面对抗形成了强有力的制约,给在工业时代落后的国家以和平竞争方式实现赶超提供了机遇,为以合作共赢方式拓展国家利益开辟了新途径。但也要看到,经济全球化是一把双刃剑。它在推动生产力发展的同时,也加剧了世界发展不平衡的矛盾,给世界带来新的不安全和不稳定。国际金融危机的持续发展,暴露了资本主义经济体制长期积累的深层次弊端,也暴露了经济全球化条件下世界经济长期积累的深层次矛盾。

2008年国际金融危机爆发后,经过各国共同努力,世界经济出现了短暂复苏,但2011年增长速度再次放慢,经济下行风险明显加大,复苏的不稳定性、不确定性上升。根据世界银行数据,世界生产总值的实际增长率2010年为4.1%,2011年仅为2.7%左右。发达国家经济增长下滑,国内生产总值实际增长率2010年为2.8%,2011年下降到1.4%左右。美国经济增速从2010年的3%下降到2011年的1.7%,欧元区经济增速从2010年的1.7%下降到2011年的1.6%,日本经济增速从2010年的4.5%下降到2011年的-0.9%。国际金融市场剧烈动荡,欧洲主权债务危机不断升级,发展中国家股票市场的价格下跌15.6%,净流入发展中国家的私人资金总额从2010年的10555亿美元收缩为2011年的9544亿美元。国际贸易增速从2010年的12.4%下降为2011年的6.6%。2008年以来全球失业人数增加了约2700万人,失业人员总数达到2亿人左右。

新兴经济体在世界经济中的地位提升,但经济增速有所放缓。2011年新兴与发展中经济体产出增长率为6.4%,虽同比下降0.9个百分点,但仍远高于发达经济体。2011年,巴西经济增长率为2.9%,印度经济增长率为6.6%左右,俄罗斯经济增长率为4.0%左右,南非经济增长率为3.0%,中国经济增长率为9.2%。随着21世纪以来中国、印度经济的高速增长，以及与其他东亚经济体的贸易量超过与欧美的贸易量，世界经济重心继续加快从欧美转向亚洲。近一段时期主要新兴经济体面临通货膨胀和外需减弱的双重压力，经济增长出现了放缓趋势。但新兴经济体增长的长期动力没有发生变化，有望继续保持稳健的增长态势。

世界经济格局正在发生深刻变化，酝酿新的调整和突破。美国、欧元区国家（地区）、日本和新兴市场国家等四大主要经济体发展都遭遇困难，显示世界经济体系的一些结构性矛盾短期内难以解决。全球市场需求低迷可能将延续较长时间，发达国家因财政状况恶化、货币政策效果减弱，进一步运用扩张政策提振经济的空间缩小，主要发达国家陷入经济停滞。新兴市场国家和发展中国家虽有扩大内需的空间，但通胀压力下实施宽松财政货币政策受限，难以迅速弥补外需萎缩的缺口。全球传统产业产能过剩，新兴产业发展尚难成气候，各种形式的保护主义抬头，新兴市场国家同发达国家之间、各主要经济体之间及主要经济体同发展中国家之间的经济摩擦和矛盾日益增多。主要国家加快新一轮全球能源资源创新和布局，各国围绕能源资源问题的竞争将更加突出。由于各方利益特别是主要大国利益牵制，国际货币体系改革将经历一个艰难曲折的过程。

国际金融危机暴露出经济全球化与全球经济治理机制间的深刻矛盾。发展是人类社会永恒的主题，经济全球化不会因国际金融危机而停止。尽管充满矛盾斗争、利益冲突，但各国为实现自身发展，人类为达成共同繁荣，就需要解决当今全球经济治理机制的种种弊端，探讨改革全球经济治理。各国要调整本国经济政策，改变经济发展模式，寻找新的经济增长点。发达国家纷纷谋划经济结构的深度调整，加速发展新兴产业和实施以先进制造业为核心的"再工业化"，力图抢占未来科技和产业发展制高点。发展中国家也加大科技投入，加速发展具有比较优势的产业和技术，谋求实现跨越式发展。国际经济结构和产业布局面临新的重大调整，科学技术孕育着新的创新突破，全球治理机制改革要求更加强烈，新兴市场国家和发展中国家更加积极参与全球治理。各国经济发展方式创新、全球经济治理机制改革，正在成为全球经济领域的焦点、难点和重点。

### 三、社会信息化迅猛发展，传统的治理模式和战争形态面临新挑战

信息化是当今世界发展的一大趋势。人类社会正以前所未有的力度，充分利用信息技术，开发信息资源，促进信息交流和知识共享，提高经济增长质量，推动经济社会发展转型的历史进程。信息技术孕育着新的重大突破，信息资源日益成为重要生产要素、无形资产和社会财富。信息化与经济全球化相互交织，推动着全球产业分工深化和经济结构调整，重塑着全球经济竞争格局。信息网络更加普及并日趋整合，互联网加剧了各种思想文化的相互激荡，成为信息传播和知识扩散的新载体。围绕全球网络空间主导权的斗争持续升温，大国强国加紧构建网络空间战略体系，竞相推进网络空间军事力量建设。一些发达国家力图继续保持网络空间技术领先优势，主导制定网络空间国际规则，并运用互联网开展国际政治斗争，实施文化思想渗透输出，甚至筹划运用网络战达成战略目的。

信息化深度影响社会生活，社会政治风潮借助信息流动席卷全球，社会矛盾动荡的跨国传导性显著增强。信息网络技术的突飞猛进和普遍应用，使现实社会和虚拟社会日益交融交织、互联互动，社会组织动员模式发生重大变化，传统的社会治理模式愈显被动无力。欧美受金融危机及后发效应影响出现社会动荡，多国爆发大规模反紧缩政策罢工示威，一些新兴国家爆发大规模街头示威及罢工，西亚北非地区长期积蓄的社会矛盾在金融危机冲击下迅速引爆。在此轮遍及全球的社会政治风潮中，互联网特别是脸书、推特等社交媒体网络起到了广泛联络、快速动员、引导舆论的重要

作用。这轮全球社会政治风潮既非传统的革命斗争，也非传统的社会骚乱，具有强大的联动性和破坏性，深刻反映出传统社会治理模式已不适应信息网络化时代社会管理的新特点新要求。动荡自下而上、自小而大形成，短时间内跨国跨地区蔓延发酵，大多没有明确纲领，没有具有号召力的领袖人物，没有严密的传统组织形式，靠信息网络进行联络调控、聚众示威，宣示"改善民生、推进民主"的草根诉求，与外部势力保持实时互动，造成内外呼应、以乱求变之势，互联网成为主要的宣传、动员和组织平台。

网络空间安全的重要性与日俱增，成为国际社会共同面临的重大挑战。世界各国纷纷采取措施加强网络空间治理，维护网络空间安全。国际社会逐渐达成共识，开展国际合作是维护网络空间安全的重要途径，网络空间治理开始纳入国际议事日程。但网络空间国家主权难以界定，各国法律规定差别较大，对网络安全内涵认识理解不同。美国、欧洲、俄罗斯纷纷推出各自网络管理模式，管理模式之争凸显未来信息规则的主导权之争。一些西方发达国家在维护网络安全问题上采取双重标准，借口网络自由干涉发展中国家内政。俄罗斯、中国、印度、巴西等新兴国家积极维护本国网络空间主权，推动网络空间治理的国际合作，为建立平等、开放、有序的全球网络空间格局作出积极努力。2011年9月，中国、俄罗斯等国在第66届联大会议上提出《信息安全国际行为准则》，主张各国不应利用包括网络在内的信息通信技术实施敌对行为、侵略行径和制造对国际和平与安全的威胁；强调各国有责任和权利保护本国信息和网络空间及关键信息和网络基础设施免受威胁、干扰和攻击破坏；呼吁建立多边、透明和民主的互联网国际管理机制，充分尊重在遵守各国法律前提下信息和网络空间的权利和自由，帮助发展中国家发展信息和网络技术，合作打击网络犯罪。

信息化是世界新军事变革的核心内容，信息化战争形态正在向更高阶段演进。网络空间成为与陆、海、空、天并列的第五维战场空间，网络作战力量建设成为各国军力发展的重要增长点，制网权成为赢得战略主动权的前提、基础和关键。2012年1月，美国国防部发布题为"维持美国全球领导地位：21世纪的防务重点"的防务战略指南，明确提出要采取措施在网络化战争中推进军队建设，建立一支全球、联网和全频谱联合部队。其目的是要在金融危机延续、国防开支缩减的战略背景下，借用信息网络技术优势，塑造更精干、更灵敏、更易于部署的军事力量。俄军将网络战争称为"第六代战争"，认为"网络已经成为可以直接毁伤敌人的强大手段"。

### 四、各类安全威胁交织联动，国际安全在总体和平中出现新变数

国际安全形势继续发生深刻复杂变化，总体和平稳定，局部动荡加剧，战略竞争升温，各种挑战增多。"阿拉伯之春"、利比亚战争、伊核危机、南海争端、亚太地区军演、日俄"南千岛群岛"（日方称"北方四岛"）之争、日本福岛核泄漏等危机事态迭起，呈现热点增多、燃点降低的新特点。传统安全威胁不降反升，非传统安全威胁不减反增，多种安全威胁交织互动，传导叠加效应明显。

进入21世纪以来，领土主权争端、民族宗教冲突等引发的局部战争和武装冲突接连发生，一些地区军事对抗呈现紧张态势。西方在经济衰退背景下依然通过对外军事干预谋取战略利益，霸权主义和强权政治导致的战争威胁依然存在。2011年利比亚战争推翻了卡扎菲政权，这是西方塑造地缘战略新格局的一次重大行动。这次战争凸显了西方干涉主义的新发展：外战与内乱相结合，利用目标国的内部矛盾扩大动乱；扩大对联合国决议条文的解释，诱导国际社会，取得军事干涉的"合法性"；美国由台前转向幕后，英法等北约盟国冲在一线，联合干涉、分工协调、风险共担的特点更加显著；北约首次在非洲实施大规模军事行动，具有网电一体先行、空中打击为主、特种力量渗透、舆论心理掌控的特点。北约在利比亚的军事

胜利，可能促使其降低军事干涉别国内政的门槛。目前，叙利亚局势动荡不定，伊朗核危机阴云密布，苏丹、乍得等国内战仍未停歇，巴以争端随着巴勒斯坦加入联合国教科文组织更为紧张，英阿马岛问题在沉寂多年之后再起波澜，朝鲜半岛军事对峙仍未有效缓解，亚太地区军备竞争有所升温，南亚、东南亚、中东地区部分国家军购力度、规模显著上升。

国际反恐形势不容乐观，反恐斗争依然任重道远。美国在阿富汗的10年反恐战争远未达到预期目的。随着北约加快撤军步伐，塔利班、基地组织的袭击活动可能反弹。据美国国家反恐中心统计，2011年上半年，全球共发生5420起恐怖袭击，死亡6400人。发生恐怖袭击次数排在前5位的国家依次为阿富汗、伊拉克、巴基斯坦、印度和索马里。国际恐怖主义出现一些新迹象，正向全球化、长期化和本土化发展，特别是在金融危机背景下，欧美一些国家的本土恐怖威胁有所上升。网络恐怖主义的威胁正在上升，成为影响国际安全的重要因素。2011年海盗袭击数量再次刷新纪录，亚丁湾、几内亚湾、马六甲海峡等海域的海盗袭击事件大幅上升。

核裁军进程取得新进展，核扩散形势依然严峻，核安全问题凸显。2011年2月，美俄签署的《削减和限制进攻性战略武器条约》生效。截至11月底，美国战略核弹头数量减为1790枚，轰炸机和弹道导弹发射平台数量减为1043个。俄罗斯战略核弹头减为1566枚，轰炸机和导弹发射平台数量减为871个。核大国仍在继续提高核武器质量和实战化水平。2011年，美国国会批准的相关核武器预算比2010年增加7%左右，核安全局活动的预算经费增加近10%。2011年初，俄罗斯宣布将在10年内更新几乎全部战略核力量。普京于2012年2月在《俄罗斯报》撰文指出，未来10年俄军将装备400多枚现代化陆基和海基洲际弹道导弹、8艘战略导弹潜艇。英、法也积极发展新型核作战平台，印、巴等国加紧研制远程运载工具。全球核扩散形势仍在加剧。一些国家千方百计引进核技术，获取核材料，企图通过拥核维护自身安全，提升国际地位。在利比亚战争中，西方摧毁了自己塑造的"弃核"样板，给国际社会防核扩散努力蒙上了阴影。朝鲜核问题仍未从根本上打破僵局，伊朗核问题又趋激化。国际恐怖组织企图通过地下核交易、非法窃取等方式取得核武器。2011年核安全问题受到高度关注。日本因海啸发生福岛核电站泄漏事故，造成大面积核污染，引发了世界对核能安全的普遍担忧和反思。日本政府宣称将重新检讨日本的核能发展计划，德国政府宣布将不再发展核电站，很多国家也相继表示将慎重考虑核能发展计划。

重大自然灾害频发，危及人类社会的安全和发展。2011年全球自然灾害损失至少3800亿美元，创历史新高。日本地震海啸、北半球极寒天气、南亚和东南亚洪灾、非洲粮食危机等灾害，对所在国及地区人民的生命、财产安全和基础设施造成重创。这些重大灾害的突发性、传导性、联动性较强，灾害叠加效应明显，往往超出凭一国之力单独应对的范围，凸显了全球合作共同应对重大灾害的必要性与紧迫性。全球气候变暖使人类的生存环境越来越恶劣。2011年12月德班会议上，38个发达国家作出有法律约束力的减排承诺，同意开启新一轮气候谈判。

# 反导：合作还是对峙①

20世纪末21世纪初，美国执意发展国家导弹防御系统，并最终退出《反导条约》。包括中俄在内的广大国际社会都表明了不赞成有关导弹防御计划的立场，联合国大会也曾多次通过反导问题决议，呼吁有关国家停止导弹防御计划。21世纪以来，围绕导弹防御问题的争议仍是影响国际安全和有关国家双边关系的重要因素。2010年2月，美国发布首份《弹道导弹防御评估报告》，决定在欧洲分阶段扩大部署并逐步升级战区反导系统，最终形成拦截洲际弹道导弹的能力。2012年3月，美国又提出将按照欧洲反导系统模式，依托美日韩、美日澳两个三边对话机制，分阶段建立亚太反导系统。美国及北约在欧洲的导弹防御计划已经受到俄罗斯的强烈批评，成为影响美国及北约与俄罗斯关系的重大障碍。将导弹防御系统引入东北亚地区，损害了国家间互信和地区安全，中国同样是不赞成的。

历史和现实表明，导弹防御问题对大国关系、全球战略平衡与稳定、国际和平与安全、军控与裁军进程都有着深刻、长远的影响。

第一，发展破坏全球战略平衡与稳定的导弹防御计划，必然恶化全球安全环境。从"星球大战"到"国家导弹防御计划""战区导弹防御计划"，从"导弹防御计划"到"东欧导弹防御计划""欧洲导弹防御计划"，美国一直将导弹防御系统建设作为打破全球战略平衡的有效手段之一。美国宣称，当前在欧洲、亚洲和中东建立导弹防御系统的目的是应对来自伊朗、朝鲜的威胁。但从技术上看，世界上真正拥有洲际弹道导弹能力的国家十

---

① 本文为作者参加2012年5月莫斯科"新安全空间构建中的反导因素"国际会议提交的发言稿，选入本书时略有删节。

分有限，其中包括联合国 5 个常任理事国。相关国家夸大所谓地区导弹威胁，盲目发展超出国家国土防御实际需求的反导系统，其实质仍是谋求单方面军事和安全优势。导弹防御计划的发展一旦破坏大国关系稳定、全球战略平衡，必然使国际关系处于不安全和不确定状态。同时，也将严重损害大国间的互信，影响它们在国际事务中的协调与合作。

第二，发展和部署严重损害地区力量平衡的导弹防御系统，必然直接破坏地区安全与稳定。在欧洲、亚太地区发展和部署有损他国安全利益的导弹防御系统，将导致建立和加强封闭性的军事、政治集团，加剧地区国家间力量失衡，挑起地区国家对立，恶化地区安全环境。北约与俄罗斯在战区导弹防御领域一直保持合作，曾于 2004 年至 2008 年进行过 4 次导弹防御演习。然而，双方的合作后因北约自 2010 年起在欧洲部署导弹防御系统而受到影响。近期朝鲜发射卫星失败，再次证明朝鲜的导弹威胁是被夸大的，能力是被高估的，以此作为发展亚太反导系统的借口，是不能令人信服的。

美国的亚太反导计划是其新亚太战略的重要组成部分，给亚太地区的和平、安全与稳定带来严重的消极影响，为有关地区问题的解决增添复杂因素。一是恶化了亚太地区的安全环境。近几年的现实表明，"以实力胁迫、以威胁遏止"的策略不能奏效。美亚太反导系统将全面提高美日等军事同盟的整体攻防水平，地区政治与安全形势将出现更多复杂因素，可能会进一步加剧相关地区不稳定局势。二是加大了地区军事冲突的风险。美以朝、伊为由不断扩大反导系统的规模，使有关国家丧失安全感，引发强烈不满和反弹，刺激其进一步谋求提高导弹打击能力和核武器能力。三是损害了中国维护统一的任务。2008 年以来，海峡两岸关系和平发展局面初步形成，但"台独"的社会基础没有根本改变，美亚太反导系统特别是向台湾出售反导系统，对"台独"势力发出了错误信号，严重影响两岸的和平统一。

第三，发展破坏全球战略平衡与稳定的导弹防御计划将阻碍核裁军与防扩散进程，甚至引发新一轮军备竞赛。全球战略平衡与稳定是国际军控与裁军进程取得进展的前提和条件。这种平衡一旦被打破，军控与裁军进程将陷于停滞，甚至逆转。随着导弹防御计划的进一步推进，美俄新核裁军条约的维系正面临严峻挑战，而战略力量失衡还将孕育更高水平上军备竞赛的危险，不断推进的导弹防御系统将有可能把军备竞赛引向外空。一些国家表示发展导弹防御系统是针对扩散问题。我们认为，这恰恰给通过政治和外交手段处理防扩散问题增添了复杂因素。

当今世界安全威胁的综合性、复杂性、多变性日益明显，国际战略竞争日趋激烈，传统与非传统安全威胁交织互动。面对复杂多样的安全挑战，任何国家都无法独善其身，也不能单独应对。导弹防御问题的历史已经证明，对抗不能解决问题，军备竞赛也不能解决问题，最终还是要通过对话与合作。各国既要考虑本国安全利益，又要尊重别国安全关切，要遵循维护全球战略稳定和各国安全不受减损原则。要标本兼治、综合治理，从根源上防止大规模杀伤性武器扩散，通过对话和谈判和平解决扩散问题。中国坚持综合安全、合作安全、共同安全的理念，奉行互信、互利、平等、协作的新安全观，与世界各国共同营造和平稳定、平等互信、合作共赢的国际安全环境。

# 网络空间国际战略博弈日趋激烈<sup>①</sup>

托夫勒曾预言，谁掌握了信息、控制了网络，谁就将拥有整个世界。近年来，世界强国高度重视网络空间这一新兴全球公域，围绕网络空间发展权、主导权和控制权展开激烈角逐。美国声称要像拥有核优势那样拥有对网络空间的控制，奥巴马政府把扩大网络空间优势作为巩固美国"全球领导地位"的重要举措。在美国带动刺激下，俄、英、法、印、日、德、韩等国纷纷跟进，将网络空间安全提升至国家战略层面，全面推进相关制度创设、力量创建和技术创新，试图在塑造全球网络空间新格局进程中抢占有利位置。放眼未来，网络空间国际战略竞争影响深远，堪比19世纪的海洋竞争、20世纪50年代的核竞争和80年代的空间竞争，将在很大程度上决定着21世纪国际战略力量的消长和大国的兴衰。

## 围绕全球网络空间主导权的争夺持续升温

美国把网络空间视为21世纪必须重点掌控的全球新兴公域，借以维护和巩固美国的全球霸权。2011年5月，白宫发布首份关于全球网络空间建设的纲领性文件——《网络空间国际战略》，提出建设未来网络空间的总体目标，即"建立一个开放、共享、安全和可靠的网络世界，以支持国际商业贸易，加强全球安全，促进言论自由和技术创新"；提出尊重基本自由，尊重知识产权，保护互联网用户隐私，打击网络犯罪，针对网络入侵进行自卫，加强合作与互联网的互操作，保证信息在国内与国际网络内的自由

---

① 本文为作者与邓红洲合写。原载《学习时报》，2012年7月30日。

流通，保证个人接入互联网和获取相关网络技术；各国对互联网实施共管共治，各国确保国家信息基础设施不受侵害等网络空间十大行为规则；提出国内加强政府、军队和私营部门之间的合作，国际上加强双边、多边合作，强化包括国际组织在内的各利益攸关方的关系，共同营造有利的网络空间环境，抵制、威慑和劝阻破坏网络空间行为，保留在必要时使用武力等一切手段的权利。这一战略凸显了美国谋求全球网络空间霸权的意图，企图通过主导制定网络空间国际规则来控制国际网络事务，把其他国家网络空间政策纳入美国的轨道。

随着全球网络空间重要性日益凸显，俄罗斯、欧盟、日本以及众多新兴国家或地区也纷纷要求分享全球网络空间国际规制权和话语权，网络空间安全已成为国际双边和多边会议中必不可少的重要议题。美国与欧盟通过双边磋商，同意就网络战争和网络安全问题在联合国裁军和国际安全委员会进行谈判，标志着美欧网络空间安全合作迈出了实质性步伐。2011年9月，俄罗斯邀请52国情报与安全机构首脑聚会叶卡捷琳堡，讨论俄政府起草的《联合国确保国际信息安全公约草案》，主张禁止将互联网用于军事目的，禁止利用互联网推翻他国政权，同时各国政府可在本国网络内自由行动。可以预见，国际社会关于全球网络空间主导权的博弈斗争将更趋复杂尖锐。

**大国强国加紧构建网络空间战略体系**

美国早在2003年就发布了《网络空间安全国家战略》，把网络空间安全提到国家安全的高度；2006年发布《联邦网络空间安全及信息保护研究与发展计划》，确定了14个技术优先研究领域；2008年以第54号总统令的形式，出台了被称为信息安全"曼哈顿计划"的《国家网络安全综合计划》，依据这一战略文件在白宫设立网络安全协调官，组建网络安全办公室；2010年发布《美国国土安全部科学技术发展重点》，将网络安全技术排在12项重点技术的首位；2011年颁布《网络空间行动战略》，从作战概念、防御策略、国内协作、国际联盟以及人才培养和技术创新五个方面明确了美军网络空间行动的方向和准则。这表明，美国已基本形成包括国家和军队两个层次的网络空间战略体系，对网络空间力量发展和运用的顶层设计、统筹规划已基本到位。

俄罗斯早在1995年就制定了《信息、信息化和信息网络保护法》，随后又颁布了一系列相关法规文件，阐明了俄在信息网络安全方面的立场、观点和方针，提出了在信息网络领域维护国家利益的手段措施。加拿大2004年制定《国家关键基础设施保护战略》，提出构建一个集安全防护、应急管理于一体的网络空间安全管理框架。德国2005年出台《信息基础设施保护计划》和《关键基础设施保护的基线概念》，对国家网络空间安全进行了全面界定和评估。法国2008年发布《网络防御与国家安全》专题报告，总理办公室提出了《强化信息系统国家安全计划》。英国2009年成立网络安全办公室和网络安全运作中心，并发布《英国网络安全战略》，强调把网络空间安全视为国家安全的重要组成部分，作为国家安全政策和战略来执行。此外，日本、意大利、澳大利亚、以色列等国也都组建了网络空间相关管理机构，出台了网络空间相关战略文件。

### 大国强国竞相推进网络空间军事力量建设

美国将发展网络空间作战能力作为继续保持强大军力优势的重大战略举措。美国国防部2010年颁布的《四年防务评估报告》，将"有效遂行网络空间作战"列为军力发展的五大任务之一，强调从制定更加全面的网络空间作战行动方法、深度开发网络专业技术与知识、统一行使网络空间行动指挥权、加强国内国际合作等方面着手，加紧提升网络空间行动能力。

2011年美国发布的《国家军事战略报告》，首次将应对网络安全威胁单列为一项重要的军事战略任务，要求"联合部队能够确保军事网络的安全，具备探测、威慑、阻止和多层防御功能"。2012年美国新防务战略指南文件，也将网络空间能力列为优先发展、重点保障的六大能力之一。美军早在20世纪90年代就着手开始发展网络空间作战专业力量，1995年美国国防大学培养出16名第一代"网络战士"，1996年美海军组建网络战司令部，1999年美空军航天司令部组建网络特遣部队，2004年美国防部组建网络攻击支援参谋处，2007年美空军组建网络空间司令部，2009年美军在战略司令部之下组建网络空间司令部，负责加强对各军种网络作战力量的统一筹划和指挥。目前，美军网络空间作战相关力量有8万～9万人，有1.5万个计算机网络连接着全球4000多个军事设施。美军计划建立全面的网络防御体系，到2020年形成目标网络侦察、网络攻击效能评估和灵活的计算机网络攻击能力。美军已研发出2000多种计算机病毒武器，正着手研发"网络飞行器""数字大炮""舒特系统"等新型网络攻击武器，大力发展"国家网络靶场""网络空间安全数据中心"等网战项目，并开展多层次多方式的网络攻防对抗系列演习，检验应对潜在网络攻击的准备、防护及响应能力，加快提升部队网络对抗实战能力。

在美国加快网军建设步伐的同时，英、法、意、德、日、印、韩等国纷纷跟进发展专业网络作战力量。比如，日本计划组建网络空间防护队，印度计划组建1.5万人的网络空间作战力量，韩国2010年1月在国防情报本部内组建编制500余人的网络司令部。未来一个时期，网络空间将成为各国培育新质战斗力的重要增长点，也必将成为国际军备竞争的新热点。

**部分国家开始运用网络战达成战略目的**

近年来，一些军事强国把网络攻击作为迫使对手屈服、实现己方意图的战略手段，甚至尝试将网络攻击作为新型作战样式来谋取战争胜利，网络战不再是科幻小说中的情景，也远远超出无组织黑客攻击的规模与水平，已经从概念演变为实战。2007年9月，以色列军队利用网络入侵技术欺骗叙利亚防空雷达系统，从而使用非隐形战机在叙军毫不知情毫无反应的情况下成功炸毁了叙利亚东部地区的一处关键设施。2008年8月俄格冲突中，格鲁吉亚媒体和政府网站也受到大规模分布式拒绝服务网络攻击，基本丧失了对本国域名的控制权，被迫将总统府网站转移到美国境内的服务器上。2010年9月，伊朗布什尔核电站等5个关键工业设施遭到"震网"病毒攻击，导致布什尔核电站发电计划推迟。2011年利比亚战争中，北约利用EC-130H、EA-18G电子战飞机和RC-135型电子侦察机，成功对利政府军网络实施了无线侵入和攻击。虽然到目前为止，还没有出现全面的网络战争，但网络时代的国家安全和战争胜负将越来越取决于网络控制权，无论是制陆权、制海权、制空权还是制天权，其实现都以信息网络控制权为基本前提。

从发展趋势看，全面网络战争对一个国家战争体系和作战体系的打击破坏，是任何大国都难以承受的，也是任何大国都不得不严肃对待的重大战略问题。英国《经济学人》杂志指出，考虑到网络战的危险性，国家之间有必要像对待常规武器和核武器军备竞赛一样，签署控制协议。

**部分国家力图继续保有网络空间技术领先优势**

从全球范围看，信息网络技术发展和应用严重失衡，西方国家处于绝对垄断地位，全球网络空间的核心信息技术、关键基础设施以及国际互联网的技术体制和运行管理，为以美国为首的西方国家所掌控。全球中央处理器产量的92%、基础软件的86%源自美国。全世界13台根服务器中，1台主根服务器和9台副根服务器设在美国，另外3台副根服务器分别设在英国、瑞典和日本。2006年，美国政府宣布无限期保留对负责控制互联网流量的主要计算机的监控权。美国控制着全球主机注册、地址分发和解析任务，实际上把持着国际互联网的主动脉。不管哪个国家对美造成网络威胁或危害，美国只需在根服务器上屏蔽该国域名，这个国家就会在国际互联网上瞬间消失。

为长期保持信息网络领域的垄断地位，美国、欧盟以事关国家安全和保护知识产权为由，实施严格的信息技术出口管理制度，严禁敏感、尖端信息技术外流。早在1985年，美国政府就把计算机区分为4等8个级别，出口到一些敏感国家的计算机都属于中低等级。美国等西方国家借助技术优势，在网络空间领域对发展中国家和弱小国家实施制裁。比如，2009年微软公司切断了古巴、朝鲜、叙利亚、伊朗和苏丹等5个国家的MSN服务，谷歌公司禁止苏丹网民下载该公司的即时通信和地图服务软件。

# 筑牢底线思维　维护核心利益①

习近平主席近来多次强调，我们既要坚守底线，在涉及领土主权的原则问题上坚决斗争、决不退让，又要着眼大局，管控风险，保持周边安全稳定，全力维护国家发展的重要战略机遇期；要善于运用底线思维的方法，凡事从坏处准备，努力争取最好的结果，这样才能有备无患、遇事不慌，牢牢把握主动权。这里所说的底线，是指事关国家生存和发展的最基本的目标、原则、界限或者最坏的可能。在国际力量对比、大国战略博弈和国家安全环境发生深刻变化的今天，从战略全局的高度把握和运用底线思维方法，对于维护国家主权、安全、发展利益意义重大。

## 一、深化忧患意识

当今世界，和平与发展仍然是时代主题，但和平与冲突、发展与动荡、变革与危机交织互动。我国仍处于可以大有可为的重要战略机遇期，但发展机遇和风险挑战同步上升。美国战略重心加速东移，防范、遏制中国的一面明显增强，历史上新兴大国必遭守成大国遏制的规律再度显现。日本加快政治右转步伐，在钓鱼岛问题上蓄意制造事端。菲律宾、越南在南海接连发难，侵蚀侵犯我南海主权权益。亚太海洋安全竞争日趋激烈，涉我岛屿主权和海洋权益争端常态化、长期化和复杂化。西方国家运用军事部署、政治改造、经济控制、文化渗透相结合的"渗透颠覆战略"，将相关地区国家纳入对其有利的全球体系，我周边地缘安全环境变数增大。朝鲜

---

① 本文为作者在十二届全国人大一次会议解放军代表团小组发言的准备材料。其基本内容刊载于2013年11月5日的《中国国防报》。

"射星"和再次核试，朝鲜半岛和东北亚局势更趋复杂严峻。海峡两岸关系和平发展的曲折性和突变性始终存在，实现祖国完全统一仍面临和战两难困境。我国发展也处于存在诸多风险的矛盾凸显期，影响社会和谐稳定的因素增多，恐怖主义、网络安全、粮食安全、能源资源安全、金融安全、生态安全和海外利益安全等非传统安全问题明显上升。

《2002年中国的国防》白皮书，首次将中国的国家利益概括为维护主权和领土完整、以经济建设为中心、坚持社会主义制度、保持社会安定团结、争取和平环境等。2011年9月发表的《中国的和平发展》白皮书，更加明确地将中国的核心利益界定为：国家主权，国家安全，领土完整，国家统一，中国宪法确立的国家政治制度和社会大局稳定，经济社会可持续发展的基本保障。概而言之，主权安全、政权安全和发展安全是国家的核心利益，是民族的生存之本、发展之基、复兴之源。建设巩固国防和强大军队最根本的目标任务，就是捍卫国家核心利益。近年来国家核心利益的战略底线屡遭冲击，维护国家主权、统一和领土完整面临重大挑战。底线思维，说到底就是忧患意识、危机意识、风险意识。中华民族五千年优秀文化绝不能搞丢了，老前辈确定的正确制度绝不能搞坏了，老祖宗留下的地盘决不能搞小了。这是国家统一、社会发展、民族复兴的政治底线，也是人民军队必须捍卫的战略底线。发展不等于安全，繁荣不等于强大。"天下虽安，忘战必危。"这就要求军队深化忧患意识、打仗意识，做到脑子里永远有任务、眼睛里永远有敌人、肩膀上永远有责任。

## 二、锻造斗争精神

坚守战略底线，首先要凭实力说话。界定国家利益需要有实力，维护国家利益更需要凭实力。财大才能气粗，落后就要挨打。我们反对在国际事务中搞实力政策，但我们自己必须有实力。这就是历史的辩证法。

同时，坚守战略底线还要敢于斗争、敢于博弈，有为维护国家核心利益而斗争到底的决心和意志，这在一定程度上可以弥补面对强手时兑现承诺手段的不足。一般来说，坚守战略底线的决心和意志，与受到威胁的利益的重要程度成正比。受威胁的利益越重要，捍卫利益的决心和意志就越坚决，妥协的余地就越小。伴随中美战略博弈中的竞争面日趋尖锐，周边部分国家出于疑惧和争夺领土海洋的需要联手联美，我国和平发展与利益拓展的"崛起困境"再度增大。一些国家不断挑衅我国领土主权的战略底线，误判我国为了和平、发展、合作会在原则问题上妥协退让。作为一个负责任的新兴大国，在政治立场和基本原则问题上必须旗帜鲜明、底线清晰，坚决避免给国际社会留下我领土主权可谈判、可让渡的想象空间。习近平指出："我们要坚持走和平发展道路，但决不能放弃我们的正当权益，决不能牺牲国家核心利益。任何外国不要指望我们会拿自己的核心利益做交易，不要指望我们会吞下损害我国主权、安全、发展利益的苦果。"

毛泽东在谈到抗日统一战线中的策略问题时说，以斗争求团结则团结存，以退让求团结则团结亡。建立广泛的抗日统一战线，必须采取发展进步势力、争取中间势力、反对顽固势力的策略，而斗争则是达到团结一切抗日势力的手段。对付反共顽固派的两面政策，同样要坚持以斗争求团结的政策，这不但是为了防御他们的进攻，也是"为了延长他们抗日的时间，并保持我们同他们的合作，避免大内战的发生"[1]。1961年，针对印度在中印边境地区推行"前进政策"、企图以武力改变边界现状的实际，中共中央和毛泽东提出了反蚕食斗争二十字方针：决不退让，力争避免流血；犬牙交错，长期武装共处。武装共处就是又斗争又团结，又开火又谈判。如印

---

①《毛泽东选集》第2卷，第749页，人民出版社，1991年。

度有解决问题的诚意，可以达成协议；如印度不想解决，就同它拖，形成长期武装和平共处的局面。武装共处实际上是在敌对势力不断挑衅并持续蚕食我领土，甚至冲突已经发生时，我所实施的以政治外交斗争为主、以军事斗争为辅的方针。在这种局面下，我既不主动惹事，又不示弱，以斗争求团结，防止和避免扩大冲突。武装共处谋求实现有限战略目的，即恢复和平共处和维持边境稳定。今天，实现维稳与维权、主权安全与和平发展的统一，确保发展的重要战略机遇期，同样要有以斗争求稳定、促合作、保和平的战略指导新思路，因利制权，顺势而为，敢于在必要时与相关国家实行武装共处，夺取和控制斗争的主动权。斗争中讲底线，合作中也要讲底线，我们要理直气壮地维护我国在周边地区的正当权益和战略利益。

### 三、做好两手准备

从最坏处着想、向最好处努力，是我们党指导战争和建设的一个重要方法论原则。强调着眼最坏情况、最低目标的底线思维，是这一方法在新形势下的具体体现。由于事物内部矛盾的复杂性和不平衡性，事物发展过程中总是存在着多种可能性，归根到底是好的或顺利的与坏的或困难的两种可能性。可能不等于现实，因而方针政策必须从实际出发，实事求是。但是，战略筹划、计划、准备要立足最坏的可能性。无论国际国内问题都要估计到两种可能性，同时准备两手，这样才能对付突然事变，使自己立于不败之地。准备对付最坏的可能性，并不是丢掉别的可能性。毛泽东说："向着最坏的一种可能性作准备是完全必要的，但这不是抛弃好的可能性，而正是为着争取好的可能性并使之变为现实性的一个条件。这次我们充分地准备着对付国民党的破裂，就使国民党不敢轻于破裂了。"①运用

---

①《毛泽东选集》第2卷，第784页，人民出版社，1991年。

底线思维方法维护国家核心利益，应当正确地反映国家安全和发展中存在的各种可能性及其转化为现实的各种条件，经过主观努力和积极斗争创设有利条件、克服不利条件，力争实现好的可能性，防止坏的可能性转化为现实。

具体说来，中美关系保持缓和稳定的大局仍具有诸多有利条件，但守成国与新兴国、海权竞争和制度之争等新的结构性矛盾更加凸显。中日关系因钓鱼岛问题跌入低谷，但仍存在通过对话磋商管控风险或者危机升级引发军事冲突两种可能性。在中美经济深度相互依存、周边国家奉行经济上靠我安全上倚美的双轨战略的新形势下，南海问题保持斗而不破、破而不战的局面是有可能的。运用底线思维方法，从最坏的可能性着想、部署和准备，既是为了维护主权、统一和领土完整，也是为了保持大国关系斗而不破的局面，保持周边安全稳定，全力维护发展的重要战略机遇期。在一定条件下划定底线或使底线清晰，恰恰是为了防止对方触及你的底线，积极管控危机风险，这实际上是战略威慑的一种表现形式。总之，立足复杂困难情况应对外部的战略遏制和领土主权争端，需要预作筹谋、主动作为，对其复杂化、常态化、尖锐化趋势始终保持战略清醒和战略定力，力避事态朝不利于我的方向转化，力争为捍卫国家领土主权和保持周边安全稳定创造有利条件。总的策略还是以两手对两手，既要坚持原则、敢于斗争，又要策略灵活、善于斗争，采取文攻武备的态度。

## 四、加强战略运筹

底线思维，归根到底是战略运筹问题。依据国家利益、政策原则、综合实力和战略全局的需要，针对不同威胁、对手和领域确立不同底线，合理战略谋划，统筹战略资源，精心组织行动，力争控制事态，着眼化危为机，是运用这一思维方法的基本目的和途径。毛泽东在《目前抗日统一战线中的策略问题》一文中曾提出同顽固派斗争的三原则：自卫原则，即人不犯我，我不犯人，人若犯我，我必犯人，"决不可无故进攻人家，也决不可在被人家攻击时不予还击。这就是斗争的防御性"。但对顽固派的军事进攻，则必须坚决、彻底、干净、全部地消灭之。胜利原则，即不斗则已，斗则必胜，"决不可举行无计划无准备无把握的斗争"；决不可同时打击许多顽固派，"应择其最反动者首先打击之。这就是斗争的局部性"。休战原则，即在取得阶段性胜利后适可而止，使斗争告一段落，双方实行休战。这时应该主动地同顽固派讲团结，订立和平协定，"决不可无止境地每日每时地斗下去，决不可被胜利冲昏自己的头脑。这就是每一斗争的暂时性"。这三个原则，就是有理、有利、有节。毛泽东的这一思想，至今仍闪耀着真理的光辉。

在运用底线思维坚守国家核心利益、长远利益底线的同时，也要敢于善于妥协退让，根据需要和条件的变化放弃一般利益、局部利益、暂时利益。要依据国家利益、政策原则和战略全局的需要，针对不同威胁、对手和领域确立不同底线，做好兑现承诺的充分准备，确保坚守底线不退缩、维护底线不手软。面对外部联手对我和强手干预的复杂情势，要沉着应付、巧于周旋，该斗就斗，该收就收，该顶就顶，该放就放，该紧就紧，该松就松，既要有斗争也要有妥协。要讲究综合施策、谋事在先、顺势而为、后发制人，努力保持既相互防范牵制又相互借重合作的大国关系斗而不破，推动实现对我有利的维护主权安全与维护大局稳定的动态平衡。在资源运用上，既要强调各种资源和手段的相互配合，也要改变任何情况下都能以经济、合作手段转化矛盾的想法，树立以政对政、以经对经、以安全对安全的理念，针锋相对、刚柔相济、守住底线、稳中求进。如在南海问题上，要正视南海争端日益复杂严峻的现实，积极主动地扩大我在南海实质性存在，与对手形成犬牙交错之势，慑止有关国家继续侵蚀我南海权益的行为，防止南海局势失控。其核心是，做好和与战两手准备，运用经济开发、军事威慑等多种手段，以慑止侵，以争促谈，以战止战，实现现阶段维稳与维权的统一。维护国家核心利益最终靠的还是实力，特别是军事实力越强，军事斗争准备越充分，运用底线思维的回旋空间就越大，就越能发挥出更大的作用。

# 维护和平的斗争更加艰巨　推进发展的任务更加紧迫[①]

## ——2016年全球战略形势评估

综观世界，和平与发展仍然是时代主题，国际战略形势总体稳定，国家安全环境总体有利，国际格局和国际体系演变加速，国际格局中的中国分量和全球治理中的中国作用空前增大，国际秩序继续朝着有利于和平与发展的方向演进。同时，世界多极化和经济全球化在曲折中调整前行，和平与发展的时代条件和内涵有新的变化。世界经济政治的不确定性、不稳定性持续上升，大国战略竞争和博弈日趋激烈，国际关系复杂程度前所未有，我国地缘战略环境的风险和变数明显增多，维护和平的斗争更加艰巨，推进发展的任务更加紧迫。

## 一、国际力量对比的革命性变化持续发展，全球治理体系重构进入新阶段

当前，美国超强、西方主导、北强南弱的国际格局和秩序正在发生转折性变化。发达国家仍未完全摆脱国际金融危机影响，复苏态势不稳固，发展走势分化，新兴市场和发展中国家面临困难增多，整体上升势头减缓。但发达国家与发展中国家的实力差距继续缩小，近代以来国际力量对比最具革命性的变化持续发展，推动世界秩序深刻调整，全球治理深刻变革，人类历史以西方为中心的时代开始发生动摇。

西方发达国家内部矛盾重重，实力不断下降。美国的经济、政治、社

---

[①] 本文为作者参与一项重点研究课题而撰写。原载《战略评估2016》，2017年6月；《战略研究》2017年第1期。熊玉祥、曹延中参加了修改讨论。

会弊端和霸权扩张受挫累积演变，其国际地位和影响力呈下降态势。到2016年9月底，美国国债近20万亿美元，债务与GDP之比达到106%，远超60%的国际警戒线。特朗普当选美国总统，反映了美国社会的严重分裂和反精英、反权贵阶级矛盾的上升。欧洲正陷入冷战后最严重的政治困境，恐怖威胁、债务危机、难民危机、地缘政治危机继续发酵，英国脱欧又可能引发欧盟分裂危机。2007年以来，欧洲经济持续低迷、失业率高企，民众疑欧情绪浓重，欧洲一体化进程和欧盟及其成员国治理能力受到严峻挑战。日本经济长期徘徊与政治右倾化相互交织，安倍经济学加大投资、鼓励生育和强化社会保障的新"三支箭"成效有限，低失业、低通胀、低增长成为常态，政府债务占GDP的比重已超过240%。近代100多年来中日总体力量对比首次发生历史性逆转，日本焦虑感加重，政治右倾化加剧。曾经7个发达国家关起门来协商，就能决定世界事务的时代一去不复返了。

新兴市场和发展中国家实力持续增长。新兴市场和发展中国家经济增速普遍放缓，但依然是世界经济增长的重要引擎。10年来金砖五国经济总量在世界经济中的比重从12%上升到23%，贸易总额比重从11%上升到16%，对外投资比重从7%上升到12%。金砖五国增长潜力巨大，金砖五国机制的重要作用日益展现。改革开放以来中国经济持续快速增长，于2010年成为世界第二大经济体。近几年在严峻复杂的国际环境和国内长期积累的深层次矛盾凸显的情况下，中国经济在较高的发展基数上依然保持中高速增长。2016年上半年，经济增长6.7%，位居全球主要经济体前列。中国经济规模已超过11万亿美元，一年的经济增量相当于一个中等收入国家经济总量，对世界经济增长的贡献率达到33.2%。印度2016年经济增速为6.6%，俄罗斯、巴西逐渐从经济衰退中挣脱，预计2017年恢复正增长。东南亚、非洲不少国家步入快速发展轨道，土耳其、印度尼西亚、尼日利亚、墨西哥等中型经济体发展前景看好。

全球治理体系正在发生深刻变革。发展中国家群体力量继续增强，国际力量对比逐步走向均衡，推动全球治理体系发生历史性变化，正在从列强通过战争、殖民、划分势力范围等方式争夺利益和霸权，向各国通过制定国际规则、相互协调关系和利益的方式演进。"二战"后建立起来的第一代全球化体制已经不能适应快速变化的形势，二十国集团、上合组织、金砖国家等新机制的影响力稳步上升。二十国集团成为国际经济合作和全球经济治理的主要平台，上合组织在促进地区合作、维护地区稳定方面发挥着越来越大作用，亚投行、金砖国家开发银行、丝路基金等机制备受青睐，成为全球治理体系变革的重要标志。中国在秘鲁召开的第24次亚太经合组织领导人非正式会议上，提出构建区域全面经济伙伴关系（RCEP）和亚太自贸区（FTAAP），得到相关国家的热烈响应，使延宕多时的磋商出现转机。习近平主席在G20杭州峰会提出构建合作共赢的新型国际关系和包容联动的全球发展治理格局，树立共商共建共享的全球治理理念，推动全球治理体系朝着更加公正合理有效的方向发展。

## 二、"逆全球化"思潮暗流涌动，世界经济复苏发展面临更多变数

世界经济仍处于深度调整期，经济复苏乏力，金融商品市场大幅震荡，贸易投资保护主义更加突出。经济全球化遇到波折，对世界经济的拉动作用明显减弱。特朗普胜选、英国脱欧以及多个国家极端党派抬头，显示西方出现孤立主义、保守主义和民粹主义的反全球化或逆全球化思潮，可能从过去让渡国家主权转向"重新国家化"，给经济全球化带来更多不确定性。

"逆全球化"是贫富差距拉大和民族主义回潮的反映。近年来世界经济形势错综复杂、全球贸易持续低迷，不少发达国家出现与经济全球化潮流反向而行的思潮和行动。很多普通民众面对贫富差距拉大以及债务危机、

难民危机、恐怖袭击等种种难题，不再相信精英们所说的"滴灌"效应，即开放自由的经济增长可以自然让每个人都从中获益，开始对经济全球化和欧洲一体化丧失信心，转而更加依赖比较熟悉的"民族国家"甚至种族认同、宗教认同，从而使得政治整体趋向保守。英国本是西方世界中最为开放的中等强国，与欧盟切割可能会鼓励其他欧洲国家效仿，这给经济全球化和欧洲一体化增加了一个重要的不稳定因子。逆全球化思潮正在造成广泛的政治和经济影响。推动逆全球化思潮的直接原因，是国际金融危机的影响和冲击。2008年爆发的国际金融危机，使美国和欧洲国家经历了严重的失业问题。虽然现在失业状况有所好转，但失业造成的深刻社会影响已经转变成严重的政治问题。特朗普反移民、反自由贸易以及孤立主义的"政治不正确"言论，在美国白人中下层选民中大行其道，实际上反映了美国的贫富差距继续扩大。欧洲大部分国家的失业率仍然处在两位数的高水平上，部分国家的失业率甚至达到20%以上。高失业率加上低经济增长率，使得欧洲陷入难以摆脱的困境，极右翼力量开始登上一些欧洲国家的政治舞台，推动2016年民粹主义的崛起。

贸易保护主义恶化了全球经济发展环境。贸易保护主义导致了国际贸易规则碎片化，争夺下一轮经贸主导权的斗争已经展开，经济全球化处于关键转折阶段。从2008年以来，二十国集团成员国共采取了1671项贸易保护措施，目前仍然有效的还有1263项。2016年发达国家采取的贸易保护措施呈现增多的趋势，全球贸易的增长速度低于全球经济的增长速度。2014年下半年以来大宗商品价格的猛烈下跌，特别是世界石油价格的迅猛下降，导致了全球贸易增速下降。世界贸易组织最新估计，2016年全球贸易增长速度仅为1.7%，是国际金融危机以来的最低点。同时，地缘政治风险成为恶化全球经济稳定的重要因素。

以生产要素全球配置为基础的经济全球化不会逆转。经济全球化面临新的不确定性，但推动经济全球化的动力仍然十分强劲。2015年，全球外国直接投资强劲复苏，投资规模达1.76万亿美元，比上一年跃升38%，达到了国际金融危机爆发以来的最高水平。2016年全球外国直接投资下降13%，但有望于2017年恢复增长，2018年可能超过1.8万亿美元。联合国最新统计表明，全球双边投资协定已达2959个。虽然世界经济局部停滞甚至衰退，但总体保持稳定增长，2011年以来世界经济年均增长率保持在3%以上，2015年世界经济增长速度达到3.2%。根据联合国贸易和发展会议数据，2016年世界经济增长速度为3.1%，预计2017年增长率将达到3.4%，全球贸易增长也将从2016年的2.3%上升到3.8%。

### 三、大国战略博弈呈现新态势，欧亚大陆地缘政治格局发生重大变化

大国关系调整重组复杂深刻，围绕国际和地区秩序主导权的博弈空前尖锐。中东乱局、叙利亚危机、乌克兰危机、朝核问题等地区热点牵动国际斗争全局，各大力量在欧亚大陆及其周边地区展开新一轮地缘战略争夺，特别是中、美、俄大三角关系塑造国际格局新走向。

美俄地缘战略较量从东欧扩展到中东和东亚。乌克兰东部危机根源没有消除，美国着力从欧亚大陆东西两端对俄罗斯实施战略遏制。美国和北约对俄罗斯军事示强举动频繁，不断前推军力部署，举行针对性演训和实施战略威慑，冷战阴影在军事竞争和对抗中挥之不去。美国和北约加强波罗的海、中东欧靠近俄罗斯边境国家的军力，其中美军将在波兰、罗马尼亚、保加利亚、拉脱维亚、立陶宛和爱沙尼亚等国部署约250辆坦克、装甲车等重型装备，北约决定将快反部队规模由1.3万人扩至4万人。俄罗斯则针锋相对在西部地区重建近卫第1坦克军，组建2个新的装甲师，部署S-400防空系统等。美国和西方深度介入中东地区安全事务，与伊拉克共同打击"伊斯兰国"（IS），与沙特、土耳其等国极力扶持叙利亚反政府武装。

俄罗斯借叙利亚危机强势重返中东，达成战役企图后主动撤军以争取战略主动，并派出航母编队进入地中海实施支援作战；在拉塔基亚、塔尔图斯基地部署40余架各型先进战机和4000余人的守护部队，与伊朗、黎巴嫩真主党等力量，支持巴沙尔政权取得收复阿勒颇战役胜利。俄还巧用软硬实力与美西方抗衡，与中国合作应对美国在韩部署"萨德"系统，积极推进欧亚经济联盟建设，促进与亚太地区合作，并对美国和西方大打舆论战和情报战。

美国对华防范和遏制的一面更加突出。中美经济总量日益接近的大趋势难以逆转，中美战略关系的竞争性和博弈性增强。美国继续强化亚太地区同盟伙伴关系，挑动周边国家共同反华，海空军力加快向西太平洋岛链转移部署，挑战中国海洋权益主张。美日相互利用、相互配合实行遏华制华政策，美国公开宣称对钓鱼岛有协防义务，支持日本军事外向化。鼓动日本、澳大利亚、印度等国介入南海事务，派遣双航母编队施压中国，两次闯入中国南沙、西沙岛礁12海里以内，持续实施对中国抵近侦察和南海战场环境调查，南海爆发危机的可能性长期存在。美军加强西太军事部署和海空活动，升级南海"航行自由"行动，刺激朝鲜半岛局势持续紧张，使中美军事冲突风险上升。特朗普已明确表示退出《跨太平洋伙伴关系协定》(TPP)，将对美"亚太再平衡"战略产生重要影响。但要看到，美"亚太再平衡"战略的核心始终是安全和军事"再平衡"，也就是加强针对中国的军事同盟、军力部署和战略遏制。未来美国必将坚持以亚洲和太平洋、印度洋为运筹重心，多措并举实施"离岸平衡"。

欧盟继续维持对俄罗斯制裁政策，俄欧关系短期难以根本改善。日本视中国为战略对手，大力推进价值观外交，强化与美国、韩国、澳大利亚、印度等国安全合作，处处与中国竞争对抗。印度利用美国重返亚太之势，强化对南亚和印度洋主导权，推行大国平衡和强势周边外交。

## 四、传统和非传统安全威胁相互交织，全球性问题和挑战空前复杂多样

世界秩序转换重塑，新旧矛盾并发联动，全球性问题已经成为世界和平发展面临的重大现实威胁。在大国博弈对抗、领土主权争端、民族宗教冲突等传统安全威胁不时激化的同时，恐怖主义、网络安全、难民问题等非传统安全威胁不断上升，构成复杂多样的全球性、综合性安全挑战。

国际恐怖活动呈现新特点新趋势。国际恐怖组织出思想、本地恐怖组织出人出枪成为恐怖活动新特点；恐怖活动呈现出组织形态国家化、传播方式网络化以及实施方式"独狼化"、分散化趋势；恐怖活动与阿富汗、伊拉克等热点地区叠加共振，并向欧美、东南亚等地区外溢；恐怖主义议题在大国战略博弈中地位上升，国际反恐怖合作围绕规则制定、地区秩序治理等主导权之争日趋激烈。以美国为首的西方国家对伊拉克、阿富汗、利比亚等国的军事政治干预，社会发展不平衡造成的贫富悬殊，加上网络信息技术的广泛运用，诱发极端主义思潮，促成"基地组织""伊斯兰国"等恐怖组织在伊斯兰世界崛起，全球有30多个恐怖组织宣布效忠"伊斯兰国"。极端组织利用网络社交媒体和其他在线通信平台，针对近百个国家受众，使用20多种语言进行宣传。恐怖活动以中东、南亚和非洲为主要策源地的国际恐怖主义新版图逐渐形成，东南亚国家已经成为"伊斯兰国"组织重要的招募中心。恐怖主义组织袭击的目标遍布世界各地，欧美成为恐怖主义袭击的新焦点，非洲成为恐怖主义重灾区。

网络安全威胁严峻复杂。网络安全威胁和风险向政治、经济、社会、国防等领域传导渗透日益严重，网络犯罪活动危及社会稳定，网络恐怖主义成为国际社会新型威胁，爆发网络空间重大危机和冲突的风险加剧。世界主要国家网络空间主权、规则主导权、核心关键技术自主权"三权"之争不断加剧，网络空间国际规则制定停滞不前，网络空间安全日益成为门

槛较低、风险最大的现实威胁。信息基础设施缺乏安全保障、虚拟的社交网络被利用，成为恐怖主义传播乃至破坏其他国家稳定的工具；网络犯罪活动猖獗，国家、企业或个人隐私和财产受到威胁，网络犯罪每年给全球造成的损失达4000亿～5000亿美元。卡巴斯基公司数据显示，1986年到2006年该公司搜集到的恶意攻击软件总量是100万个，而2016年短短一周这个数量就达220万个。美国竭力维护网络空间霸权地位，成立全球最大的网络情报机构、全球首支大规模成建制的"网军"以及"网络司令部"，在网络领域的军事实力首屈一指，是目前世界上唯一公开承认对别国采取网络战行动的国家，曾利用"震网"蠕虫病毒攻击伊朗的铀浓缩设备。截至2016年6月，中国网民规模达7.1亿，其中手机网民规模达6.56亿，固定宽带接入数量达4.7亿，互联网普及率达到51.7%。中国遭受来自境外的各种网络攻击日益突出，已成为网络黑客攻击主要受害国之一。

全球性难民危机不断恶化。源自中东等地区的难民危机冲击相关国家发展和国际秩序，威胁地区和平稳定，拖累世界经济复苏，也给恐怖主义带来可乘之机。以美国为首的西方国家粗暴干预西亚北非国家内政，直接引发从大中东地区蔓延至欧洲的难民危机。据联合国难民署数据，2014年以来已有逾150万人经地中海偷渡至欧洲，其中至少有1万人命丧大海。亚太经合组织发展中心研究指出，由于武装冲突和暴力活动威胁，难民危机达到历史高峰。2015年底全球难民总数达1610万人，此外还有320万寻求避难者。这些难民一半以上来自叙利亚、阿富汗和索马里，其中叙利亚危机已造成1100多万难民，占其总人口的一半。持续发展难民危机加剧了不同族群之间的冲突，引发了欧洲日益频繁的恐怖主义活动，滋长了欧洲部分国家民粹主义和极端排外情绪，给欧洲、西亚、北非地区带来巨大的社会和安全压力，冲击和瓦解着原有的地区安全秩序。

全球还面临气候变化、核安全、海盗活动、重大自然灾害和疾病疫情等安全挑战。全球性挑战需要全球性应对。195个缔约方国家在巴黎气候变化大会达成历史性协定，共同应对全球气候变化，使全球气候治理迈出关键步伐。中国顺应全球经济和安全治理需要，提出共同构建人类命运共同体和全球伙伴关系，已经成为多数国家共识。

## 五、全球性军备竞争态势明显增强，影响全球战略稳定的消极因素不断增加

随着世界新军事革命深入发展，武器装备远程精确化、智能化、隐身化、无人化趋势增强，太空和网络空间成为新的战略竞争制高点，战争形态加速向信息化、智能化战争演变。美俄等世界主要国家积极调整安全战略和防务政策，加快国防科技和先进武器装备研发，加紧推进军事转型，冲击国际战略稳定。

美国极力谋取决定性军事优势。美国始终把军事力量作为维护全球霸权基石，全面重振三位一体核能力，升级核弹头及载具，时隔10年重启模拟试验，开发新型陆基洲际和潜射弹道导弹、核巡航导弹、弹道导弹核潜艇。依托传感技术、计算机处理、大数据开发、可视化、机器人和人工智能技术的进步实施"第三次抵消战略"，加快发展全球即时打击系统、无人作战系统、电磁轨道炮以及激光武器系统等新概念武器，推进构建领先对手一代的新型作战体系。北约在罗马尼亚的先进反导系统雷达站投入使用，在波兰的陆基"宙斯盾"反导系统已经开工修建。美国在韩国推进部署"萨德"反导系统，并计划部署海基中段拦截导弹，形成由天基、陆基、海基预警雷达组成的预警探测网络。

俄罗斯更加倚重战略核力量。俄罗斯始终把拥有先进核武器作为大国地位的主要依托，在经济疲弱不振、常规力量有限的情况下，更加依赖战略核武器应对北约战略压力，确保自身安全发展。普京明确表示，核武器

仍将是防止核军事冲突和常规军事冲突的重要因素；俄主要任务是"保持足够水平的核遏制潜力"。研制新型战略导弹，提速核武器的更新换代，是维护国家安全和保持核大国地位的需要。因此，尽管经济起伏波动，俄罗斯一直竭力维护自苏联继承来的庞大核武库，力图保持与美国在核力量方面的大致平衡。根据俄2020年前的武器换装计划，俄将投资约7000亿美元用于武器装备更新，其中10%用于战略核力量更新换代，主要包括研制能携带核弹头的陆基新型战略导弹、新一代"北风之神"战略核潜艇并配备新型"布拉瓦"潜射核导弹等。2016年，俄多次进行海基和陆基洲际核导弹试射，计划2018年将"撒旦-2"重型洲际弹道导弹装备部队，在加里宁格勒部署"伊斯坎德尔-M"导弹，并暂停执行俄美《钚管理和处置协定》等核能领域合作协议。

地区大国持续升级军备。印度积极谋取地区军事优势，持续发展完善核打击系统，加大新型隐身战机、航母、核潜艇、战舰和陆基打击力量的投资，在国防预算面临下降压力的情况下，仍计划耗资26亿美元建设2万吨级两栖舰船。日本安倍政权依靠日美军事同盟，积极发展进攻性力量应对所谓"中国军力威胁"，加速向"正常国家"迈进，同时借口朝鲜导弹威胁，积极论证在本土部署"萨德"反导系统，图谋配合美国在西太平洋地区编织导弹防御体系，未来10年计划斥资400亿美元发展新型作战飞机。越南着眼为"最坏的情况"准备，正在加快持续10年的军队现代化建设，持续采购新型作战飞机、潜艇、防空导弹等武器装备。此外，恐怖势力获取核生化武器的意图增强、危险性增大，个别国家核生化材料管制薄弱，全球防核生化武器扩散形势不容乐观。

# 试论战略网络战①

随着信息技术的发展和计算机网络在世界范围内的广泛应用，网络空间成为信息传播的"神经系统"和人类在陆、海、空、天之外赖以生存的"第五空间"。它迅速渗透到国家的政治、经济、军事、社会、文化等各个领域，成为攸关国家安全的"命门"。网络时代催生了大国战略博弈的新格局，国家间公开的网络战愈演愈烈，在国家整体全域全谱系展开。深入研究对国家战略全局具有重大影响的战略网络战，对维护新形势下国家安全和发展具有极其重要的意义。

## 一、战略网络战的缘起与特点

网络战，亦称网络对抗，首先是指军事安全领域一种全新的作战形式。美国国防部在2011年首份《网络空间行动战略》中宣称，网络空间是一个与陆、海、空、太空并列的"作战域"；在2015年的《网络空间战略》中，将"构建和维持实施网络空间作战所需的战备部队与能力"列为首要战略目标，强调美军应实施网络空间作战，破坏敌方与军事相关的网络或基础设施，以便在某个作战区域保卫美国利益。《中国军事百科全书》将网络战定义为：在信息网络空间，为破坏敌方网络系统和网络信息，削弱其使用效能，保护己方网络系统和网络信息而实施的作战行动。网络战是信息作战的组成部分，目的是破坏敌方计算机网络的连通性和信息系统的核心功能，削弱敌方信息网络的使用效能，保护己方信息网络系统安

① 本文为作者与李继东合写。原载《中国军事科学》2017年第6期。编入本书时作了删节。

全，夺取信息优势。①《中国人民解放军军语》的"网电一体战"概念，是指由电子战和网络战高度融合形成的对敌方网络化信息系统实施信息进攻的信息作战形式。②

随着人类快速步入信息网络时代，拥有网络资源优势和先进网络技术的大国高度关注网络战的战略价值，纷纷把网络转变为国家力量的倍增系统和攻击利器，网络空间逐渐成为国家间战略博弈、战略制衡的重大战场，战略网络战应运而生。战略网络战是一国对他国发动的具有鲜明战略属性的网络战，它通过破坏对手国家社会稳定、政治安全甚至颠覆其政权统治，从而达到迫使其政府屈从本国意志的目的。

战略网络战不同于战场网络战，与后者在战争目标、战场空间范围、作战力量、决策机制等方面都有重大差异。第一，从战争目标看，战略网络战旨在破坏敌对国政权与制度稳定，政治目的鲜明。它超出了以信息数据流为主要特征的虚拟空间，为国家追求战略目标提供一种可行性网络手段选择，而战场网络战旨在攻击削弱对手军事能力。第二，从战场空间看，战略网络战的作战环境不仅包括军事战场的作战网络，而且包括更广泛的经济、政治、社会网络，还包括金融、交通、电力等关系国计民生的重大民用网络信息设施，是信息空间和心理空间，物理域、信息域和认知域的共同作用范畴。第三，从作战力量看，集合了由网络连接的情报战、舆论战与心理战等各类型作战力量，领域广泛、主体多元，形成了动员一切有利因素和力量的"国家合力"，具有浓厚的"整体战"色彩。2015年的美国《网络威慑战略》提出："利用所有国家机器来威慑网络袭击或其他恶意攻击行为是美国政府的基本政策。""利用所有的国家权力工具……威慑那些试图通过网络手段损害美国利益的政府或非政府行为。"第四，从决策机

---

① 《中国军事百科全书》"作战"卷，第394页，中国大百科全书出版社，2014年。
② 《中国人民解放军军语》，第262页，军事科学出版社，2011年。

制看，战略网络战是国家冲突严重升级，在外交、经济等其他手段难以奏效的情况下发动的事关国家战略全局的网络战。由于对国家间整体关系影响巨大，战略网络战决策权由国家最高领导层而非军方掌控。

美国较早认识到网络的战略价值，赋予网络战以更高的战略使命，逐步把网络战提升到国家战略层面，谋划实施战略网络战。2009年美军组建网络司令部，归属于战略司令部，凸显其网络战的战略地位。美2015年新版网络空间战略，提出打破网络空间战略"军民分隔"的态势，构建全方位的联合作战体系，包括由国防部主导下的政府部门间、政企间和国际的合作与协调，协调网络空间司令部、国家安全局、中央安全署的相关职能与合作机制。从2009年干扰伊朗大选到助推中东地区多国政治动荡，美国不断借助网络手段来插手他国政局、改变其政治走向。2016年4月，美国赋予其网络司令部以打击"伊斯兰国"的作战任务，美军采取破坏、修改网络数据等方式攻击"伊斯兰国"占领区的非军用网络，以期扰乱破坏这些网络所承担的治理职能。美国前国防部长卡特称，"网络攻击战术将扰乱伊斯兰国的指挥能力，干扰其针对美国及其盟友策划阴谋的能力，削弱他们在占领区的财政与统治民众的能力"。这次行动不仅首次公开将"网络攻击"作为作战手段，而且发挥了网络战在削弱、瓦解"伊斯兰国"民意基础中的政治效用。

在此背景下，美国一些战略问题专家尝试构建战略网络战理论。2009年，兰德公司马丁·里比奇在其著作《网际威慑与网际战》中分析了战略网络战的目的、可信度与局限性等，认为战略网络战是"一个行为体对另一国家与社会发动的网络攻击"，"强迫某国服从于另一国的意志"，是战略网络战的首要目标。战略网络战不同于战术网络战，有明确的政治目的，而战术网络战则"是指战时对军事目标及军事目标相关的民用系统的网际攻击"，专注于军事目标。① 2016年，简·卡尔伯格发表《战略网络战理论——为决定性战略网络行动实施规划的依据》，指出当前的主流认知只是将网络视为联合军事行动和地缘政治行动的促进因素，仅仅分析了过去所发生的简单非结构性、间歇性网络攻击的边缘效果，这是路径依赖式的传统思维；战略网络战理论则以创新精神和前瞻眼光来看待网络，认为未来数十年它将提供重要的战略机遇。交战双方围绕国家政权、制度安危进行着全面较量，力图使对方屈从于己方战略意志。战略性网络攻击不仅要破坏敌人的物质力量，更重要的是摧毁敌人的精神力量，有效打击对象国执政者的抵抗信心与决心，迫使其为维护统治和社会稳定而不得不屈从于进攻国的意志，才能最终达到战略网络战预期目标。反之，"如果对方在袭击或行动后环境恶化，但其社会体制安然无恙，表明这是一次失败的战略网络进攻"。

简·卡尔伯格认为，从效果看，网络与核武器一样都能在最小出动地面部队的情况下到达全球。战略网络战不用派遣军队跨越国界，缩短冲突距离和降低武装干预成本，减少造成战争伤亡，大大降低了由空中轰炸、发动实体战争所产生的物质损失与法律、道义风险代价，却能在他国本土制造严重混乱，取得类似于沃登提出的战略空军"五环打击目标"的效果，是一种投入少破坏性大的作战样式②。

## 二、战略网络战制胜机理

战争制胜机理，是指为赢得战争胜利，战争诸因素发挥作用的方式及

---

① 马丁·里比奇:《网际威慑与网际战》，第81页，科学出版社，2016年。
② 海湾战争后，美空军约翰·A.沃登提出了"五环打击目标"理论，即：第一环是指挥、控制和通信系统；第二环是生产设施，包括石油、电力、军工设施及其相关企业；第三环是基础设施，包括机场、港口、铁路、公路等交通设施，部队使用的各种军用基础设施以及部分相关企业；第四环是民心，包括与作战有关的军事与非军事人员；第五环是野战部队，包括防空系统、军营、坦克部队等。

其相互联系、相互作用的内在机制、规律和原理。习主席深刻指出，现代战争确实发生了深刻变化，这些变化看上去眼花缭乱，但背后是有规律可循的，根本的是战争的制胜机理变了。战略网络战作为新型战争样式，其内在制胜机理综合体现了美国行政学派主要奠基者之一德怀特·沃尔多的"政治稳定论"，战略思想家克劳塞维茨、沃登和杜黑等人的"战略重心论"在信息时代的理论融合与创新。

## （一）"政治稳定论"

沃尔多曾系统提出了维持政府机构稳定与可持续性的"政治稳定论"。认为所有国家政府的稳定统治有赖于其政治合法性、权威性、管理控制能力和公众信任。政治合法性是指政府基于被民众认可的原则基础上实施统治的正统性或正当性，意味着政府必须是依法组建，承诺为公民提供更好的生活，能够营造良好的社会环境秩序。权威性与权力和等级制、政治忠诚密切相关，要求政府内部下级服从上级、地方服从中央等严格的权力格局和制度保障，需要政府成员对权力体制的严格遵从，它不仅依靠刚性的制度规定，更依赖于统治集团内部的忠诚纽带。管理控制能力，是政府执行政策、管控社会的能力，具备良好组织协调能力、清廉高效的政府才能胜任现代化社会的领导管理。信息时代，关于政府自身和民众的身份与财产、知识产权信息、经济往来的沟通交流信息、基础设施运营数据等，多数为政府机构存储掌控，而现代政府面临的主要挑战之一是对这些知识信息的管理能力。公众信任是民众相信政府提供了可预期的安全保障，能够消除民众对未来不确定性的担忧，能够兑现政府所承诺的前景规划。如果民众生存安全感得到满足，有信心对未来持乐观态度，他们会信任并支持政府，反之就会对政府失望而放弃支持甚至试图改换政权。

卡尔伯格的战略网络战理论反向运用"政治稳定论"。认为以上这些因素是政府团结一致的框架，基于破坏对手国社会稳定与政治制度的目标，进攻方应努力发现对手国社会稳定和政治制度的重心与支柱——合法性、权威性、管理控制能力和公众信任，综合运用网络手段击溃这些支柱中的一个或全部，动摇其社会和政治重心，引发社会动荡甚至政权崩溃，而一个政治被严重弱化的国家很容易屈服于外部力量。他认为，对一国的网络攻击只停留在虚拟空间是无意义的，拓展到物理空间造成损失甚至灾难也非主要目标，只有网络攻击效应溢出到社会空间和政治领域，经过网络舆论链条的连锁放大反应后，对对手国社会心理和认知体系产生颠覆性影响，造成社会公众对政府的信任与忠诚危机进而引发政治危机，才能达到战略网络战的最终目的。

战略网络战理论把对手国视为一系列社会制度框架，认为任何社会的基石都是制度，从稳定的民主国家到边缘化的极权国家，不同国家制度弹性各不相同。战略网络战运用大规模网络威胁与实战相结合的方式来破坏对手的向心力、凝聚力、控制力、执行力。如果社会失序、制度不稳甚至崩溃，超出其制度弹性限度，其国家将变得软弱而更容易屈从于外国压力。战略网络战的实施类似于使一栋大楼坍塌的力量施压过程。对一个停车场或框架结构的混凝土梁柱而言，如果所施加压力不大且均匀分布，就没有倒塌的危险；如果压力巨大且集中在一个或一组构建上，那么建筑物就难以承受压力而倾斜倒塌。战略网络攻击意在削弱目标国家制度的关键性支撑，超出其制度能够恢复的弹性能力，它必须"快速实施，使目标社会出现巨大震荡而来不及进行适应性调整恢复，使目标国没有机会来组织战略防御"，从而使其面临从内部发生崩溃的风险。

**（二）"战略重心论"**

战略网络战将对手国政治安全赖以维系的民意支持视为其战略重心而发动网络攻击，汲取、反映了"战略重心论"的基本观点。克劳塞维茨在《战争论》中指出，在敌人的组织——军事、政治和社会等——中，有一个战略重心点，如果失去它，整个国家权力结构就会崩溃而走向失败。因此，重心是所有作战行动和力量所依赖的中心，是全部力量的指向，打击敌人作战重心是通向胜利最直接的途径。正确判断对手战略重心，是战争方向和力量运用正确的基本前提。"制空权"的创始人杜黑认为，在短时间内给予敌方物质上和精神上巨大震撼最好的办法是直接攻击城市无防御的平民和工业设施。因此，他主张把战争的目标重点放在非军事的重大民用设施上，提倡对敌方城市、平民、工业目标进行不加区别的大面积轰炸以摧毁敌方物质和精神的抵抗。沃登认为，准确地判明敌人的重心所在是指挥员和计划人员最重要的职责。他把敌方战略重心目标的选择用从内向外的5个同心环来说明，依次是指挥控制环、生产设施环、基础设施环、民众（民心）环和野战部队环，并突出强调通过破坏敌方的指挥控制系统中枢使其神经瘫痪，通过破坏其电力和石油能源设施，铁路、公路、桥梁、机场、港口等运输系统，造成肌体瘫痪，通过大量毁坏民众的生命财产制造普遍性社会动荡混乱，造成精神崩溃。

战略重心随着时代的发展变化而发生着改变，在传统的陆、海、空战场空间，军队、要地、城市等往往成为进攻的战略重心。在战略网络战时代，作战重心一方面将保持传统"重心论"的目标指向，瞄准对手国家关键基础设施发动攻击；另一方面，战略网络战综合运用网络舆论对抗、心理较量和法理争夺等手段，以网络攻击破坏对手国的向心力、凝聚力、控制力、执行力，通过制造对手国政权合法性危机，使其失去民众信任而最终变得政治软弱甚至失去政权，不得不屈从于外部意志。它的战略重心超越了传统意义上的物质力量重心，扩展到社会信息重心和心理重心，并最终指向政治重心。

### 三、战略网络战攻防行动

若米尼在《战争艺术概论》一书中指出："没有纯粹的进攻，也没有纯粹的防御。"战略网络战是基于网络特性的战争样式,其本质是攻防体系性力量的整体较量。网络进攻旨在通过运用网络空间实施力量投射以获取胜利,当对方还没有发动网络进攻时,网络进攻可能是最好的防御;网络防御旨在保护网络空间的安全和维持以网络为中心的作战能力,在网络总体防御的态势下,以积极的攻势战胜进攻之敌。美国网络司令部司令兼美国国家安全局局长基思·亚历山大表示:"如果防御仅仅是在尽力阻止攻击,那么这永远不算成功。政府需要在攻击发生之前将其扼杀,采取何种防御措施部分归因于攻击手段。"

**(一)战略网络战的进攻行动**

第一,运用网络攻击对手国政权的合法性。战略网络战试图攻击对手政府特别是最高领导人和内阁的上台执政不合法,不具有被民众认可的原则基础上实施统治的正统性或正当性,而是通过网络披露其采取暴力、威胁、贿赂、欺骗等非法手段来破坏或操纵选举,以此煽动对手国民众怀疑乃至反对当政者。政府的合法性还立足于对公众的基本的安全保护能力、公共服务能力和兑现前景承诺的能力。战略网络战还试图以网络攻击来破坏公众的安全感以及对未来生活预期的信心,降低甚至消除公众对政府的信任,而失去民众信任的政府是难以持久的。比如,通过发动网络攻击使其具有标志性的国家行政中心断电,或披露未曾公开的国家高层人士电子邮件和通信,从而昭示对手国中央安全防卫能力很脆弱。由此引发民众悲观的安全预期:政府连最高权力中心的安全都难以保护,如何能够保障普通民众的安全?进而质疑社会政治制度的内在缺陷与脆弱性,甚至认为政权存在合法性问题而无须继续加以维系。

第二,运用网络攻击对手政府的权威性。战略网络战试图利用对手政治权力格局和等级制度的脆弱性,发动网络攻击以破坏其内部的忠诚纽带,在统治集团内部制造分裂。比如,攻击对手政府执法信息系统,揭露工薪分配的不公平和公共财政转移支付的歧视性、偏袒行为，使下级质疑高层的权威与公正性，产生对上层政治精英统治的不满，促使统治集团内部分裂与忠诚团结纽带的断裂；通过网络散布行政执法人员的个人私密信息数据，表明对手国政府不仅难以保障行政执法系统的公共网络安全，而且不能保护其工作人员的私人资料和信息，从而在政府内部产生安全信任危机。

第三，发动网络攻击破坏对手国政府形象，削弱其管控能力。在腐败问题上发动网络舆论攻击是特别有杀伤力的方式，因为"腐败浪费了一个国家拥有的最重要的资源，即政府的合法性"①，而社会民众对政府的腐败、偏袒、渎职等行为和官僚作风极易滋生强烈不满。战略网络战攻击方根据战略目标与作战任务需要，通过网络情报搜集敌对国领导人与官僚群体的私密资料特别是财产信息，真假混合编造出看似真实的贪腐数据并适时予以大量公布、散播，以破坏其形象声誉。一方面，借以削弱对手国民众乃至官僚阶层内部的忠诚纽带，使其失去向心力和凝聚力而趋向分裂瓦解；另一方面，大量官员的贪腐信息将对社会公众心理造成巨大冲击，产生对政府的信任危机进而引发执政危机。

战略网络战理论代表人物卡尔伯格认为，对于伊朗这样的国家，成功地攻击其房产管理系统，获取其统治者拥有的秘密隐藏的大量土地、房产等固定资产数据并加以公布，必然使民众对统治者大为不满而使社会矛盾尖锐化，由此创造更多的煽动反对政权和暴力革命的机会，其战略效果远超过攻击摧毁伊朗人民革命卫队的信息系统。而对一党执政的国家发动网络攻击以获取其大量不合理的党产信息并予以公布，同样可以对执政党的统治造成巨大打击。在西亚北非的政治动荡中，美国支持其国内反对派对

---

① 马克斯·韦伯：《经济与社会》，第351页，商务印书馆，1998年。

政府发动网络舆论战，特别利用网络社交平台联合抹黑国家领导人与官僚阶层，对民众的不满情绪煽风点火，支持民众串联反对政府，对最终瓦解其政权发挥了不可估量的作用。

第四，攻击对手国重大民生基础设施网络中枢，制造严重的社会恐慌和不满。在网络时代，一国攸关国计民生的重大基础设施高度依赖网络运营。在民事领域，许多国家水电气、交通通信等重大基础设施高度依赖网络运行；公民的银行存款、股票证券等金融资产，房产、身份户口、医疗保险等财产资料都以信息数据的形态存储在金融机构与政府的网络空间，成为一国经济赖以维系的基础和命脉。战略网络战以攻击敌对国重大基础设施赖以运转的网络中枢为主要目标，发动大规模迅速集中的攻击，扰乱、阻滞、瘫痪、破坏敌方网络软硬件系统，造成水电网、交通通信与军事指挥、金融控制系统的失灵混乱和社会性灾难。网络战的损失将由虚拟世界外溢到社会认知系统，给民众的生活工作带来极大困扰，产生社会性焦虑与恐慌。比如，金融信息系统中，电子财富的安全是对所有者所有权的保障，涉及社会的公信心，特别是对国家金融体制的公信心。一旦金融系统中关乎公民财产的电子数据被网络攻击破坏，将可能引发公众对财产安全的普遍担忧和恐慌，并纷纷到银行提现挤兑。早在1982年，美国中央情报局就将恶意代码植入了俄罗斯西伯利亚天然气管道的控制系统。恶意软件产生了泵速和阀门设置的问题，最终导致管道内的压力升高，造成历史上最大的非核爆炸之一。2010年，美国网军首次使用"震网"计算机病毒攻击伊朗核设施，并对其进行重新编程而造成破坏，对离心机造成严重的物理损伤，使其核计划延后了两年。2017年5月12日，"勒索"蠕虫病毒在全世界迅猛扩散，对许多国家的教育、石油、交通、公安部门等行业的网络造成了极大的危害。如果网络攻击使对手国政府无法有效保护这些数据信息，或不能提供民生必需的公共服务，就会给公民留下政府无能的印象，由此产生对权威的间接挑战，可能导致社会的不稳定。如果此番攻击和其他那些赖以维持国家稳定的攻击联合实施，将产生倍数放大效应，促使政权垮台崩溃。

为达到使对手屈从本国意志的最终目的，网络侦察、网络威胁、网络攻击将结合运用，同时还辅以秘密外交的手段。首先运用网络和其他情报侦察手段，通过网络窃密、电磁侦察、介质窃密等获取对手内部的战略情报；接着实施战略网络威胁，通过展示网络战略性攻击能力和意愿宣示，运用多种媒体将对方非核心领导人的隐私信息披露爆料，通过小型但具有严重后果的网络攻击，展示己方网络攻击力量和可能引发的社会动荡与政府统治危机的潜在后果。既宣示网络攻击的决心和实力，敲山震虎，使其决策层产生心理畏惧，也给对方核心领导人留有余地，以秘密外交的方式，诱压对方决策层为维系政权和稳定社会秩序、保全声誉、维持形象而屈从。如果前面的手段失效，则发动大规模、猛烈的网络攻击，扰乱、瘫痪其重大基础设施的网络系统，大量披露政府与决策者的隐秘信息，发动大规模网络舆论心理战制造社会心理混乱，为对手国内反对派提供网络传播平台和网络情报以及其他可行性支持，综合运用各种手段，意图颠覆其现政权。

**（二）战略网络战防御行动**

战略网络战进攻的主要目标是对手国的战略重心和政权支柱，因此，对它的防御也必然要求加强对重大关键基础设施网络中枢的实体保护，强化对政权制度赖以维系的支柱的安全维护，进一步增强网络安全的国际合作。

第一，确保关键基础设施网络系统安全。网络空间的安全隐患普遍存在，任何政府都不可能保证本国每一个系统安全无虞，"与其总是试图保护每一个系统，还不如将精力优先放在识别和保护关键基础设施上"[1]。基于这

---

① 2015年美国《网络威慑战略》文件。

一认知，美国网络安全战略将优先保证那些特定的、重要的、关键的网络系统的安全，特别聚焦于那些可能导致人员伤亡、破坏美国关键基础设施、造成重大财产损失，或对国家安全、外交政策、经济健康以及金融稳定构成的重大威胁的攻击活动。2013年，美国发布了"关于关键基础设施和弹性的总统政策指令"（PPD-21），致力于增强和维护安全、可用、有弹性的关键基础设施。该命令要求推行政府的"网络安全框架"，实现联邦各部门间以及政府与私营部门间的网络威胁信息共享。通过加强网络安全信息共享和风险管理，加强态势感知、追踪溯源与预警能力，提升政府系统的弹性。该指令第9部分申明：在此命令颁布的150天之内，部长应当使用基于风险的方法认定关键基础设施。同时，美国每年都举行"网络卫士"联合演习以增强网络防御的实战能力。这一系列演习都瞄准金融、交通、电力、能源和电信等攸关战争潜力的关键基础设施。2016年的"网络卫士"演习，就是以美国炼油厂、电网和港口等重大基础设施遭到重大网络攻击后的防御应对为主题。

网络武器主要针对防御漏洞实施渗透攻击，漏洞既产生于对方固有缺陷，也产生于己方提前预置、植入漏洞。一些发达国家在网络总服务器、网络协议、地址分配与管理方面占领制高点，在网络软硬件出口贸易与服务供应链中进行隐蔽性硬件嵌入或软件植入，预置网络"炸弹"，通过远程网络操控对敌国进行日常渗透与潜伏。缺乏对核心关键设备和技术的自主控制，网络空间的命脉就会掌握在别人手里。摆脱网络空间安全核心关键技术受制于人的被动局面，应大力推动发展战略网络战所需的核心关键设备和技术，牢牢掌控国家网络空间技术和产业发展的命脉。著名的网络搜索引擎"钟馗之眼"（ZoomEye）统计数据显示，中国重要网络"心脏出血"漏洞修复率仅为18%，低于全球平均水平40%，全球排名仅102位，亟须提升安全防御和修复能力。对此，应努力提高国家的网络态势感知能力，多方共建漏洞通报机制，共享预警信息，及时发现漏洞和预测敌意行为，隔离关键任务系统以减少被攻击风险。应建立协作严密的防御体系，做好对战略重心——关键基础设施的保护，提高重大基础设施网络系统的抗攻击能力和恢复能力，做好备用网络和信息备份，即使遭到重大攻击也能够很快恢复重建。

第二，增强网络的社会管控能力。应对战略网络战"攻心为上"的舆论心理战，需要国家具有较强的舆论管控与社会心理引导能力，能够在危机中维持民心稳定，防止民意被对手的网络舆论误导利用，维护意识形态安全。能够在体制和行动层面纾解网络攻击所引发的社会动荡，稳定社会秩序，阻止网络攻击造成的民生问题演变为民心向背的政治信任与政权合法性问题。一是要做好网络保密和监控，做好反渗透、反窃密、反策反工作，防止主要对手实施网络潜伏渗透，严格管控不良信息的非法传播。二是要教育引导民众，及时揭露对手散播虚假信息、扭曲事实真相的阴谋，提高公众明辨是非的鉴别能力，增强其承受重大网络攻击后果的耐力定力。三是要积极构建国际网络舆论平台与传播渠道，提高网络舆论的国际影响力，打好网络舆论的防守反击战。防控网络攻击引发社会秩序混乱，阻断社会问题向政治危机的扩散转化，提高国际网络舆论反击能力。

第三，建立国际网络"缓冲阀"机制。网络已经把世界各国密切联结在一起，形成高度相互依赖的利益结合体与命运共同体。网络大国既掌握着能够威胁伤害他国的网络利器，同时也拥有"玻璃屋"般的网络脆弱性依赖。马丁·里比奇认为，一些战略价值很高的目标因为攻击风险太大、后果太严重而不能发动攻击。如果网络攻击对方大型水电站的控制系统，其运行失控将可能造成巨大环境灾难；如果攻击对方核武器指挥控制系统，将被其视为摧毁性威胁，为确保生存，对手将很可能使用核武器实施先发制人式打击。因此，最好将这些系统指定为"不可攻击系统"。战略网络战的爆发将可能给当事国带来一损俱损的严重后果，对国际关系整体造成重大伤害。而彼此都"住在玻璃房子里的人最好不要往外扔石头"①。各国应保持高度的理性和自我克制，科学评估发动战略网络战的风险代价，加强网络安全对话，探索合适的网络安全合作机制和基于政策分歧的"缓冲阀"机制，创建新的合作平台和采取透明的措施，增进网络空间国际合作意愿，打消攻击意图，力避战略网络战的发生，积极推动国际网络空间的和平发展和共同繁荣。

### 四、战略网络战的意义与影响

第一，战略网络战代表了网络战理论范式的革新突破和未来网络的战略运用。战略网络战使网络的运用超越了联合作战支援、以军事目标为主的范畴，使网络攻击直接服务于国家政治目标，是克劳塞维茨"战争无非政治通过另一种手段的继续"经典论断在信息时代战争中鲜明的体现。战略网络战大大拓展深化了网络的战争潜能，进一步凸显了网络的战略属性。它内在要求各国进一步增强网络战的体系力量，提高网络战的指挥层级。事实上，以美国为代表的世界主要网络大国强国也不断加强提高网络空间司令部的地位与级别。近年来，对网络战功能的系列论述与理论主张中，具有较大影响的观点是把网络战作为军事和外交行动的支援与辅助。其研究主要立足于当前网络攻击能力，聚焦于非结构化、简单和零星的网络攻击行动所产生的效果。其理论范式拒绝承认网络攻击可产生决定性政治效果。战略网络战理论力图消除这种思想的短视，它所关注的是网络未来将如何改变战争形态和社会的决定性能力与网络战的发展方向。而网络空间技术的飞速发展，全世界对网络空间的深度依赖，将不断加强网络的战略

---

① 马丁·里比奇:《网际威慑与网际战》，第73页，科学出版社，2016年。

地位与影响。从这个意义上讲，战略网络战理论提供了一个具有前瞻性和预测性的战略思维模式。尽管在指导当前网络战略与政策上时机还不够成熟，但它将为未来的网络战略运用提供正确的方向性指引。

第二，战略网络战更加凸显了网络战"技术+政治"的属性，对网络战力量构成提出新要求。战略网络战的攻击重点与目标效果从以网络"硬杀伤"对手国家关键基础设施，拓展深化到"软摧毁"其社会心理与政治制度，将引起作战人员和编制编成的重大改变。在网络作战力量构成中，专业性"三战"（心理战、法律战、舆论战）人员的比重将不断加大，在作战中与网络技术人员进行深度协调融合。

第三，战略网络战主要反映了西方国家和平演变战略在网络空间的运用，体现了西方与非西方国家政治制度在网络空间的对抗。和平演变，是以非暴力方式促使对方国家制度发生变化的战略。早期的和平演变战略主要通过与对手国家的接触，用己方的价值观、意识形态和生活方式，影响和改造对手国内人民，特别是青年人的思想，逐渐改变其主流意识形态，进而改造其社会制度，塑造成符合己方利益需求的新的制度形态。传统的和平演变手段主要由西方国家通过贷款、贸易、科技等各种手段诱压非西方国家主要是社会主义国家，促使它们向西方靠拢，向资本主义"和平演变"。在网络时代，则利用网络来影响对手国受众，尤其是精英和青年的政治价值取向、国家认同与行为模式，塑造体现本国意识形态和价值观的网络舆论。以博客、推特等为代表的自媒体广泛应用，依托本国在网络信息技术和网络媒体舆论中的优势地位，利用民众日常生活中出现的个别现象的不满，在网络空间散布政治谣言，进行意识形态渗透，煽动群众对政府不满，甚至在各种网络社交平台号召、组织各种对抗政府的政治集会以制造混乱，全面体现了"和平演变"战略在网络空间的延续与发展。

战略网络战理论的主要提出者是美国学者，他们认为西方国家发达的民主体制拥有较大的弹性空间和快速自我修复功能，在网络系统上具有较完备的信息安全管理结构与法规，而西方民主国家之间具有广泛协作与联合传统。与之相比，非西方国家基于制度和能力缺陷，依靠临时命令而非长期稳定的力量维护和运用网络，缺乏快速高效的修复管理机制，在强大的网络威胁或实战攻击下，难以进行适应性修复和调整。因此在力量非对称格局下，战略网络战在战略层面的运用是可行的，制胜目标是可预期的，这也从一个侧面继承了西方制度优越论的内核。

第四，战略网络战警示国家政治安全面临严重网络威胁的紧迫性、严峻性，应尽早规划攻防战略与斗争准备。战略网络战"杀伤"效果已不断显现，而其潜力和可用性正随着世界各国对网络依赖程度的加深、大国网络博弈的激化而不断增强。一些国家已经在半公开半隐蔽地针对他国实施战略网络战的谋划和实战演练。美国扶植推特、脸书等社交网站变身为干涉他国内政的战略利器，其中，脸书社交网站人数已经超过12亿，号称虚拟世界的蓝色帝国。美国CIA在过去几十年里，曾多次借助网络试图干扰他国大选甚至颠覆敌对政权。在21世纪初期俄罗斯和中东北非地区发生的一系列"颜色革命"中，美国以网络空间为阵地，借推特、脸书等社交网络工具，以论坛、博客、视频分享网站等为推手，在网络虚拟空间里制造出政治集会的效应，使网络空间成为组织和动员对象国政府"抗议者"的重要平台。据英国《卫报》2011年报道，借助于一种新型软件，美国军方可以使一名美国军人在登录全球性社交网站脸书和推特时拥有10个"马甲"，使其在同一地址登录时产生与美国军方毫无关联的假IP地址，从而可以轻易冒充来自世界各地不同身份的人，利用伪造的用户身份在网络上发表有利于美国的舆论宣传。美国在对他国发动具有战略网络战属性的网络攻击时，自身也遭到了来自他国的具有明显政治意图的网络攻击。2016年，美国民主党宣称俄罗斯黑客获取了民主党内部大量邮件并将它们转给维基解密，目的是破坏希拉里的竞选之路。其后，美国国家情报总监办公室和国土安全部发表声明称，俄罗斯策划了这起邮件泄露事件，"窃取（邮件）并泄露的做法，正是为了干扰美国大选的进程"。

一国要在未来网络空间乃至国际政治舞台上维护国家安全、占据主动、避免受制于人，应保持对主要战略对手可能发动战略网络战的高度警惕，战略上应做好远景规划和配套的理论先导性研究。须紧盯主要对手的网络战略发展进程，紧密跟踪发达国家战略网络战理论发展前沿，积极探索新思想新理论，系统分析网络空间与物理空间、社会认知空间的关系，深入探究战略网络战作战原则、力量体系、样式手段等关键要素，加强战略网络战制胜机理研究，并尽早制定战略网络战攻防战略指导方针、原则与计划。

# 战争形态变化的社会历史条件[①]

在人类战争史上，20世纪的战争占有突出地位。20世纪上半叶爆发了两次世界大战。20世纪下半叶，核战争和新的世界大战长时间严重威胁着人类，却又始终没有爆发。相反，世界上不是这里烽烟骤起，就是那里枪声紧急，局部战争从未间断过。在第二次世界大战结束后的50余年间，世界上共发生各种规模的局部战争和武装冲突近300次。局部战争已逐步演变为相对独立的、具有新的特点和规律的战争形态。

第二次世界大战后战争形态的演变，大致经历了以下几个发展时期：第一个时期，从第二次世界大战结束到朝鲜战争。以大规模战争的模式来进行局部战争，追求军事上的彻底胜利，是这一时期局部战争的主要特点。美国对希腊国内革命战争、中国人民解放战争的干涉行动，以及在朝鲜战争初期阶段所确立的政治目的和军事目标，都体现了这一特点。第二个时期，从朝鲜战争结束到60年代末。朝鲜战争和印度支那战争最终都以谈判达成某种妥协而结束，标志着局部的有限性战争登上了历史舞台。其中，中国炮击金门的军事行动和中印边境自卫反击作战，是将有限的、合理的政治目的与军事手段有机结合起来，并且有意识地限制战争规模的典范。美国虽然在侵越战争中按照其有限战争理论行事，但终因战争的非正义性和战争指导上的重大错误而遭到彻底失败。第三个时期，从70年代初到80年代末。如果说前两个时期的一些重大局部战争还明显地与世界战争乃至核大战的危险相联系，那么，由于世界政治经济条件的变化、核均势的出

---

① 本文选自作者专著《现代局部战争理论研究》引言和第一章。该书1997年由国防大学出版社出版。编入本书时作了删节。

现和美苏之间制约大战机制的形成，这一时期的局部战争与世界大战的联系日益弱化。70年代苏联通过插手各种局部战争甚至直接入侵阿富汗而极力向外扩张，80年代美国通过大打低强度战争来削弱苏联的战略地位，更加突出了局部战争中的美苏争霸背景。同时，局部战争的军事技术属性也开始呈现质的变化，以第四次中东战争和80年代美国及其他西方国家进行的一些战争为标志，出现了各种形式的具有高技术特点的局部战争。第四个时期，从90年代初至今。两极世界格局的瓦解和海湾战争的爆发，使局部战争进入了一个新的发展时期。在当今的时代条件下，尽管局部战争具有更加复杂多样的表现形态，并且包含更多的不确定性和难以预测的因素，但它不存在演变为世界大战的现实可能性。从战争的军事技术属性的角度看，以海湾战争为新的起点，一般条件下局部战争向高技术条件下局部战争的转化，已经成为世界局部战争发展的主流，也是当前世界各主要国家对战争研究和准备的重点。

第二次世界大战后战争形态的重大变化不是偶然的，有其内在的必然性。为什么新的世界大战长时间严重威胁着人类，却又始终打不起来？为什么战争形态主要表现为现代局部战争？要回答这些问题，首先就必须研究引起战争形态变化的新的历史条件。所谓历史条件，是指事物在其发展的历史过程中同周围事物的具体的、多样的联系，它制约着该事物发展的历史和现状。我们之所以要着重研究新的历史条件，就是因为它既体现了一事物特定的历史延续性，又突出表现了这一事物当前的社会联系，是产生新情况、新问题的根源。考察战后世界面临的新历史条件，是我们研究战争形态变化的一个首要的方法论原则。

## 一、世界格局的转换

在影响战后战争形态变化的诸多因素中，世界格局的转换占有十分突出的地位。历史地考察世界格局演变的过程、特点、趋势及其对战争与和平的作用，对于我们从整体上把握战争形态的变化与世界政治经济发展的内在联系，深刻认识现代局部战争的特点和规律有着重要的现实意义。

**（一）世界格局的变化与两次世界大战**

世界格局，是指在一定力量对比及其相互关系基础上形成的一种相对稳定的国际结构或战略性态势。国际政治的重大变化归根到底要通过一种结构性的变化即国际体系本身的变化表现出来，如国际政治格局由多极变为两极或由两极变为一超多元。国际结构的特点、模式及其变化，对于一个国际体系的稳定或动荡，对于世界范围内的战争与和平，有着十分重要的影响。世界格局包括政治、经济、军事和意识形态等多方面的内容，但其核心是政治格局。经济是基础，是最终起决定作用的，然而政治又是经济的集中表现。因此，世界格局的政治含义具有更高更大的概括性，它往往概括了经济格局、军事格局等。正是在这个意义上，所谓从世界格局的角度看问题，首先就是要从政治角度看问题。也即是说，要以国家或政治集团之间的政治关系，尤其是那些对格局发展变化起着举足轻重作用的力量之间的政治关系为思考问题的出发点。正如1982年11月间，邓小平在与一位外国朋友谈及某一问题时所说："只有把这个问题放在全球战略角度考虑，也就是政治角度来考虑，才能处理好这个问题。"①

世界上各种基本力量的消长和斗争达到一种平衡、均势，就构成了特定的格局。无论国际形势如何变幻不定，只要这些基本力量的对比没有发生重大变化，世界格局就不会发生根本的改变。由于世界格局的基础是各种基本力量的实力对比，因而在研究世界格局时，要特别注意那些能够对世界格局的发展和变化起重要作用的力量。它可以是某一大国或大国的集

① 转引自陈忠经：《国际战略问题》，第2页，时事出版社，1987年。

团，也可以是某种国际性的组织。世界近代以来的历史表明，世界格局通常是由大国或大国集团的力量对比所决定的。这里所说的力量对比不是单指某个方面或几个方面，而是从整体的、综合的角度来说的。它既包括地理、人口、自然资源的条件，也包括经济、政治、军事、文化等条件。1975年，美国国际关系学者克莱因在《世界权力的评价》一书中，提出了一个对国家力量进行综合估量的公式：$Pp=(C+E+M)×(S+W)$。$Pp$ 是被确认的权力，$C$ 是人口和领土构成的基本实体，$E$ 是经济能力，$M$ 是军事能力，$S$ 是战略意图，$W$ 是实现国家战略的意志。这个公式的内容本身及其定量研究方法有许多不足之处，但它强调在估量国家力量时不能只考虑一两个因素，而要作全面的、综合的估算，这一点是合理的。

严格意义的世界格局是从欧洲近代史时期开始的。随着资本主义大工业的建立和世界市场的形成，世界逐渐连成一体，这才出现了与全球性国际关系相联系的国际格局问题。由于欧洲通过资本主义的发展而在世界上所处的中心地位，以及主要资本主义国家争夺殖民地、瓜分世界的斗争已经开始，因而1815年拿破仑战争后在欧洲建立起来的、以大国均势为特点的维也纳体制，可以被认为是第一个世界性政治格局。它与自由资本主义时代资本主义的竞相发展相一致。在维也纳会议上，英国、俄国、普鲁士、奥地利等主要战胜国经过激烈的讨价还价，重新划分了欧洲领土和分割了海外殖民地，从而建立起包括刚刚经历了滑铁卢的法国在内的欧洲均势结构。当时欧洲列强之间虽然存在着许多矛盾和冲突，但从总体上看，似乎没有一个大国对于整个和平结构特别不满，而不惜用武力改变现状。在它们之间实际上存在着一系列为维持均势与和平状态所必需的国际政治的行为规范和准则，如任何一个大国都不应在欧洲和世界上提出无限的要求或在欧洲大陆获得压倒性的优势，任何一个大国都不应被随意排除于既存的欧洲均势结构之外，对大国间的利害冲突要尽量通过谈判获得解决，而对来自各种革命运动的冲击或殖民地半殖民地的挑战则要采取协调的对策。西方学者把这种情况称为"欧洲协调"。他们认为，正是这个结构为此后欧洲长达百年的相对和平时期（未发生全面性战争）提供了基本条件。

从19世纪70年代起，自由资本主义发展到顶峰阶段，开始了向垄断资本主义即帝国主义阶段的过渡。垄断基础上的竞争，垄断基础上经济政治发展的不平衡，整个世界融合为一个经济机体而且已经被最大资本主义列强瓜分完毕，正是这些帝国主义时代的根本特性为战争的世界化奠定了基本的前提。这种状况在政治上就表现为，资本主义大国为重新分割世界而积极推行以争夺霸权为目标的帝国主义政策，国际政治格局因此而在力量对比与配置上发生重大变化，欧洲列强均势的局面开始走向瓦解。在这一过程中，普鲁士通过三次对外战争实现了德意志的统一从而成为欧洲大陆最强大的国家，法国在战争中被削弱了，奥地利沦为欧洲的二流国家，英国成为世界上最大的殖民帝国，俄国也丧失了"欧洲宪兵"的地位，而美国和日本则在19世纪后期登上了世界舞台。从1873年的三皇同盟到1882年的三国同盟，从1894年的法俄同盟到1904年的英法协约和1907年的英俄协约，各大国统治集团之间相互利用、激烈争斗，按照"敌人的敌人就是朋友"的原则积极行动，最终在20世纪初形成了德奥意三国同盟和英法俄三国协约两大军事集团尖锐对立的国际政治格局。大国同盟体系的形成，表明维护同盟体系的利益（而不是欧洲与世界均势结构）已经成为从属于不同国家集团或联盟的大国的首要目标。而且，结盟行动本身就包含一种在国际斗争中压倒对手或潜在对手的动机与追求（力图改变均势以有利于自己），这是对维也纳体制谋求大国协调和均势的观念的否定。在帝国主义时代，这种政治格局是由局部冲突演化为世界大战的极为重要的条件。正是这种历史现象，使得某些西方学者把军事同盟看作是世界大战最重要的根源。

第一次世界大战后，国际力量对比发生了重大变化。德国战败，奥匈帝国解体，英法等战胜国受到极大削弱，美国和日本成为世界强国，俄国爆发十月革命使世界出现了两种社会制度体系的对立。1919年和1921年，美、英、法、意、日等战胜国大国在巴黎和华盛顿会议上重新瓜分世界，建立起以凡尔赛—华盛顿体系为基础的格局。这一体系的本质，仍是19世纪那种以欧洲为中心、以欧洲大国均势为基础而对世界加以控制的伞形结构的延续。它包含着巨大的缺陷和不合理性：把社会主义苏联完全排斥在体系之外，将战败国德国踩在脚下，利用国际联盟任意处置弱小民族，又没有考虑到和平的经济方面，等等。它所遵从的仍然是19世纪欧洲统治世界时代的帝国主义大国的强权原则，而没有从结构上反映出经过一次大战已变得更加复杂和多样化的世界的现实。因此，这一体系从建立之日起就是极其脆弱的。第一次世界大战后十几年法西斯崛起，20年后便爆发了第二次世界大战。在由于帝国主义经济政治发展的不平衡而产生了法西斯国家，以及西方国家对其采取"绥靖政策"的条件下，这种脆弱的国际政治格局就成为导致第二次世界大战的一个重要根源。从这个意义上可以认为，第一次世界大战是不可避免的，而第二次世界大战是有可能避免的。第二次世界大战的爆发是一系列概然性选择的结果。

**（二）雅尔塔体制与战争形态的嬗变**

50年代中期，以雅尔塔体制为基础的战后世界格局最后形成并巩固了下来，力量对比出现了稳定的均势。通过雅尔塔会议和德黑兰、波茨坦等会议，美苏两国在欧洲和亚洲重新划分了势力范围，为第二次世界大战后的世界格局奠定了基础，这就是雅尔塔体制。这一体制是以美苏战时军事实力的均势为基础的，反映了当时新形成的力量对比。美苏军事力量所及的地方就构成了东西方的分界线。它将欧洲一分为二，东欧属于苏联的势力范围，西欧属于美国的势力范围；同时，还确定了由苏、美、英、法分区占领德国的方案，这导致德国后来分裂为东西两个国家。关于远东，美国同意了苏联提出的参加对日作战的条件，即收回南库页岛、取得千岛群岛、外蒙古独立，以及把中国的大连港国际化，旅顺港租为苏海军基地，中国中东铁路和南满铁路由中苏共营等要求。苏联则承认美国对日本的控制以及在中国的利益。朝鲜按"三八线"分为南北两方虽非雅尔塔会议的决定，但也体现了典型的雅尔塔模式，即双方分属于苏美的势力范围。经过战后初期各种形式的较量和斗争，以1949年4月北大西洋公约组织的成立和1955年5月华沙条约组织的成立为标志，以美苏对抗为核心的两极世界政治格局就最后形成了。此后几十年尽管国际形势发生了重大变化，如由战后初期两大阵营的对立逐步演变为主要是两个超级大国的争霸，60年代第三世界崛起，70年代起出现了世界多极化趋势，但直到1989年秋东欧剧变前，这种美苏两极对峙的世界格局基本未变。

第二次世界大战后至冷战结束前的40多年间，爆发了近200场武装冲突和局部战争，美苏之间却始终没有爆发全面战争，第三次世界大战也能够得到避免。这里的原因当然是多方面的，但从国际政治的角度来看，以雅尔塔体制为基础的两极世界格局在客观上也起到了制约世界大战的作用。雅尔塔体制在一定程度上是世界人民反法西斯战争胜利的产物，这使它多少带有维护和平、民主和支持民族独立的特点。同时，雅尔塔体制又是以美苏两个超级大国的均势为基础的国际秩序，由于受到各种因素的制约它们都尽量避免直接相撞。从总体上看，东西方之间的多次危机均未导致两极世界格局的根本变化。1948年6月至1949年5月的柏林危机和1950年6月至1953年7月的朝鲜战争的结果，都是维持了战后形成的局面。这一事实在客观上所起到的作用，就是在世界范围内又重新巩固了雅尔塔体制。1975年在芬兰赫尔辛基召开的欧洲安全与合作会议，实际上是对雅尔塔体制关于欧洲领土的划分和其他各项安排的再一次肯定。

雅尔塔体制最严重的问题，就是仍然维持了大国强权政治，美苏划分势力范围，以牺牲中小国家的利益做交易，两家决定世界重大问题。从这一点看，它是凡尔赛—华盛顿体制的继续。美苏争霸和两大军事集团的尖锐对立，导致了规模空前的军备竞赛、全球范围内的争夺和长期冷战的紧张局面，使世界始终处于世界大战的严重威胁之中。而且，在美苏势力范围已定且在军事与政治领域大体势均力敌的情况下，双方都将争夺的触角延伸到欧洲以外的广大发展中国家，从而引发了大量的局部战争。这些战争绝大多数都与美苏的地区争夺有密切关系，是它们争夺的一种方式和后果。因此，以雅尔塔体制为基础的两极世界格局，是影响战后局部战争性质和特点的最重要的历史条件。它的影响主要表现在以下几个方面：

首先，局部战争的意义具有全局性和世界性。战后局部战争尽管确有其内因，不能都说是别人挑起的，但绝大多数都有两个超级大国出于各自战略利益的考虑而以各种方式直接或间接地介入。美国就曾先后发动了侵略朝鲜和越南的战争，入侵过黎巴嫩、格林纳达和巴拿马。苏联则侵略了阿富汗，并把触角伸到了非洲和拉丁美洲的广大地区。美苏间接介入地区冲突的情况就更多了。这样，许多局部战争就同时具有了世界性的意义，即成为美苏在全球范围内争夺的大棋盘上的一个棋子，成为可能影响世界战略平衡的一种力量。

其次，局部战争战场具有明确的选择性。战后几乎所有的局部战争都是在"南方"即第三世界进行的。这种令人触目惊心的国际现象，正是以雅尔塔体制为基础的两极世界格局的产物。雅尔塔体制涉及的范围主要是欧洲和东亚，而未把亚洲的很大一部分和非洲、拉丁美洲包括在内。广大亚非拉地区战前是西方帝国主义的殖民地、半殖民地或附属国。战后美英认为这些地区理所当然地属于西方的势力范围，而无须在雅尔塔会议上讨论。这就为后来美苏在不触动雅尔塔体制的前提下，在第三世界的激烈争夺埋下了伏笔。

再次，局部战争目的、手段、规模和进程具有一定的有限性和可控性。有意识地对战争进行限制和控制的思想，主要是在第二次世界大战后出现的。这里除了人们对世界大战的反思、核武器的出现等因素之外，世界格局的变化是一个直接的因素。美苏一方面极力避免迎头相撞，另一方面又根据自身的战略利益，对其所直接或间接介入的局部战争进行一定程度的限制和控制。战争是力量的竞赛。主要体现着大国力量对比的世界格局作为一种既定的客观的历史条件，必然对局部战争有极大的制约作用，这是不以人的意志为转移的。

最后，局部战争愈来愈具有高科技性。战后局部战争中常规武器装备的高技术化趋势以及随之而来的作战样式的更新，其速度之快和范围之广都是前所未有的。世界经济和科学技术的迅速发展无疑是一个主要因素，但局部战争与世界格局之间如此紧密的联系也起了重要作用。美苏既然把争夺的主战场摆在第三世界，那么它们自身的高技术武器优势就必然会通过大大小小的局部战争表现出来。同时，它们还常常把第三世界国家发生的局部战争作为新武器和新战法试验和较量的场所。

**（三）冷战后的多极化趋势对现代局部战争的影响**

从70年代起，随着美苏两个超级大国实力的相对衰落，日本和西欧的崛起，以美元为中心的布雷顿森林国际货币体系的解体，以及第三世界登上了世界历史舞台，特别是作为第三世界一员的中国的发展等，世界出现了明显的多极化趋势。这种变化在80年代下半期以后得到迅速发展，终于由量变转化为质变。以1989年下半年的东欧剧变和1991年的苏联解体为标志，战后以雅尔塔体制为基础的两极世界格局彻底瓦解，世界进入了后冷战时期，开始了具有历史意义的由两极格局向多极格局的过渡。在过渡时期，世界力量的对比及其相互关系出现了一超（美国）、多强（欧洲联盟、日、俄、中）的局面或所谓的一（一个超级大国美国）、二（军事上两强——美俄）、三（经济上三强——美、日、欧）、五（政治上美、欧、日、俄、中）这样一种多层结构。与以往在战争基础上实现的世界格局转换不同，这次世界格局转换是在和平条件下进行的，没有也不可能有一个战胜国会议来重新划分势力范围，因而新格局的形成将经历一个相当长的时期。

究竟是两极还是多极的世界格局更有利于和平和稳定，或更易于导致战争？这是国内外学术界长期讨论的一个问题。有的认为，和平在两极体系中比在多极体系中更有保障，因为两极体系中导致战争的对立体少，霸权国发出的威慑是明确的、有力的和有效的，两个主要强国的力量平衡是保持体系稳定的关键。有的认为，多极体系是最稳定的体系，它可以产生一种不确定性，从而导致决策者谨慎行事，使体系易于对潜在的破坏性力量进行调整。欧洲均势体系的漫长历史便是例证。其实，抽象地谈论两极和多极孰优孰劣是很难下结论的，应当视具体的历史情况而定。无论是两极还是多极结构都可能包含着不稳定的因素。第一次世界大战前两大军事集团的出现是导致战争的一个直接根源，而第二次世界大战后两大军事集团的长期对峙却没有导致世界大战。拿破仑战争后欧洲形成的大国多极均势结构是欧洲100年未爆发大战的一个重要条件，而第二次世界大战前实际上存在的多极格局则似乎加速了战争的到来。因此，人们在探讨世界格局对战争与和平的影响时，必须结合特定时代的特点、政治经济发展不平衡规律的具体作用以及大国所采取的政策等因素综合地研究。

这次世界格局的转换在和平条件下进行这一事实本身就表明，世界的主要潮流和时代的基本特征仍然是和平与发展。在这样一种时代条件下由两极向多极的过渡，在总体上将有利于世界的和平与稳定。苏联的消失消除了唯一与美国抗衡的对手，世界大战已没有对象。而且，世界经济的一体化和国际化的趋势客观上有助于减少大国之间爆发战争的可能性。大国不打仗，也就没有世界大战。由于失去了美苏争夺的背景，局部战争也已呈现出数量减少、规模缩小的趋势。当然，世界由两极向多极格局的过渡又是动荡不安的。两极格局的崩溃，东西方力量对比的变化，带来了国际关系中一系列新的失衡、紊乱、矛盾和冲突，并引发了一些新的局部战争。在这一过渡中，局部战争出现了一些新的特点。

第一，局部战争范围主要具有地区性、局部性的意义。冷战时期的局部战争由于有两个超级大国的插手，在世界格局中往往占有重要的地位。冷战后的局部战争虽然许多也有大国背景，但因主要受日益突出的地区内的政治经济矛盾制约，其规模多数均属于内战性质，对整个世界格局的影响不大。世界各主要大国都在集中主要力量解决好国内问题的同时，更加注重地区性问题，从而使地缘政治和地缘经济结合得更加紧密。事实上存在着的大国争夺、划分势力范围的斗争，在一定时期内不排除有激化的可能，但在当前大国间的较量更注重经济科技方面的条件下，一般不会导致大国之间的战争。

第二，局部战争的不确定性因素大大增加。冷战时期局部战争最主要的根源，是两霸争夺和两大军事集团的长期对峙。而在超级大国的争夺突然消失后，各地区国家之间或国家内部的政治、经济、领土、民族、宗教等矛盾就必然会直接显现出来，从而引发各种类型的局部战争和武装冲突。这里既有历史遗留下来的、从未得到根本解决的矛盾，也有因经济发展而引起的各种新矛盾。其中特别值得注意的是，体现着分离而不是凝聚倾向的新的民族主义浪潮和在新历史条件下出现的经济政治发展不平衡。局部战争的地域分布也由此而发生明显变化，如冷战时期一直比较稳定的欧洲地区出现了连续不断的地区冲突、局部战争。这一切都使得冷战后的局部战争包含更多的不确定性和难以预测的因素。

第三，局部战争的类型更加复杂多样。冷战时期的局部战争由于受到两极格局的制约，其类型相对简单。冷战后的局部战争则呈现出更加复杂多样的表现形态，既有大量使用高技术武器装备以及与此相应的新作战方式的战争，也有以使用中低技术武器装备为主以及与此相应的旧作战方式的战争；既有超级大国或工业发达国家直接介入的较大规模的战争，也有因民族或部族矛盾激化而引起的冲突；既有国家或国家联盟进行的正规战争，也有民族、部族以及某些社会组织、社会力量进行的非正规战争。甚至在一场战争中，就存在着各种类型的战争样式，使局部战争的"复合"性特征更加突出。

第四，局部战争控制的国际化和多边化趋势有较大发展。冷战时期对局部战争的控制、限制，主要取决于两个超级大国的意愿和决心。冷战结束后，人们越来越多地诉诸联合国和一些地区性国际组织处理新近发生的各类地区性冲突。尽管联合国的作用还是有限的，但它对冲突的干预增多本身就显示出对局部战争控制的一种真正国际化和多边化的趋势。此外，还有相当多的地区冲突是由各种地区性组织处理和解决的。当然，国际政治中的强权政治、霸权主义依然存在，大国、强国在控制和处理冲突方面的选择余地比中小国家依然要大得多，但这与两极格局中的情况已不可同日而语。在今天的历史条件下，争取各种国际组织的支持，是应付未来可能发生的局部战争的一个重要政治条件。

### （四）和平力量对战争形态的制约作用

研究世界格局的转换对战争形态变化的影响，还有一个重要问题需要探讨，这就是战后和平力量的增长对世界大战的制约作用。在1985年的中央军委扩大会议上，邓小平明确提出：世界大战打不起来的主要原因之一，是由于世界和平力量的增长超过战争力量的增长。邓小平还对"和平力量"的内涵作了精辟的分析。他说："这个和平力量，首先是第三世界，我们中国也属于第三世界。第三世界的人口占世界人口的四分之三，是不希望战争的。这个和平力量还应该包括美苏以外的发达国家，真要打仗，他们是不干的呀！美国人民、苏联人民也是不支持战争的。世界很大，复杂得很，但一分析，真正支持战争的没有多少，人民是要求和平、反对战争的。"①

亚洲、非洲、拉丁美洲和其他地区的广大发展中国家的迅速崛起，是第二次世界大战后国际政治发展的一个显著特征。伴随着反法西斯战争的胜利而蓬勃兴起的民族解放运动，使得近百个国家摆脱了帝国主义的殖民统治，成为独立的主权国家，从而形成了第三世界，其陆地面积和人口分别占世界总数的3/5和3/4。由于经济上的相对落后和政治上的复杂多样，第三世界尚不能成为世界格局中独立的一极，但它无疑改变了世界力量的对比。在反对霸权主义、维护世界和平方面，第三世界是一支最可靠和最基本的力量。第三世界国家取得政治独立后，都面临着发展民族经济的紧迫任务，因而需要一个和平稳定的国际环境。但是，超级大国争霸的主战场在第三世界，它们采取各种手段在这里扩张势力范围，如插手地区事务、打代理人战争乃至直接进行侵略战争，导致许多地区和国家长期动荡、战乱频仍。这种争霸斗争严重威胁着广大第三世界国家和人民的民族独立和国家主权，不能不激起它们的强烈反抗。因此，多数第三世界国家奉行和平、中立和不结盟的对外政策，坚持开展反帝反殖、反对霸权主义的斗争，50年代的亚非会议、60年代的不结盟运动和随后建立的"七十七国集团"都体现了这一特点。不唯如此，一些第三世界国家人民抗击外来入侵的战争，有效地牵制和打击了超级大国的战争力量和战争政策，为维护世界和平作出了重要贡献。朝鲜战争、越南战争和阿富汗战争，都使超级大国称霸世界的野心遭到重大挫折。局部战争尚且如此，发动世界战争能否达到预期的目的，这是美苏两个超级大国不能不认真思考的问题。

---

① 《邓小平文选》第3卷，第127页，人民出版社，1993年。

中国是发展中的社会主义国家，属于第三世界，这更增强了第三世界的力量和影响。新中国成立以来，始终不渝地奉行独立自主的和平外交政策，反对帝国主义、殖民主义、霸权主义，维护世界和平，以和平共处五项原则作为处理国际关系的基本准则。在中国经济还比较落后的情况下，为了发展经济，中国需要一个长期的和平国际环境，因而它必然是一支重要的和平力量。就算是中国将来强大了，它也永远不会称霸，永远不会欺负别人，永远高举反对霸权主义、维护世界和平的旗帜。冷战时期，当世界格局出现美、苏、中"大三角"关系后，中国作为国际社会中一支举足轻重的力量，对制约美苏争霸所造成的战争因素起到了积极的作用。正如邓小平在1985年中央军委扩大会议上所说："世界上都在说苏、美、中'大三角'。我们不讲这个话，我们对自己力量的估计是清醒的，但是我们也相信中国在国际事务里面是有足够分量的。我们奉行独立自主的正确的外交路线和对外政策，高举反对霸权主义、维护世界和平的旗帜，坚定地站在和平力量一边，谁搞霸权就反对谁，谁搞战争就反对谁。所以，中国的发展是和平力量的发展，是制约战争力量的发展。现在树立我们是一个和平力量、制约战争力量的形象十分重要，我们实际上也要担当这个角色。"[1]毋庸置疑，随着中国现代化建设的发展，中国必将对维护世界和平作出更大的贡献。

欧洲、日本、大洋洲等第二世界发达国家和人民，以及第一世界美苏两国人民，也是要求和平、制约战争的重要力量。第二世界国家虽然是超级大国的盟友，但为了自身的安全和发展，避免做美苏争夺的牺牲品，越来越实行独立于两个超级大国的政策，反对超级大国发动战争和进行军备竞赛。这些国家在第二次世界大战中都遭受过战争的破坏，有的国家经济濒临破产的

①《邓小平文选》第3卷，第128页，人民出版社，1993年。

边缘。战后几十年的和平条件，使它们的经济得到恢复和发展，并随着国力的增强形成了新的力量中心。历史的教训和现实的经验，都使它们要求和平、反对战争。战后在这些国家中出现的声势浩大的和平反战运动，就反映了广大人民群众的这种愿望和要求。战后的世界和平运动有两大特点：一是具有较广泛的群众性。和平运动的参加者来自社会的各个阶层，从政治家到科学家，从教授、学生到家庭妇女、儿童，从实业界到宗教界，乃至退役的将军和士兵。他们超越政治见解、意识形态和宗教信仰，汇成一支巨大的和平力量。二是矛头直接指向两个超级大国。和平运动的基本目标是反对核武器和侵略战争，因而它的矛头主要针对拥有最大核武库和常规武库的美国和苏联。当然，在不同的历史时期，和平运动的侧重点也有所不同，如50年代要求禁止原子弹和反对世界战争，60年代反对美国侵越战争，70年代中期以后反对美苏两个超级大国的核军备竞赛。尤其需要指出的是，尽管美苏两个超级大国的对抗和争夺是战后大战危险的主要根源，但美苏两国人民同样要求和平、反对战争，并在世界和平运动中发挥了重要作用。这一点明显不同于第一次世界大战后欧美各国的和平主义运动。众所周知，第一次世界大战后与孤立主义和恐战症结合在一起的和平主义思潮，曾为西方国家的绥靖政策提供了心理基础，而且强大的和平主义运动对法西斯各国的人民影响不大。然而第二次世界大战后的和平运动却是真正世界性的，它对包括美苏两国人民在内的世界人民产生了深远影响，并成为国际社会中一支重要的政治力量。在美国侵越战争中，一场席卷全美国的反越战和平运动，对促使美国从越南最终撤军起了巨大作用。在苏联入侵阿富汗战争中，苏联人民以各种方式对这一战争所表现出的强烈不满和反对，也是迫使苏军撤出阿富汗的一个因素。总之，第二次世界大战后群众性和平运动的发展，对于超级大国的侵略扩张、军备竞赛以及各国的防务政策，对于防止新的世界大战的爆发，起到了明显的制约作用。

## 二、核武器的出现与核均势的形成

核武器的出现及由此而形成的核威慑作用，对第二次世界大战后世界范围内的战争与和平产生了深远影响。核武器所具有的大规模杀伤破坏能力，使人类面临着空前的灾难，世界处于被毁灭的危险之中。然而，随着核武器的迅速发展和美苏核均势的形成，它又反过来成为制约世界战争特别是核战争爆发的重要因素。核武器的出现与核均势的形成，成为战后战争形态转换的一个不可或缺的历史条件。

1945年7月16日清晨5时30分，在美国新墨西哥州阿拉莫戈尔多空军基地的沙漠中，爆炸了人类历史上第一颗原子弹。8月6日和9日，美国的B-29轰炸机在日本的广岛和长崎，分别投下了两颗代号为"小男孩"和"胖子"的原子弹。原子弹轰炸是促使日本政府无条件投降的原因之一，但其巨大的破坏能力和灾难性后果也震惊了全世界。这两颗原子弹的爆炸威力仅为1.5万吨和2万吨梯恩梯当量，却使广岛67%的建筑物被毁坏，伤亡144000人（其中死亡68000人）；长崎40%的建筑物被毁坏，伤亡59000人（其中死亡38000人）。核武器的空前威力，主要来源于它特殊的能源作用机理。常规武器是利用炸药的化学反应、在瞬间释放出化学能来造成杀伤破坏作用的，而核武器则是利用瞬间核反应释放出的能量来造成杀伤破坏作用的。它主要有两种形态：一种是重原子核的裂变反应，如美国投在广岛的铀235原子弹和投在长崎的钚239原子弹；另一种是轻原子核的聚变反应，如氢弹和中子弹。核武器爆炸时释放的能量，比只装化学炸药的常规武器要大得多。例如，1公斤铀全部裂变释放的能量，比1公斤梯恩梯炸药爆炸释放的能量约大2000万倍。这即是说，1公斤铀全部裂变的能量相当于2万吨梯恩梯爆炸时释放的能量。核爆炸所产生的冲击波、光辐射、早期核辐射、放射性沾染和电磁脉冲等多种杀伤破坏因素，使核武器在杀伤破坏作用上远远超过常规武器所能达到的严重程度和复杂后果。

如果说核武器的影响起初还是较为有限的，许多人尚未完全意识到核爆炸与常规爆炸之间的根本不同，那么到1952年美国首次氢弹试验成功，核武器的威力就给人们留下了更为深刻的印象。根据计算，1公斤氘和氚的混合物完全聚变时所释放出的能量，大约是1公斤铀完全裂变时所释放能量的3～4倍。1954年3月，美国进行的代号为"强盗"的氢弹试验，弹重为20吨，但实际爆炸威力却达到1500万吨梯恩梯当量。1961年10月，苏联进行了世界上威力最大的一次核试验，试爆成功一枚6000万吨当量的氢弹，是第二次世界大战中全部爆炸威力（300万吨当量）的20倍。而且，氢弹的发展使核武器及其投射工具的小型化成为可能。美国在广岛投下的1.5万吨当量的原子弹全重达6吨多，60年代中期美国"民兵Ⅱ"洲际导弹的一枚150万吨当量的弹头只有450公斤；第二次世界大战的全部爆炸威力，仅仅相当于一枚300万吨级的大型洲际导弹弹头的爆炸当量。由洲际弹道导弹所引发的一场洲际核战争只有30分钟的预警时间，同样的距离B-36空中堡垒战略轰炸机却需要飞8小时。

冷战时期，美苏的核竞赛大体上经历了三个阶段：第一阶段，从1946年到1953年，美国垄断了核武器，苏联通过增强常规力量来进行平衡，同时加速研制核武器。在这一阶段中，美国把核武器主要作为讹诈的手段，作为对常规军事实力的补充。基辛格说："我们在战后刚开始的时期所制定的战略并不是依靠核武器的。我们的战略把核武器几乎是作为……摧毁敌人的工业中心的一种更有效力的爆炸物。"[1]苏联则在西欧边境陈兵百万，以西欧为"人质"，用常规武器来平衡美国的核垄断，从而争取时间发展核武器。以1953年的氢弹爆炸为标志，苏联终于完成了自己的核武器体系。

---

[1] 基辛格：《核武器与对外政策》，第36页，世界知识出版社，1959年。

第二阶段，从50年代中期到60年代末，美苏全面发展核武器及其运载工具，达到了以数量换质量的平衡。在苏联洲际弹道导弹试验成功和人造卫星上天后，美国依靠其强大实力，不仅大量生产各种类型的战略和战术核武器，而且集中力量发展和改进运载工具，即洲际导弹、战略轰炸机和核潜艇"三位一体"的核力量，很快便在导弹质量方面获得了明显优势。为了抗衡美国的质量优势，苏联大力发展导弹的数量，以数量换质量。到60年代末和70年代初，苏联洲际导弹的数量就已赶上并超过了美国洲际导弹的数量，1969年美国的洲际导弹为1054枚，苏联为1050枚，1970年美国的数量没有变化，苏联则达到了1300枚。1969年11月—1972年5月美苏限制战略武器第一阶段的谈判，其根本问题就是要限制苏联导弹的数量。在协议中，美国对苏联在数量上作了让步，而苏联在质量限制上对美国作了让步。第三阶段，从70年代初到80年代中期，美苏在核武器的质量和数量上实现了基本平衡。70年代，美国在越南战争失败后实行"战略收缩"的政策，多方面陷入非常不稳定的状态，核武器没有很大的发展。苏联利用这一时机大大发展了自己的核武器，在数量上继续保持领先地位的同时，在质量上也取得了较大进展，如研制成功分导式多弹头、改进了制导系统和提高了导弹命中精度。1981年里根上台后，全力重整美国核军备，提出了6年内耗资1800亿美元的战略核武器现代化计划，重点提高进攻性核力量的生存能力、突防能力和命中精度，同时还提出了著名的"战略防御倡议"即"星球大战"计划，以便夺取对苏联的全面核优势。

在美国首次进行原子弹试验后的40多年间，美苏的核军备竞赛达到了令人瞠目结舌的程度。到80年代中期，美苏拥有的核武器已超过5万枚，爆炸总当量达130亿～160亿吨，约等于100万枚广岛原子弹的威力。在核武器的质量上，既有了威力更大的氢弹，也有了辐射能力更集中的中子弹；出现了小型化、威力大、命中精度高，并能根据目标性质和作战要求调整核武器性能的第三代核弹头；重点发展了分导式多弹头和陆基、海基、空中等多种发射方式，并且大大增强了其本身的机动能力。核武器的发展，使人们产生了深深的危机感。例如，"核冬天"理论认为，一场核战争将会在大气层产生大量的碳和灰尘，从而阻断植物的光合作用，导致生命的终结。1985年，一份由世界上30多个国家的300多位科学家撰写的研究报告指出："核冬天"是可能的，但有很大的不确定性，它多半取决于核武器是否对准城市而非其他的武器。城市燃烧所产生的含大量碳的烟会遮住阳光，但它在天空中能持续多久则无法确定。如果原子弹在北半球爆炸，这些烟会飘到南半球吗？然而不管怎样，一场大规模的核战争将至少毁灭北半球的居民，这是可以确定的。有鉴于此，人们把由核军备竞赛所产生的力量平衡称为"恐怖的平衡"。这种平衡是由美苏两个超级大国的对抗所构成的，它们的意识形态尖锐对立，每时每刻都在争夺着核军备竞赛的优势，而且每一方都具有了在瞬间摧毁对方的能力，但谁也无法打破平衡，使自己的暂时领先化为长期优势。在互相摧毁的情况下，它们都小心谨慎地维持着力量的平衡，尽可能地避免迎头相撞。这样，事物的发展就走向了自己的反面：为了争霸世界进行战争而制造的大量核武器及其运载工具，却发展成为能够制约新的世界战争特别是核战争爆发的重要因素；脆弱的"恐怖的平衡"导致了战略上的相对稳定，由核武器的可怕后果所造成的双方的"小心谨慎"，增强而不是削弱了两极世界政治格局。这就是事物发展的辩证法。

冷战时期的国际政治舞台上曾出现过多次核危机，有的甚至到了核战争的边缘，但核战争始终没有成为现实。例如，朝鲜战争爆发后，杜鲁门在1950年11月30日的记者招待会上声明，美国"一直在积极地考虑"使用原子弹，以应付军事局势。这在西欧引起剧烈的震动，英国首相艾德礼急忙赶到华盛顿，敦促美国设法与中国谈判以避免战争扩大。1952年12

月，新当选的美国总统艾森豪威尔从朝鲜回国后不久，便向国家安全委员会提出在开城地区使用战术核武器的可能性。1953年5月，美国国家安全委员会在艾森豪威尔主持下，通过了参谋长联席会议提交的包括使用原子武器在内的军事行动方案。尽管美国当时在核武器数量上占有绝对优势，但由于担心苏联的反应和普遍认为朝鲜战争是苏联的佯攻，战区指挥官不清楚怎样有效使用核武器，以及西方盟国的坚决反对等原因，加上中、朝军队的充分准备以及中、朝、苏三国在外交上的积极行动，美国最终没有使用核武器。在1955年、1958年中国人民解放军解放一江山、大陈岛等沿海岛屿和炮击金门的军事行动中，美国开始也曾威胁使用核武器，后来由于害怕引起一场全面战争等原因（包括英国首相麦克米伦两次出面干预）而放弃了。1962年10月的"古巴导弹危机"，被公认为是冷战时期最接近核战争边缘的事件。当苏联在古巴部署42枚带核弹头的中程导弹的行动被美国发觉后，肯尼迪下令海军封锁古巴，并扬言要摧毁苏联在古巴建设的导弹基地。美国在加勒比海部署了180艘军舰，在佛罗里达集结重兵，携带核弹的B-52轰炸机升空待命。苏联和华约组织武装力量，包括战略火箭部队，也进入了戒备状态。一时间美苏剑拔弩张，世界临近核大战的边缘。尽管如此，两家都担心真的触发美苏战争。后来，苏联首先让步，同意从古巴撤出全部中程导弹，美国也私下承诺将从土耳其撤走导弹基地，最紧张的危机终于过去了。一般认为，美国的核优势，危机发生在美国的"后院"，以及美国在这里拥有常规力量的优势等条件，是美国在对抗中获胜的原因。然而，这次危机本质上是以妥协而结束的，它清楚地暴露了核时代超级大国对抗中固有的风险和核讹诈政策的局限性。这次危机加上此前发生的柏林危机，戏剧性地成了美苏冷战以至整个国际关系演变的一个转折点。以后，美苏都较为谨慎地避免直接对抗，特别是避免用核武器对抗，并谋求妥协和合作以维持核垄断，约束无核国家。1963年部分禁试条约的达成和热线协定的签订，正是这种既对抗又合作的新特点的象征。美苏在70—80年代达成的限制进攻性战略武器协议（SALTⅠ、Ⅱ）、关于限制战略武器的谈判（START）和销毁中程核导弹条约，以及1991年达成的削减进攻性战略武器条约等，同样是美苏核均势的产物。

关于武器发展对战争的制约作用，马克思主义经典作家是充分肯定的。1889年底，恩格斯在分析欧洲的战争形势时指出：两个阵营都在准备决战，准备一场世界上从未见过的战争，"只有两个情况至今阻碍着这场可怕的战争爆发：第一，军事技术空前迅速地发展，在这种情况下，第一种新发明的武器甚至还没有来得及在一支军队中使用，就被另外的新发明所超过；第二，绝对没有可能预料胜负，完全不知道究竟谁将在这场大战中获得最后的胜利。"①从这个观点出发来看核武器、核威慑和核均势，就应当承认它们在阻止新的世界大战方面所起到的作用。

在应当如何看待核武器的作用问题上，中国共产党的领导人从来都强调要辩证地看问题。一方面必须深刻认识到，最终决定世界命运的力量是世界人民，而不是核武器。早在1946年8月，毛泽东就在同安娜·路易斯·斯特朗的谈话中指出：原子弹是美国反动派用来吓人的一只纸老虎，决定战争胜败的是人民，而不是一两件新式武器。新中国成立后，他又多次谈道：原子弹和氢弹是帝国主义拿来吓唬人的，也没有什么可怕；美国的原子讹诈，吓不倒中国人民；我们反对打，但我们不怕打，如果飞机加原子弹的美国对中国发动侵略战争，小米加步枪的中国一定会取得胜利。另一方面又要清醒地看到，核武器的出现的确对世界的战争与和平产生了深远的影响。毛泽东等领导人也说过，氢弹、原子弹的战争当然是可怕的，因此我们反对打；美国手里有原子弹，如果说不怕它，那么我们为什么要

---

①《马克思恩格斯军事文集》第2卷，第471页，战士出版社，1981年。

搞和平运动呢？正因为核武器是一种可怕的大规模屠杀的武器，东西方双方都怕打，而且西方怕得多一些，"因此战争是打不起来的"；"这个东西是不会用的，越造的多，核战争就越打不起来。要打还是用常规武器打"；"大国打世界大战的可能性是有，只因为多几颗原子弹，大家都不敢下手"；"这二十五年来，新的世界大战没有发生，原因之一的确是因为有了核武器，一场核大战不容易打。核武器越多的国家越害怕打"[1]。

而且，毛泽东等领导人还认为，打破少数国家对核武器的垄断，也有利于制约新的世界大战的爆发。毛泽东早在1945年就提出：如果原子弹发展起来了，许多国家都有了，原子武器战争就打不起来。1961年9月英国蒙哥马利元帅访华时，周恩来重申了这个思想，并且强调："大家都搞，核武器战争的可能性就小了。"[2]继美、苏之后，英国、法国、中国也拥有了核武器，成为限制两个超级大国的称霸野心、制约世界核大战爆发的一支重要平衡力量。特别是中国独立地拥有核力量，对于打破超级大国的核垄断、核讹诈和核威胁，维护世界的稳定和安全，发挥着积极的作用。1970年10月22日，周恩来明确指出：关于导弹核武器，我们是为了使用，不是为了夸耀；我们是为了打破核垄断、核讹诈；我们是为了使两个超级大国受到限制；如果搞得好，能够制止核战争，最后消灭核武器。1983年10月29日，邓小平在会见加拿大总理特鲁多时又谈到，核武器你有我也有，你多我也多，也许大家都不敢用；我们有一点核武器，法国也有一点，这本身就有压力的作用。我们多次讲过，我们那一点核武器算什么！只是体现你有，我也有，你要毁灭我们，你自己也要受到点报复。我们历来讲要迫使超级大国不敢使用，过去是对付苏联，迫使你不敢轻易使用，哪怕是小

①《毛泽东外交文选》，第205、342—343、476页，中央文献出版社，1994年；《周恩来外交文选》，第465页，中央文献出版社，1990年。
②《周恩来外交文选》，第319页，中央文献出版社，1990年。

的。这毕竟是一种制约力量。这里必须指出，决不能把中国领导人所说的打破核垄断，视为中国主张核扩散。中国一贯主张全面禁止和彻底销毁核武器，并宣布在任何时候、任何情况下都不首先使用核武器。1978年，中国宣布不对无核武器国家和地区使用或威胁使用核武器。1984年，中国宣布不主张、不鼓励、不从事核武器扩散，也不协助其他国家发展核武器，并宣布中国核出口严格执行对出口物项提交保障等三项原则。中国对1968年6月联合国大会通过的《不扩散核武器条约》（NPT）的歧视性质持批评态度，认为在超级大国不断扩充核武库和进行核威胁的情况下，反而要求一切无核国家放弃掌握自卫的核力量的权利是不公道的。以后随着国际形势的缓和及美苏认真对待核裁军，中国先是派出观察员参加了第四次《不扩散核武器条约》审议会，后于1992年6月正式加入该条约。1996年9月，中国又签署了《全面禁止核试验条约》。当今世界，仍然存在着庞大的核武库，存在着以首先使用核武器为基础的核威慑政策。因此，在全部销毁核武器的目标实现之前，中国必须保证自己的核武器安全、可靠和有效，这符合中国的最高国家利益。

从国际政治的角度看，核武器对新的世界大战的制约作用，带来了一个极为重要的政治后果，即它促使战争形态由世界大战向现代局部战争的转变。第一次世界大战以前的战争基本上是局部的和有限的战争，20世纪上半叶因两次世界大战的爆发而被称为"总体战的世纪"。然而，20世纪下半叶的战争却又主要表现为局部战争。处于核均势中的美苏两个超级大国不敢打核战争和世界大战，就在其中间地带直接或间接地打局部战争，同时又对这些战争进行一定程度的限制，以防止其扩大。为了避免迎头相撞和相互毁灭，它们之间虽然出现了多次危机，但都没有发展为战争。在它们直接参与的局部战争中，如朝鲜战争、越南战争和阿富汗战争，它们最终宁可接受妥协甚至承认失败而不愿使用核武器。不唯如此，美苏所奉行的核威慑政策，还对冷战时期几乎所有重大的国际间局部战争产生了影响。威慑成为一种相对独立的战略，这只有在核武器出现后才有可能。总之，我们在研究现代局部战争时，必须考虑到核武器及其核威慑的作用，考虑到作为战争主要策源地的两个超级大国的战争理论及其战争政策的变化。

### 三、世界经济关系的变化

第二次世界大战以来的50余年间没有爆发新的世界大战，局部战争成为占主导地位的战争形态，世界格局的转换和核武器的出现固然起到了直接的制约作用，但世界经济的发展和经济关系的变化是一个更为深刻的条件。正如恩格斯在致约瑟夫·布洛赫那封著名的信中所说：历史过程中的决定性因素归根到底是现实生活的生产和再生产。战争作为政治通过另一种手段的继续，其表现形态的变化根植于社会经济基础的变化。

在资本主义之前的世界中，自给自足的自然经济决定了当时的社会经济、政治结构是松散的。一家家农户、一个个村社尽量独立自主地存在着，它们的生活条件相同，彼此之间没有发生多种多样的关系。以贵族等级制为特征的西欧国家和以中央官僚集权为特征的东方国家，都是由这样"一些同名数相加形成的，好像一袋马铃薯是由袋中的一个个马铃薯所集成的那样"。国家内部的结构尚且如此，国际社会的组成就更是彼此隔离的。因此，国家间的战争只能是小规模的和局部性的，其目的是掠夺财物、获得纳贡等，而不是为了争夺市场和原材料。资本主义的出现使国际社会空前地融合起来。随着资本主义生产关系的发展和工业革命的发生，资本主义国内市场不断扩大，世界市场和新的国际分工体系开始形成，这就促使传统国家逐步转变为现代民族国家，世界越来越紧密地联结为一个整体。"大工业便把世界各国人民互相联系起来，把所有地方性的小市场联合成为一个世界市场，到处为文明和进步准备好地盘，使各文明国家里发生的一切必然影响到其余各国。"①然而，对于"其余各国"来说，这种影响是先进的资本主义工业国强加的；世界的整体化进程，是以资本主义的欧洲对前资本主义的广大非欧洲世界的殖民统治为基础的。以争夺市场和原材料为目的的殖民制度和商业战争，构成了现代国际关系的最初内容。在殖民扩张仍有极大发展余地的自由资本主义时代，后起的资本主义强国尚可以采用和平的方式向外扩张，而不一定引起国与国之间的战争。即便引起战争，也没有演变成国家集团之间的世界大战，其影响仍然是局部性的。

资本主义从自由竞争发展到垄断，世界开始进入帝国主义时代。垄断大大加快了资本的积聚和集中，它并不消除竞争，却使竞争更加激烈和持久。垄断实现了银行资本和工业资本的融合，从而形成了一种新型资本即金融资本。金融资本在完成国内垄断统治以后，必然要向国外发展，进行资本输出和国际垄断。自由竞争占完全统治地位的旧资本主义的特征是商品输出。垄断占统治地位的最新资本主义的特征则是资本输出。随着资本输出的增大，各主要资本主义国家垄断组织争夺世界市场的斗争越来越尖锐。由于垄断基础上的经济政治发展不平衡规律的作用呈现出跳跃性和突变性的特点，后起国家的经济、军事力量可以在较短时间里超过先进国家，加之全世界的领土基本上被瓜分完毕，分别纳入了各个垄断资本主义国家的势力范围，因而它们之间实力对比的剧烈变化必然会引起帝国主义战争。列宁说："既然实力对比发生了变化，那末在资本主义制度下，除了用实力来解决矛盾，还有什么别的办法呢？""试问，在资本主义基础上，要消除生产力发展和资本积累同金融资本对殖民地和'势力范围'的分割这两者之间不相适应的状况，除了用战争以外，还能有什么其他办法呢？"②战争中，无论是企图维护还是改变现有世界秩序的国家集团，又都会把自己的

①《马克思恩格斯选集》第1卷，第693、214页，人民出版社，1972年。
②《列宁选集》第2卷，第815、817页，人民出版社，1972年。

殖民地和附属国拖入战争。所以，由不平衡发展引起的帝国主义战争一般都是世界大战。主要资本主义大国经济和技术的迅猛提高，其工业化水平从"蒸汽时代"向"电气时代"的发展，则为战争世界化提供了必要的物质基础。20世纪的两次世界大战就是在这样的经济条件下爆发的。

在第二次世界大战后的现时代，资本主义经济政治发展不平衡的现象继续存在，70年代以后主要资本主义国家间又一次出现了经济实力均衡化的趋势。众所周知，19世纪中叶到第二次世界大战前，英国与其他资本主义大国经济实力的均衡化，曾经导致大国之间极其激烈的争夺和战争。但是，第二次世界大战后世界经济政治发展不平衡所导致的大国经济实力的均衡化，并没有引发新的世界大战。相反，世界经济关系的变化和发展，却在一定程度上成为制约大战爆发的重要条件。

从主要资本主义国家间的经济关系来看，战后资本主义发生了深刻变化，已经由传统的资本主义转变为现代的资本主义。它们之间的矛盾不断加剧，但却始终没有引起战争。这里政治上的原因无疑是首先起主导作用的。两大军事政治集团的对立，使垄断资本主义国家在政治上紧密地团结在一起。就经济上的原因而言，至少可以从三个方面进行分析：

首先，资本主义经济的一体化，使资本主义各国经济上相互依存、相互渗透的程度空前增大。引起20世纪两次世界大战的主要原因是殖民地。发动战争的三个帝国主义国家彻底失败了，英法再次受到严重削弱，唯有殖民地最少的美国成为工业、金融和军事强国。美国一改过去由战胜国瓜分殖民地的做法，在第一次世界大战后倡导有利于己的"门户开放"，在第二次世界大战结束前后又建立起一个全世界的资本主义经济体系。1944年的布雷顿森林会议，规定美元与黄金挂钩（每盎司35美元）、其他会员国的货币与美元挂钩，并且建立了国际货币基金组织和世界银行，从而确立了美元在战后国际货币体系中的中心地位。1947年，美国又同20多个国家签订了一项削减部分关税的多边贸易协定，即日内瓦关税及贸易总协定。在这个协定中，建立了自由贸易总原则和资本主义国家间资本、人员、劳力、货物自由流通的新格局。通过这种新的国际货币体系和国际贸易体系，再加上复兴西欧的马歇尔计划，一个在美国霸权之下的相互依存、相互渗透的统一的资本主义经济体系开始形成。这种秩序确立后，西方国家之间"你中有我，我中有你"，共同的利害关系使其有可能加强彼此间的协调，以和平竞争代替战争。70年代初，以美元为中心的资本主义货币体系崩溃了，但是世界贸易和经济国际化继续向前发展，跨国公司、生产的国际分工、对外投资和资本的国际流动等都达到了前所未有的程度。列宁说过："有一种力量胜过任何一个跟我们敌对的政府或阶级的愿望、意志和决心，这种力量就是……全世界的共同经济关系。"[①]据统计，到80年代中期，欧共体的贸易69％是发达国家之间的贸易，只有20％左右是发达国家对不发达国家或发展中国家的贸易。

其次，现代资本主义国家对经济的干预，在一定程度上抑制了垄断资本以军事手段对外扩张的倾向。第二次世界大战后，私人垄断资本在生产、流通、分配和交换的整个过程中与国家垄断资本的结合，私人垄断向国家垄断以及国际垄断的发展，使得垄断资本主义国家有必要也有可能加强彼此之间的协调与合作，并主要以经济的方式，而不是以战争的方式进行竞争。国家垄断资本主义所实行的国家干预，一方面不仅不可能从根本上消除资本主义的各种矛盾，在某些方面甚至有可能激化矛盾。70年代以来贸易保护主义的重新抬头，美国、西欧、日本不断发生的贸易战、货币战、投资战，在一定程度上反映了各国的国家垄断资本之间的冲突。另一方面，这种干预又能够在一定时期内、一定程度上调整或解决一些矛盾。国家垄

---

①《列宁全集》第33卷，第128页，人民出版社，1959年。

断资本主义在国内对生产关系和上层建筑进行的一系列的改良和调整，如提高国家直接控制的经济比重，将股份分散化和职工化，实行反垄断法和高额累进税，鼓励职工参与企业管理，等等，缓和了生产力和生产关系的矛盾；在国际上，则建立起各种国际经济一体化的组织，将成员国的一部分权力集中起来，处于超国家的地位，对成员国的经济进行协调，如欧洲经济共同体、欧洲自由贸易联盟等，都是这种国际垄断的新形式。现代资本主义国家对经济的这种干预，在一定程度上阻止了争夺市场的斗争激化，缓和了发达资本主义国家之间的矛盾。

再次，新科技革命的蓬勃兴起，大大促进了主要资本主义国家社会生产力的发展和经济繁荣。始于20世纪中期的这场新科技革命，在短短几十年间就取得了重大突破和飞速发展，极大地改变了世界的面貌和人类的生活，它不只是在个别的科学理论上、个别的生产技术上获得了发展，也不只是有了一般意义上的进步和改革，而是几乎各门科学技术领域都发生了深刻的变化，出现了新的飞跃，产生了并且正在继续产生一系列新兴科学技术。以电子信息、生物技术和新材料为支柱的一系列高新技术在社会经济领域的广泛应用，对主要资本主义国家间的经济关系也产生了深远的影响。新科技革命为战后资本主义经济的一体化、国际化，提供了最重要的物质基础。它增加了越来越多的产业部门，促进产业结构和经济结构的调整，引起生产的国际化和社会化，形成新的国际分工格局。它为形成国际金融市场提供了基本的技术手段，即通信卫星和计算机网络，从而大大加快了国际资本流动的规模和速度，如纽约、东京、伦敦、香港和巴黎的24小时不停止营业的国际金融市场的形成，使得资本货币流通高度国际化。它还对国际贸易产生重大影响，在很大程度上改变了贸易的内容、商品构成和价格等，如以高技术转让为主要内容的技术贸易的增长速度，大大超过商品贸易增长的速度，发达资本主义国家之间的技术贸易金额已接近于商品贸易金额。这一切在客观上促进了资本主义世界的经济发展，增强了这些国家之间的联系和交往，为它们以非战争方式解决矛盾和冲突创造了重要的物质条件。

从发达资本主义国家与发展中国家的经济关系来看，战前的资本主义宗主国同殖民地的矛盾已经发生实质性变化，逐步演变为今天的"南北矛盾"，即发达资本主义国家与发展中国家的矛盾。殖民主义体系的瓦解和大批民族独立国家的诞生，使得主要资本主义国家没有可能也没有必要再为争夺殖民地而战。当然，这种变化并不是在第二次世界大战一结束就发生的。战后初期，英国和法国都曾经力求保住自己的殖民地，它们用武力来镇压殖民地的独立运动。美国则支持前殖民地人民脱离宗主国的统治，它利用殖民地的革命形势，排挤英、法势力，在前殖民地国家扩大了自己的政治经济影响。从60年代起，情况发生了变化。这一方面与殖民地的民族独立斗争高涨有关，另一方面也与原来的宗主国对自己在殖民地利益问题上的重新认识有关。它们认识到，必须改变政治经济战略，即只有通过经济方式而不是武力，才能以小的损失获取最大的利益。在过去，帝国主义主要是靠超经济的剥削来榨取殖民地的剩余价值。而现在，超经济的剥削被经济剥削所代替。发达资本主义国家通过资本输出、国际信贷、国际贸易、技术转让等各种途径，对广大发展中国家进行剥削和支配，在国际范围内进行不利于发展中国家的收入再分配。这实质上是一种新殖民主义。然而，尽管经济上的剥削仍然很严重，但今天的南北关系已不同于过去资本主义宗主国同殖民地的关系。由于政治上的独立，南北之间在经济上的相互依存是主权国家间平等的经济交往，而不是殖民时代的殖民地对宗主国的依附关系。发达资本主义国家要对发展中国家进行公开的政治统治、高压或赤裸裸地进行侵略，已不那么容易了。例如，像美国这样的超级大国入侵格林纳达，也是打完了就走，而不敢占领那个地方。英阿马岛之战后，英国也不得不同阿根廷进行谈判，解决马岛的归属问题。相反，发展中国家有时却能利用经济手段不同程度地表现它们的政治意志。1973年，石油输出国就曾用石油这个武器来打击以美国为首的西方国家。发达资本主义国家与发展中国家的经济矛盾，主要表现为后者力求打破旧的国际经济秩序，建立新的国际经济秩序，而前者则不愿意放弃既成的国际经济秩序，不愿意放弃自己的既得利益。从总体上看，双方都希望通过协商来调整相互关系，都不愿意为此而诉诸武力。西方普遍认为，让第三世界日益贫困化不是办法，因为这样无法使发达国家扩大市场，也无法解决债务问题。它们之间在经济上也是一种相互依存的关系。因此，保护自己殖民地的利益，引起帝国主义或发达国家之间的战争，这种情况在今天是不大可能了。由于超级大国的争霸斗争以及各种政治、经济等方面的原因，发展中国家的冲突和战争始终没有停止过，但这也同样不大可能引起新的世界大战。

再从东西方的经济关系来看，战后以美苏霸权为基础的不同的经济势力范围及其经济秩序，逐步由基本上割裂的状况发展到相互作用的关系。70年代以前，东西方关系主要是一个政治概念，它表现为战后初期的社会主义和帝国主义阵营的对峙，50年代中期以后以美国和苏联这两个超级大国为首的东西方两大军事政治集团的对立，以及美苏之间的对抗。在经济上，美苏在自己的势力范围内都建立了以它们的霸权为基础的国际经济秩序。美国建立的以美元为中心的国际货币和贸易制度，对战后世界经济的发展有相当大的影响。由苏联组织的经互会是战后出现的第一个地区性经济集团，它在世界经济中的影响相对小些。东西方之间的经济关系并不密切，政治对抗是双方关系中的主要内容。但是，自70年代东西方缓和出现以后，双方的经济关系有了迅速的发展，经济与政治关系的相互作用也越来越明显。以苏联为例，在70年代，它与西方国家的贸易额增加了5.7倍，远远超过同其他国家贸易增长的速度，共从西方国家获得280亿美元的贷款。东西方经济关系的发展，对于制约世界大战的爆发也是一种有利的因素。

总之，战后世界经济关系的巨大变化，由世界经济发展所导致的各国之间相互依赖、相互制约的特点，是新的世界大战得以避免的原因之一。但是应当看到，世界性的经济依赖并不能从根本上消除世界的基本矛盾，相互依赖在一定条件下也会成为冲突和战争的根源。世界融合为一个经济机体，这在帝国主义时代成为可能发生世界大战的一个条件，而在第二次世界大战后的社会历史条件下，它又成为抑制大战的重要因素。日趋加强的经济上的相互依赖关系，对战后众多的局部战争和武装冲突所能起的抑制作用是十分有限的，有时反而成为诱发战争和冲突的因素。相互依赖不可能彻底解决政治经济发展不平衡的问题，也没有从根本上消除国家间的竞争和不信任。"相反，随着相互依存性的增加，国家变得更担心失去自治权以及担心诸如进入外国市场、原料来源的安全以及与相互依存相关的代价。经济民族主义就隐藏在表面的平静下面，作为对民族主义的回答，本世纪国际经济的突破性进展已经成为冲突中的一个起作用的因素。……70年代后期和80年代初，新民族主义者们在6场战争中互相争斗，其中一些战争是劫掠性的。"[1]我们在研究未来局部战争的动因时，要特别注意这一点。

---

[1] 罗伯特·吉尔平：《世界政治中的战争与变革》，第217、222页，中国人民大学出版社，1994年。

# 每个战役都有一个转折点[①]

粟裕关于作战指导的"转折"理论，是他的兵法中极富特色的一个重要内容。在一定意义上甚至可以说，认识和把握战争矛盾运动过程中的"转折"，是粟裕军事指挥艺术的"精髓"。

## 一、战争全局的战略性转折

这实际上是一个极有价值的战争哲学的问题。我们知道，在古希腊哲学那里，曾经有过一个秃头和谷堆的著名悖论。人们问道：从头上或马尾巴上拔掉一根毛发，是否会造成秃子？如果拿走一粒谷，一堆谷是否会停止其为一堆谷？德国古典哲学家黑格尔通过研究这个悖论，揭示出质与量的辩证统一关系。他谈道：这种看来好像不相干的量的增减也有其限度，只要最后一达到这极点，则继续再加一粒麦，就可形成一堆麦，继续再拔一根毛，就可产生一秃的马尾。因此，"这种不影响质的量之增减也有其限度，一超出其限度，就会引起质的改变"[②]。中国古代的一些思想家，也认识到量变和质变的某些关系。比如，老子说："合抱之木，生于毫末；九层之台，起于累土；千里之行，始于足下。"荀子也说："积土成山，积水成渊。""不积跬步，无以至千里；不积小流，无以成江海。"

唯物辩证法在扬弃旧哲学的基础上，科学地揭示了客观事物发展的质量互变规律。它认为，正是由于事物的矛盾运动，使其发展呈现出量变和

---

① 本文选自作者专著《粟裕兵法》第五章。该书1995年由中原农民出版社首次出版，2004年由中共党史出版社重新出版。

② 黑格尔：《小逻辑》，第236—237页，商务印书馆，1980年。

质变两种状态。事物的运动变化先从量变开始，量的增加或减少在一定限度内不会引起质的变化，但一超出这个限度，就会出现飞跃，产生由量变到质变的转化。这个限度，就是事物保持自己质的数量界限，是事物的质所能容纳的量的活动范围。它的两端存在着极限或界限，叫作关节点或临界点。要掌握具体事物的度，首先要找到它的关节点。

在领导中国革命战争的长期实践中，毛泽东成功地将唯物辩证法的理论应用于作战指挥中，创造了一整套辩证的指挥原则和方法。他在谈到战争过程中的全局与局部的关系时说："全局是由它的一切局部构成的。有的时候，有些局部破坏了或失败了，全局可以不起重大的影响，就是因为这些局部不是对于全局有决定意义的东西。战争中有些战术上或战役上的失败或不成功，常常不至于引起战争全局的变坏，就是因为这些失败不是有决定意义的东西。但若组成战争全局的多数战役失败了，或有决定意义的某一二个战役失败了，全局就立即起变化。"因此，一个指挥员应把自己注意的重心，放在那些对于他所指挥的全局说来最重要最有决定意义的问题或动作上，也就是"注意于那些有关全局的重要的关节"①。人们通常是从主要矛盾或矛盾主要方面的角度理解毛泽东这一论述。然而，这一论述还包含着量变引起质变的深邃思想。当战争全局的"多数"战役或者有决定意义的某一两个战役失败了，全局就会发生质的变化。因此，指挥员要特别注意把握全局发生质变的关节点。

粟裕关于作战指挥的"转折"理论，丰富了毛泽东的"关照全局""把握关节"的思想，是唯物辩证法的质量互变规律在军事指挥领域里的成功应用。在他看来，战争作为力量的竞赛，是敌我力量对比不断变化的曲折复杂的过程。当这种变化积累到一定程度时，必然要打破原有的某种相对

①《毛泽东选集》第1卷，第175—177页，人民出版社，1991年。

平衡状态，从而引起战局、作战的阶段发生由量变到质变的转化。军事上的所谓"转折"，实际上就是战争发展中的质变、飞跃，是战争矛盾运动质量互变关系的一种具体的表现。它往往成为战局发展的关键环节。正是由于敌我双方力量的这种变化，才产生了若干个从部分到整体、由量变到质变的发展阶段或段落。在这一阶段与下一阶段、这一段落与下一段落之间，形成了战争的"转折"。

从战争的全过程来看，存在着战争全局的战略性转折、战区范围的阶段性转折和战役过程中的转折点三个不同的层次。无论是处于哪个层次的转折，战争的许多方面，如作战对象、作战地域、作战规模、作战方法会发生变化，各方面的关系表现得错综复杂。作为一个指挥员，一定要注意各阶段之间的转折，把握作战全局上的关节——转折点，通过关键行动上的成功，使战局或战场态势发生向有利于己的方向转变。这也是作战指挥中最不容易掌握的时节。

粟裕一贯重视对战争全局的战略性转折的认识和把握。战略转折，亦即军事战略的转变，既包括游击战和运动战等作战形式的相互转换，也包括战略防御、战略反攻和战略进攻等不同发展阶段的转变。我军历史上有过多次军事战略转变，其中既有适时进行战略转变而成功发展的历史，也有未能及时实行军事战略转变而受挫的历史。正反两方面的经验，使粟裕深刻地认识到：依据形势的发展，适时地实施军事战略的转变，是战争指导艺术中的重大课题。

粟裕对战略转变的最早体验，可以追溯到"八一"南昌起义失败后，他跟随朱德、陈毅领导的部队转战粤闽湘赣，开始对新的革命道路探索的艰难时刻。他后来在回忆录中评价说，这一段历史，不能仅仅归结为保存了南昌起义的火种，同毛泽东会师井冈山，还要看到朱德、陈毅领导南昌起义保存下来的部队开始实现从城市到农村、从正规战到游击战的重大战略转变。当时，朱德、陈毅曾带领部队在山区活动了 20 天左右，发动群众，开展游击战争。他们消灭土匪，整顿关卡，帮助农民生产劳动，进行了把武装斗争同农民运动结合起来的初步尝试。

后来，他们接到党中央指示，要他们参加广州起义。部队刚到达韶关城郊，便得知广州起义已经失败了。这时韶关市内的气氛十分紧张，店铺、银行、钱庄纷纷关门。韶关商团有七八百条枪，如临大敌，不让我军进城。部队就开到韶关城外西南郊的西河坝，打算住在一个天主教堂里。粟裕曾回忆起当时陈毅的一段逸事：天主教堂的法国神父不让我们部队住，"哇里哇啦"吵个不停。部队的同志又不懂外国话，无法和这个神父说道理。正在争执不下时，陈毅走过来，用法语和神父交谈了一阵，这个神父才算老实了。这时大家才知道陈毅是留法勤工俭学的学生，能说一口流利的法语，算是个大知识分子了。通过这件事，大家更加信服和敬佩陈毅了。在西河坝驻得不久，朱德和陈毅又率领部队转移到韶关西北 60 里的一个名叫犁铺头的农村集镇。白天休养生息，保存力量，训练部队；晚上仍以连、排为单位，分散到农村中去，宣传群众，发动群众，并且开始了打土豪。这一段亲身经历，使粟裕开始认识到适时进行军事战略转变的重要性。

在井冈山和中央根据地时期，他从游击战与运动战的转换中来体察军事战略的转变。他说，南昌起义余部和秋收起义部队的胜利会师，使党领导的武装斗争从一开始就有了有力的拳头。井冈山时期的战争形式，初期以游击战为主，也有运动战；后期则是游击战与运动战相结合，或者说是游击性的运动战。到 1930 年夏我军事战略由游击战向运动战转变时，粟裕当时作为基层干部，虽然还谈不上从理论上作深刻的认识，但已感到这是顺理成章的事。在跟随红四军主力向赣南、闽南进行战略转移的过程中，他进一步体会到适时进行战略转变的极端必要性。他认为，红军的战略发展方向应当根据敌我形势的变化，以及具体地域的自然地理、政治、经济、军事等诸种条件而适时地进行转变。对红军来说，不仅有一个方向上的战略进攻、战略防御，而且有向另一个方向的战略转移。战略转移既是退却，又是特殊形式的进攻，即从一个方向和区域向另一个更有利的方向和区域去求得发展。在选择战略发展方向时，要特别注意选择敌人统治比较薄弱的环节和注意利用敌人的矛盾。

当粟裕成长为我军高级指挥员并参与领导一个战区时，他更加注意分析形势，把握战争全局的战略性转变。1934年7月，他所在的红七军团奉命组成北上抗日先遣队，深入到国民党闽浙赣皖腹心地区，执行战略牵制任务，以配合中央红军主力即将实行的战略转移。身为红七军团参谋长的粟裕，在经过一段行军作战实践后，结合过去在毛泽东、朱德领导下参加井冈山斗争和中央苏区军事斗争的体验，已经逐步感觉到，部队孤军深入白区，远离后方，面对优势敌军的堵追，必须在军事行动的指导方针上有所改变。为此，他曾多次向军团主要领导人提出转变作战指导方针的建议，但都未得到重视和采纳。后来，他在回顾这段历史时说：当形势已经发生了根本变化，未能及时实行由正规战向游击战、由正规军向游击队的战略转变，这是使抗日先遣队遭受挫折和失败的主要原因。

红军北上抗日先遣队失败后，粟裕根据中央指示，以先遣队的突围部队为基础组成挺进师，并任师长。他总结抗日先遣队血的教训，自觉地领导和实施由正规军向游击队、由正规战向游击战的战略转变，在极其艰苦复杂的条件下，率领挺进师坚持了浙南三年游击战争，经受了国民党的一次"进剿"和两次几十个团的"围剿"，在国民党腹心地区立脚生根，建立了浙南游击根据地。1937年，他在得知抗日战争爆发，实现国共合作抗日的消息后，又自觉地领导挺进师实施了由国内革命战争向民族革命战争的转变，主动找国民党当局谈判，并且在谈判中坚持了原则立场。在早已失去党中央和上级党组织领导的情况下，粟裕领导挺进师经历了由正规军到游击队和由国内革命战争到抗日战争两次战略转变，这显示出粟裕对战争全局的战略性转折的认识已逐步形成，表明粟裕的作战指挥艺术日臻完善。

粟裕在领导苏中抗日斗争的实践中，深刻理解毛泽东提出的"独立自主的游击战"的战略方针，结合苏中区实际情况，领导实施了工作重心由城镇转向农村，作战对象由顽军转向日军，作战方法由运动战转向游击战，并以游击战为中心，实现组织形式、领导方式、工作作风等各方面的转变。他说，这一转变就苏中来说是战略性的，不转变，肯定要吃大亏，转变得不适时，转变得不好，也要吃亏。这次战略性转变，对苏中抗日根据地的建立和巩固起了决定性的影响。

1944年初，他根据国际国内形势以及苏中抗日斗争形势的发展变化，又适时进行了领导重心的转移。他强调指出："现在敌人正在作垂死挣扎，战争进行到了转折关头，作为战区的指挥员，必须正确估量形势，把握时机，积极主动地推进形势的发展。假若判断失误，轻率从事或优柔寡断，都会对全局造成不利的影响。为此，我开始把领导重心由以坚持为主转为发展为主。"①苏中抗日斗争形势的转折，是以车桥战役开始的。粟裕精心组织指挥了这一战役，促进了苏中抗日斗争转折点的早日到来。实践证明，粟裕对形势的估计是正确的，因而能不失时机地对敌人展开攻势作战，而车桥战役则成为苏中抗日根据地对日伪进行局部反攻的起点。

抗日战争末期，粟裕在浙西天目山地区指挥反顽作战中，又带领苏浙军区的部队提前实现了从游击战到运动战的战略转变。天目山战役的胜利，实现了中央关于向苏浙敌后发展的战略决策，扩大了我军在江南的抗日阵地。在政治上，使我党同国民党的谈判更为有理，军事上锻炼了部队，改善了装备，提前实现了由分散游击战争向大兵团运动战的战略转变，为以

①《粟裕战争回忆录》，第291页，解放军出版社，1988年。

后组成华中野战军，遂行更艰巨、更光荣的战略、战役任务打下了坚实的基础。对于天目山战役，毛泽东一方面表扬打得不错，另一方面说，只是歼灭性还少了一点。解放战争时期，华东之所以成为全国各大战略区中歼敌最多的战略区之一，除了其他原因，抗战胜利后及时地实行军事战略转变是一个重要原因。

在解放战争时期，粟裕在总结丰富战争经验的基础上，对战争转折的认识更为深刻、系统，并上升到了理论的高度。他不仅洞察到战争全局的战略性转折的重要意义，而且意识到还存在着战区和战役这两个层次的转折。他在回忆录中说："这里，我对'转折'这个概念作一点说明。人们往往注意战争全局性的转折，例如解放战争由战略防御转入战略反攻和战略进攻，却不注意一个战区和一个战役的转折。"粟裕从对战略转折的深刻认识，进到对战区、战役层次上的转折的全面把握，表明他具有很高的战略意识，以及对事物发展进程的深刻洞见。

## 二、战区范围的阶段性转折

粟裕认为，在战争全局转折和战役转折这两个高低不同层次之间，还存在一个层次，就是战区转折。这是因为中国是一个大国，在全国性的战争中，必须依据情况划分为几个战区。拿华东战区来说，其人口、面积相当于一个中等国家，我军兵力也相当于一个中等国家的战时兵力，加之战争发展的不平衡性，因而在中央总的战略方针下，必然有相对独立的一个方面。在每个战区的战争全过程中，"依据敌我双方的变化，又形成若干段落。在这一个段落与下一个段落之间，形成了战区的转折。这时，战争的许多方面，如作战对象、作战地域、作战规模、作战方法会发生变化，各方面的关系表现得错综复杂。作为一个战区指挥员，要注重各个段落之间的转折，这是在战区指挥上最不容易掌握的时节"①。

从哲学的层次上看，粟裕的战区转折理论是对唯物辩证法的总的量变过程中部分质变思想的深刻证明和运用。在中国革命战争中，就全国而言，战争全局是由若干局部战区组成的，由于各种条件的不同，各个战区的发展是不平衡或不均一的，有的首先发生变化、出现转折，有的暂时相对地不变，这就形成了战争全局总的量变过程中局部性的部分质变。战区转折是战争全局转折的基础。当然各个战区在战争全局中的地位是不相同的，如果事关全局的一个或若干个战区发生转折，就势必引起战争全局的根本质变。

就战区范围而言，尽管战区的根本态势未变但其局部态势却发生了转折，使战争呈现出明显的阶段性来，这就出现了总的量变过程中阶段性的部分质变。在联结这一段落与下一段落的战区转折中，战争的许多方面都会发生变化，各方面的关系表现得错综复杂。对一个战区指挥员来说，最难的也是最重要的，就是善于预见、识别和把握战区范围内的阶段性转折。这实际上也就是掌握战区战局发展变化的度，掌握由量变引起部分质变到根本质变的关节点。战区指挥员主观能动性发挥得怎样，作战指挥水平的高低，关键就在于他能否正确地认识敌我力量发展变化的阶段性和曲折性，对战争的各种变化灵活地作出反应，使战局向有利于战区转折的方向发展，从而促进实现战争全局上的战略性转折。

粟裕在战争回忆录中，曾详细分析了解放战争时期华东战区的三次转折：宿北、鲁南战役，是完成战区战略防御布势调整的转折；沙土集战役，是我军胜利完成由战略防御到战略进攻的转折；豫东战役，是战略进攻向战略决战发展的转折。

---

① 《粟裕战争回忆录》，第425—426页，解放军出版社，1988年。

华东战区的第一次阶段性转折：从华中野战军主力北上与山东野战军会师苏北，到宿北、鲁南战役胜利。这是华中战争由战区前部转到纵深，山东野战军与华中野战军由战略上配合到战役上协同，由各自分别歼灭当面之敌到集中作战的一个转折。

有人问粟裕，宿北战役和鲁南战役为什么不那么出名？粟裕回答说："那是被其他更大的战役挡着了。其实这两仗是很重要的，打得很出色的。华中野战军主力北上与山东野战军会师苏北，初期作战告一段落，战场由前部转入纵深，这可以说是华东战区的第一个转折的开端。宿北战役是胜利实现这一转折的标志，鲁南战役是宿北战役的继续。从宿北战役开始到鲁南战役结束，经过一个月零五天，我们胜利地实现我军的战略意图。以后进行的莱芜战役则是它们的发展。"①

1946年9月，我华中野战军在取得苏中战役七战七捷后，主动放弃华中首府淮阴、淮安。蒋介石被"胜利"冲昏了头脑，于11月15日召开了伪国民代表大会，当了总统。12月中旬，为配合伪国大召开后的声势，敌徐州绥署集中25个半旅的兵力，组成4个集团，分路向宿北、鲁南进攻，企图切断我山东与华中的联系，聚歼我华中主力，在年底以前"结束苏北战事"。

由于我军放弃两淮，加之此后战事进展不算顺利，有些战斗打成了消耗战（如涟水保卫战），部队内部出现了一些思想混乱。有的认为是打了败仗，有的怀疑前段的作战方针。粟裕却判断这是战场由根据地前部向纵深转移的转折。由于战场向纵深转移，我军兵力进一步集中，行动更加统一，根据地更能发挥作用，因而逐步具备了打大歼灭战的条件。1946年9月25日，粟裕应新华社记者之约，谈了我军主动撤出两淮后之华中战局。他说：

---

① 《粟裕战争回忆录》，第425页，解放军出版社，1988年。

"我军的撤出两淮，绝对不是我们军事上的失败，而是对蒋军大规模歼灭战的开始。"他认为，我军放弃两淮后进行的几次战斗，虽然有的打成消耗战，但开拓了战场，增大了我军的回旋余地，为成功地进行宿北战役奠定了基础。

我军撤出两淮后，由陈毅提议并经中央同意，山东野战军、华中野战军集中行动，两个指挥部合成一个，陈毅为司令员兼政委，粟裕为副司令员，谭震林为副政委。毛泽东于1946年9月28日电示："两军会合后第一仗必须打胜。我们意见：（一）不要打桂系，先打中央系；（二）不要分兵打两个敌人，必须集中打一个敌人。"如何打好会合后的第一仗？当时主要有两个方案：一是全军立即入鲁，在鲁南打；二是先在淮海打一仗。粟裕经过慎重考虑，认为全军入鲁固然有很多好的条件，但华中将过早丧失，使敌之进攻重点立即由华中进至山东。我军正处于敌三面包围之中，如不能在淮海先打一仗改善态势，下一步转移将更加不利。同时，对稳定民心、军心和顺利开展苏北地区的敌后游击战争，也将产生不利的影响。10月15日，毛泽东电示，同意先在淮海打一个较大规模歼灭战的方案，并明确指出：在陈毅领导下，大政方针共同决定，战役指挥交粟裕负责。

在这样的背景条件下，粟裕深感责任重大，对宿北战役指挥极为慎重。面对气势汹汹的四路敌人，他认真研究了陈毅提出的5个作战方案，认为在四路敌军中以进攻沭阳、新安镇（今新沂市）一路对我威胁最大。该敌以国民党军五大主力之一的整编第十一师协同整编第六十九师共6个半旅，比较骄狂，可能冒进，且其进攻路线处于我两个野战军主力之间。集中主力歼灭该敌，有利于我军而后向西、向南或向北机动，变被动为主动。经军委批准后，粟裕集中24个团的兵力，分批歼灭由宿迁出犯之敌，以28个团的兵力分别监视和阻击其他三路敌人。12月14日，当敌整编第六十九师全部及整编第十一师主力呈冒进态势时，粟裕决心首先围歼战斗力较弱的整编第六十九师。12月15日黄昏，我军发起攻击，激战至19日拂晓，全歼整编第六十九师师部及三个半旅共2.1万余人。该师师长戴之奇是三青团中央委员，反共的死硬分子，全军覆没后自杀。此役，我军伤亡8700余人。战役遂告结束。军委、毛泽东在18日就来电："庆祝宿沭前线大胜利，望对一切有功将士传令嘉奖"；20日又来电指出："歼敌二万以上，于大局有利，甚好甚慰。"

为了进一步摆脱被动态势，与宿北战役仅相隔12天，粟裕又指挥我山东、华中两大野战军成功地进行鲁南战役，全歼国民党军美械装备的整编第二十六师、整编第五十一师和第一快速纵队共5.3万余人，取得又一个空前的大胜利。粟裕后来分析说：宿北、鲁南两个战役，是解放战争初期华东我军由解放区前沿作战转向纵深作战，为实现我之战略意图的两个关键性战役。由于我军这两仗都打得很好，获取了重大胜利，从而完成了战区的第一个转折。从此，我华中、山东两个战区在胜利中实现了统一，我军进一步集中兵力，实行大踏步前进和大踏步后退，把运动战、歼灭战推向了更大规模。接踵而来的莱芜战役、孟良崮战役的胜利，可以说是完成转折后合乎逻辑的成功发展。

粟裕认为，战区转折是有条件的。他曾结合宿北战役的胜利，概括了战区转折的5个标志：第一，战局发展对战区形势产生的重大影响。华中野战军主力撤离苏中战场（以后可能再撤出苏北）是一个大变化，整个华中将处于敌后，打一个大胜仗对士气、民心将产生积极影响。第二，战场布局和力量使用的转换。华中、山东两支野战军会师，改变了过去各自在淮北、苏中作战的情况。下一步应在哪里作战？先在淮海地区打一仗的作战方案，需通过实践来检验。第三，关键性战役的胜败。宿北战役是两支野战军会师在战役上的第一次协同作战，这也是一种初战。这仗打胜了，两支野战军之间、新的领导机构和所属部队之间就产生了彼此的信任，对以后作战的影响是很大的。因此，军委、毛泽东电示："只许打胜，不许打败。"第四，主动与被动的转换。继淮南、淮北被敌人占领后，华中首府两淮又失守，敌军对我军形成半圆形包围的态势。国民党军五大主力中的两个——整编第七十四师和整编第十一师也调到苏北战场上来了，我军处于被动状态。宿北战役将决定我军能否经过主观能力的活跃，将战役的主动权夺到手。第五，作战经验的成熟与否。华东战场从前沿逐步转入纵深，随着正面战线的收缩和兵力的集中，歼灭战的规模将逐步扩大。苏中战役歼敌5万余人是7仗的总和，最大的如黄路一仗仅歼敌1.7万余人。宿北战役的规模要大得多，如打胜了，可以成为两支野战军集中后战役规模越来越大的一个良好的开端。

在这5个方面中，战局发展对战区形势的重大影响，是战区转折的前提；主动与被动的转换，是战区转折的实质。华东战局的发展，完全证实了粟裕的预见。宿北战役成为胜利实现华东战区第一个转折的标志。

华东战区的第二次阶段性转折：从华东野战军1947年7月分兵、外线出击到9月集中兵力进行沙土集战役。这是华野由内线歼敌到外线出击、由战略防御到战略进攻的转折。

孟良崮战役后，蒋介石起用日本战犯冈村宁次为顾问，召开了多次军事会议，提出"并进不如重叠，分进不如合进"，以三四个师重叠交互前进的战法；并重新编组进攻兵团，将进攻主力9个整编师共25个旅调集在莱芜至蒙阴不及百里的正面，摆成了方阵，加配了山地作战器材和炮兵、工兵，在各要点囤积了大批作战物资。敌军密集靠拢，凭坚固守，很难分割歼灭。

1947年6月26日，敌军再次向鲁中山区发动进攻。鉴于正面之敌密集一团，无法分割，华东野战军除以两个纵队分别向临沂至蒙阴公路及费县出击，破坏敌之后方补给线，主力集结在沂水、东里店一线待机。此时，中央军委已决定刘邓大军于6月底渡黄河入鲁西南作战。6月29日，中央军委指示华东野战军："蒋军毫无出路，被迫采取胡宗南在陕北之战术，集中六个师于不及百里之正面向我推进。此种战术除避免歼灭及骚扰居民外，毫无作用。而其缺点则是两翼及后路异常空虚，给我以放手歼击之机会。……敌正面既然绝对集中兵力，我军便不应再继续采取集中兵力方针，而应改取分路出击其远后方之方针。"并提出了华野三路分兵的基本方案：留四个纵队在正面监视敌人；以五个纵队分路向鲁南及津浦路泰安以西、以南进击，歼敌有生力量。

粟裕立刻意识到，这个指示改变了军委过去要求华野不分兵、坚持内线歼敌的方针。这是因为刘邓大军即将出击，战局必有重大发展。7月1日，华野在未经准备的情况下，决定立即分兵向敌侧后出击：以第一、第四纵队越过临蒙公路向鲁南挺进；以第三、第八、第十纵队向鲁西的泰安、大汶口方向挺进；以第二、第六、第七、第八纵队和特纵集结在沂水、悦庄公路两侧地区，各以小部兵力与东犯之敌接触，主力待机出击。粟裕后来回忆说："'七月分兵'是在未经充分准备的情况下开始的。在接到军委六月二十九日分兵指示以前，我们是按照军委五月二十二日指示，准备以七八个月时间，即在一九四七年底以前，集中全部主力在内线各个歼敌的。接到军委六月二十九日分兵指示，到全军开始行动仅有一天多时间。"①

在华野于7月1日兵分三路出动后，7月2日又接中央军委来电，要陈士榘、唐亮率领的三个纵队取得与刘邓的直接联系后，"应准备出鲁西与刘邓协同打陇海路，出淮河开展新局面"。此后，中央军委又决定叶飞、陶勇率领的两个纵队也向鲁西南挺进。粟裕认为，这是中央军委在战略指导上的重大发展，即从策应刘邓大军出击（刘邓大军出击的最初目的是打破敌

①《粟裕战争回忆录》，第511页，解放军出版社，1988年。

人对山东的进攻）发展到直接协同刘邓。于是，这次分兵就成为华野部队外线出击任务的开始。

7月23日，中央军委下达了具有重大战略意义的关于刘邓大军挺进大别山的指示。8月4日军委又来电，赋予华野外线五个纵队的活动以特殊责任，即"刘邓南下作战能否胜利，一半取决陈唐、叶陶五个纵队能否起大作用"；并请"粟裕同志带炮兵主力迅去鲁西南统一指挥该五个纵队，积极策应刘邓作战"。这就表明，全国主要战场已由山东转移到中原，华野今后的主要作战方向和指挥重心也转到了外线，解放战争已由战略防御转到了战略进攻。粟裕意识到责任重大，随即提议陈毅司令员一同西去以加强领导，增派第六纵队以加强西线力量。此议为中央军委批准后，陈粟即率机关同行。这时西线集中了第一、第三、第四、第六、第八、第十纵队、特种兵纵队和晋冀鲁豫第十一纵队，共八个纵队兵力，统称华野西兵团。留在山东内线的第二、第七、第九纵队组成华野东兵团。

关于华野西兵团的任务，粟裕从拖住敌人，以便更有效地支援刘邓的全局考虑，于8月18日主动向中央提出将西兵团作战地域扩展到陇海路以南的建议。8月24日，毛泽东来电答复："粟裕同志18日酉电意见极为正确，西兵团作战范围规定为黄河以南，淮河以北，运河以西，平汉以东。"这样中央军委赋予华野西线兵团的作战范围又扩展了。华野遂担负起恢复和扩大豫皖苏解放区的任务，与刘邓、陈（赓）谢（富治）一起在中原成品字形阵势作战略展开。

至此，分散的兵力又集中了，华东战区转折的形势完全明朗了。最早处于这一转折之中的是华野在外线的五个纵队。他们从7月分兵开始转入外线，虽然取得了扯散敌人、把敌七个整编师引出山东的任务，但从中旬后所执行的一些战役战斗，多数打成了消耗仗，被敌人紧追尾击难以摆脱，减员严重，处境困难。这一方面是由于对外线出击缺乏足够的思想和物质准备，对当面情况估计不足，以致产生了轻敌情绪，分散用兵；另一方面又正值山东雨季，大雨滂沱，山洪暴发，河水陡涨，使我军的机动和进攻能力受到极大限制，有的部队整整20天没有干过衣服和被子，弹药也受潮了。在这种情况下，部队的思想比较混乱，不少人对已经开始的全国大反攻形势产生怀疑，对外线歼敌缺乏信心，想回内线休整。有的说："反攻是被迫的，是被敌人赶出了山东。"有的说："反攻、反攻，丢掉山东。"

粟裕积极引导部队正确地认清形势，认真探索外线歼敌的特殊规律。在9月3日召开的野直机关干部大会上，他明确指出："今后几个月正是由敌强我弱转变为敌弱我强的关键时期。转得好，反攻可以顺利开展；转得不好，则反攻会走一些弯路。"[1]他认为，我军并没有打败仗，只是打了几个消耗仗，达到了调动与扯散敌人的目的，打乱了敌人的部署，这是战略上的胜利。当前的关键是打好转折性的一仗，以夺取战场的主动权。只有打，才能有力地配合刘邓；只有打，才能扭转现在的被动局面；只有打，才能得到补充；只有打，部队才能得到休整；打好了，鲁西南根据地就能重建起来。

我军7月初进入鲁西南以来，没有打过一个像样的仗，第十纵队又被迫退到黄河以北休整，敌人就产生了错觉，误以为我军不能打了。国民党中央社大肆宣传："山东共军已溃不成军，不堪再战。"还向我军广播劝降书说："鲁西南共军已陷入绝境，南有陇海路，东有津浦路，北面和西南有黄河，四面被围，无路可走。"敌军也变得骄狂起来，一个团也敢成一路尾随我军。我华野西兵团的许多同志因一直受敌人尾随，也憋了一肚子气。有的干部编了一个顺口溜："运动战，运动战，只运不战。我走弧线，敌走直线，敌人走一，我们走三（指我军围绕曹县、单县打圈子，走的是

---

[1]《粟裕军事文集》，第321页，解放军出版社，1989年。

圆周，敌人穿城而出，走的是直径），昼夜不停，疲劳不堪。"有的说："鲁西南水多，泥鳅成了龙。吴化文过去是我们手下败将，现在居然敢跟着我们屁股追。"粟裕则认为，敌人骄狂失慎，恰恰为我们创造战机提供了条件。表面看来，我们活动的范围小了，实际上是敌人被我们歼灭的可能性增大了。

在9月6日华野西兵团纵队领导干部会议上，粟裕统一了大家的思想。大家决心克服一切困难，尽快实现中央军委关于迅速行动、积极歼敌的指示，并一致同意首先歼灭敌整编第五十七师，然后视情况，再歼灭整编第五师之一部。正是在这样的背景下，打响了沙土集战役。

9月初，在我第一、第三纵队的引诱下，敌人开始尾随我北进。9月7日，敌整编第五十七师与整编第五师之间，出现了二十公里的空隙。陈粟当机立断，下令发起攻击。令第三、第六纵队向沙土集、双庙攻击前进，令第八纵队由南向北发起攻击，实施南北夹击，另以一部兵力分别阻击敌整编第五、第八十四、第六十八师。战至9日晨，我军全歼敌整编五十七师9000余人，俘中将师长段霖茂。我军仅伤亡2300余人。沙土集战役的胜利，从根本上扭转了我军在鲁西南的被动局面，并迫使敌人再次从山东内线战场和大别山地区抽调四个师来援。9月11日，中央来电鼓励全军，指出："郓城沙土集歼灭五十七师全部之大胜利，对于整个南线战局之发展有极大意义"；并强调华野西兵团处于鄂豫皖、鄂豫陕、山东、苏中苏北四大根据地之中间地带，因而其胜利"有重大战略意义"。

华东战区的第三次阶段性转折：1948年6月进行的豫东战役。这是华野由战略进攻向战略决战的转折。

1947年6月底和7月，我晋冀鲁豫野战军（即后来的中原野战军）强渡黄河，发起鲁西南战役，揭开了我军战略进攻的序幕。经过半年作战，至1947年底，解放战争的整个形势发生了有利我军的重大变化。我军在全国各战场逐步展开战略进攻，国民党军队在战略上已失去主动，它对陕北、山东的重点进攻被彻底粉碎。在中原战场上，刘邓、陈粟、陈谢三路大军犹如三把尖刀插入敌人的腹部，胜利地完成了战略展开，开辟了广大的中原新解放区，把战争的主要战场推进到江淮河汉之间。

1948年初，蒋介石采取了尽可能坚守东北，力争华北，集中力量加强中原防御的战略部署，改"全面防御"为"分区防御"。当时，中原战场的国民党军仍占有一定优势，除了担任重要点线的防御外，还能集中较大的机动兵力，对我进行战役性进攻。敌人的战略部署是以平汉、陇海路作为分割和伺机进攻中原我军的依托，其重点又是不让我在大别山区建立巩固的根据地，同时巩固长江防线，拱卫南京和武汉等重镇的安全。坚持在大别山地区活动的刘邓大军，长期在无后方依托的条件下连续行军作战，处境相当困难。陈谢、陈粟同敌人形成反复拉锯状态，进展也不大。

为了改变中原战局，继续发展战略进攻，粟裕于1948年1月22日向中央提出了中原三军采取忽集忽分的作战方式，同敌人打更大规模歼灭战的著名建议。

1948年1月27日，中央军委电示粟裕，要他率领第一、第四、第六纵队组成华野第一兵团南渡长江，采取跃进的方式分几个阶段到达闽浙赣边，吸引20～30个旅的敌人回防江南，以减轻中原战局的压力，迫使敌人改变战略部署，并要粟"熟筹见复"。粟裕经过两个多月的深思熟虑，在分析了中原地区已基本具备打较大规模歼灭战的条件，以及我军渡江与暂在中原作战对战局发展的利弊关系之后，向中央军委提出了以下建议：三个纵队暂缓过江，集中"刘邓、陈谢及华野主力，依托后方（陇海路北）作战……求得雨季与夏收前在中原地区（主要战场应在豫皖苏及淮北路东、路西）打几个较大的歼灭战"，另在敌近后方派出强有力的游击兵团，在敌人深远后方派出坚强的远征游击队。以野战军主力、游击兵团及远征游击队密切配合，开展战局。[1]

毛泽东和其他中央领导同志当面听取了粟裕的陈述，经过与陈毅及中原局、华东局审慎研究后，同意了粟裕的方案，并要求他以寻歼敌邱清泉兵团（其主力为整编第五军）为主要目标，力争在4～8个月内歼敌五六至十一二个旅。粟裕觉得这次是向中央立下了"军令状"。他决心一定要把仗打好，以战场的胜利来回答党中央和毛泽东的殷切希望。

敌整编第五军是蒋介石的"王牌"部队，是中原战场上敌邱清泉兵团的主力，歼灭它就等于砍掉蒋介石伸向中原和华东战场的一只臂膀，可一举扭转中原战局。这当然是一个"最优值"。但粟裕经过反复考虑认为，寻歼敌整编第五军的不利因素较多，时机尚未成熟，在当前的条件下并不是很有把握。为此，他根据战场的实际情况，审时度势，不拘泥于原计划，形成了一个完全出敌意外的"先打开封，后歼援敌"的作战腹案，一俟战机出现，即一面上报军委，一面立即执行。组织豫东战役，粟裕的指导思想是：必须旗开得胜，只能打好，不能打坏；力争打一个较大规模的歼灭战。从6月18日黄昏起至22日晨，我军只用了4天时间即攻占开封，全歼守敌3万余人，加上阻击援敌的战绩，共歼敌4万人，豫东战役第一阶段——开封战役胜利结束。

我军攻占开封后，引起了国民党反动统治集团的慌乱。蒋介石为挽回败局，严令邱清泉兵团及第四绥靖区刘汝明加速向开封攻击前进；令新组成的区寿年兵团经睢县、杞县迂回开封，企图在开封地区与我决战。蒋介石宣称："战争能否胜利，全靠中原这次决战。"

粟裕认为，敌军分两路向开封扑来，正好中了我军的"动敌"之计。在两路援敌中，根据当时敌我情况，以围歼较弱的一路即区寿年兵团（辖

---

① 《粟裕军事文集》，第355—356页，解放军出版社，1989年。

两个整编师和一个旅）更有把握。作战中碰到了三个难题：其一，我军自南渡黄河后连续行军作战近一个月，已感疲惫，有的纵队伤亡较大。究竟是连续作战，还是稍事休整？鉴于这次战役事关全局，粟裕决心抓住有利时机连续作战，再歼援敌。我参战部队在撤出开封后只休整了三天，即迅速南下，投入豫东战役第二阶段的作战。其二，正当我围歼区兵团尚未达成全歼时，东西两线援敌两个兵团又一齐压来。在这异常紧急的情况下，是坚持还是改变原定的战役决心？粟裕经分析后断定，从我突击、阻援两集团的作战能力和可以争取的时间上看，仍然具备歼灭区兵团的条件。于是调整部署，增强阻击力量，同时加速攻歼被围之敌。事实果不出所料。其三，在敌黄百韬、邱清泉和胡琏三个兵团从东、西、南三个方向向我攻击的情况下，如何胜利撤出战斗，转入休整？粟裕选择了对我威胁较大的黄百韬兵团以歼灭性打击，震慑了邱清泉兵团，使其在我军撤出战斗时不敢紧跟尾击。这就保证了豫东战役第二阶段的胜利结束，又歼敌5万余人。

豫东战役，是敌我主力在中原地区进行的一次会战。我军在29天连续作战中，歼敌一个兵团部、两个整编师、四个正规旅、两个保安旅，连同阻援作战在内，共歼敌9万余人。这是华野主力转入外线作战后进行的第一个大歼灭战，也是解放战争开始以后整整两年中华野进行的一次最大的歼灭战。它的胜利，彻底改变了中原和华东战场的战略态势。

豫东战役结束后不久，即1948年8月，毛泽东在西柏坡接见华野特种兵纵队司令员陈锐霆和晋察冀军区炮兵旅长高存信时说：解放战争好像爬山，现在我们已经过了山的坳子，最吃力的爬坡阶段已经过去了。为了使被接见的同志理解这句话的意思，他还以左手握拳，手背向上，用右手食指沿着弧形手背越过拳头顶端比画过去，形象地表示解放战争好比爬山，现在已经越过山的顶端了，战争形势出现了新的转折，敌我力量对比发生了根本变化。

### 三、战役过程中的转折点

粟裕从理论上系统研究军事转折问题，最先是从"战役转折点"开始的。早在1982年，他就在《豫东之战》一文中深刻分析了这个问题。[1]在他看来，每个战役都有个转折问题，只有当敌人的力量被削弱到一定程度时，才能把战役胜利的可能变为现实。敌人力量由量变到质变的这个点，就是战役的转折点。客观地认识和能动地把握这种转折，是夺取战场主动权和战役全胜的重要前提。

粟裕关于"战役转折点"的理论，包含以下几个方面的内容：

第一，每个战役都有一个转折点。"这个转折点，就是在对战役有决定影响的环节上我们掌握了主动，打赢了敌人，从而使我军确有把握取得战役的全胜"。这个转折点，也就是量变到质变的关节点或临界点。它的标志，是我们在有决定影响的环节上真正掌握了主动，是敌我强弱程度和优劣形势发生了根本变化，是敌人力量达到了向下变化的临界点。用我们前面提到的古希腊哲学的谷堆和秃头的悖论来打个比方，这个转折点，就是使谷堆成其为谷堆的那一粒麦和使马尾变秃的那一根毛。

第二，战役指挥的重心要放在战役的转折点上。战役指挥的重心放在哪里，对能否掌握战场主动权关系极大。因此，战役指挥员不仅要对整个战役有通盘的考虑，预见情况可能的发展变化，在打第一仗时就想打第二仗和第三仗的问题，"而且要把自己注意的重心放在战役转折点上，充分发挥主观能动作用，全力以赴，采取一切手段促使战役转折的实现"。

第三，要善于把握转折的时间。战役转折点是由一个战役阶段向另一个战役阶段过渡的契机或关节点，它包含着一段或长或短的时间。把握战

---

[1]《粟裕战争回忆录》，第558—559页，解放军出版社，1988年。

役转折点的一个重要意义，就是要力争使战役转折在预计的时候出现。"在敌人有强大兵力增援的情况下，转折出现得越早越好，要力争在全战役预计时间的二分之一以前，最好在三分之一甚至四分之一的时候到来。这样，作战就主动了。如果转折在全战役时间的二分之一以后到来，就会因时间紧迫而仓促作战，使部队伤亡增大，疲劳加重，士气受到影响，有时还会陷于被动，不得不撤出战斗，打成夹生仗。"

我们知道，社会过程与自然过程在表现形式上是不同的。自然过程完全是盲目的、不自觉的，根本不需要人的参与。而社会则不然。社会离不开人，在社会历史领域内进行活动的全是有目的、有意识的人，社会生活是由具有理性和意志的人所创造的。尽管社会生活中也存在着客观的、必然的、不依人的意志为转移的客观规律，但人的主观能动性却有着更为广泛的活动范围。这一点在军事领域，在两军对垒、你死我活的战争中，体现得尤为明显。

粟裕在研究军事转折问题时，把能否认识和实现这一转折与指挥员主观能动性的发挥程度紧密地联系在一起。战争发展的这一个阶段与下一个阶段之间，客观存在着战争全局、战区和战役等不同层次的转折。然而，能否科学地认识和把握这种转折，能否使它由可能变为现实，就要看指挥员主观能动性发挥得如何。在战区指挥上，最不容易掌握的时节是实现战区发展的各个段落之间的转折。而在战役指挥上，战役指挥员的一项最重要的才能，就是充分发挥主观能动性，善于把握战役发展的主要环节，在关键性的时间和地点，采用一切手段，夺取或扩大战场主动权，促使战役转折的实现，以确保我军取得战役的全胜。比如，集中优势兵力、各个歼灭敌人是我军战略战术的一条基本原则，但在敌强我弱的总形势下，敌人有强大的后续力量，在战役进程中随时有发生有利于敌而不利于我们变化的可能。所以，粟裕反复强调，战役指挥员一定要发挥主观能动作用，全力以赴，促使战役转折尽早实现。

在认识和把握战役转折点即对战役有决定影响的环节，以实现全战役根本性转折，掌握战场主动权方面，粟裕有过许多次亲身的实践。

在1940年10月的黄桥决战中，我新四军苏北部队以7000余人（其中战斗人员不过5000余人）抗击顽固派韩德勤3万余人的进攻。面对这样的情况，粟裕指出，形势要求我们不仅在战略上，而且在战役、战斗上也要以少胜多。而在各路敌军中如何选择首战歼灭对象，对战局的胜败关系极大。经过认真的分析研究，我军选择了从中路（右翼）进攻黄桥的韩德勤嫡系主力翁达旅作为首战歼灭对象。战斗的发展，完全证实了粟裕的预测。当翁达旅被歼，攻入黄桥的敌人又被反击出去后，战场出现了对我军极为有利的转折。我第二纵队经八字桥插到分界，第一纵队已由八字桥与黄桥之间南下，与我守卫黄桥之第三纵队完成了对已经进入黄桥以东地区的李守维部的合围。我军已完全掌握了战场上的主动权。黄桥战役从10月3日到6日历时4天，在第二天即在占整个战役持续时间1/2之时，我军就完成了战役的转折。激战至6日止，歼敌1.1万余人，战役取得完全胜利。

在1946年12月的宿北战役中，我军在定下首先集中主力围歼较弱之敌整编第六十九师的决心后，于15日黄昏由峄县以东隐蔽到达陇海路南新店子地区的第一纵队、第八师，秘密而突然地向敌整编第六十九师发起攻击。当夜，第一纵队一部越过宿新公路，揳入敌纵深，仅战斗一小时，即歼敌整编第十一师师属工兵营，迫使该师向曹家集收缩。我第八师以两个团与敌六十九师彻夜激战，向烽山守敌连续进行了四次猛烈冲击，终于在拂晓前突破了敌三道阵地和两道副防御工事，占领了战场的制高点烽山，在敌整个部署中打开了一个缺口。我第七师第五旅及第九纵队一部占领了嶂山镇以北及以东阵地。粟裕在回忆录中说："烽山是战场制高点，是进攻或防御的重要依托，此处得失对战局影响甚大，我遂令第八师不惜任何代价守住烽山。"烽山被我军占领后，战场形势变得对敌极为不利。16日全天，敌人以两个旅的兵力，在飞机和炮火的支援下，向我烽山阵地多次猛烈反扑，企图夺回烽山。我第八师打退了敌人的连续反扑，守住了烽山。宿北战役历时五天，我军用了一天一夜攻占并守住了烽山，就实现了战役的转折。如果不占领烽山或其失守，我军很难取得宿北战役的全胜。

在1947年5月的孟良崮战役中，实现战役转折的标志是完成对敌整编第七十四师的合围。粟裕在总结这次战役时说：要把敌整编第七十四师从重兵集团中挖出来予以歼灭是艰巨的，实现战役决心的第一个关键是隐蔽我军意图，达成对敌第七十四师的合围，"在我军以往的战役中，一般只要对敌人达成了合围，胜利就算基本有把握了"。这也是孟良崮战役的转折。我担任主攻的5个纵队，出色地完成了各自的任务。面对敌人的进攻，四纵、九纵全力由正面抗击敌第七十四师。一纵主力利用山区地形实行迂回，从敌第二十五师与第七十四师的接合部向纵深猛插，并抢占了制高点。八纵以相同战术从第七十四师与第八十三师之接合部插入，并夺取制高点。六纵则从鲁南之白彦地区兼程向垛庄急进，以断敌退路。5月13日晚战役发起，至15日拂晓，六纵在一纵协同下攻占了垛庄，八纵攻占了万泉山，三个纵队打通了联系，最后封闭了合围圈。

粟裕认为，在这一个回合中，动用隐伏于鲁南的第六纵队，是关键的一招。莱芜战役后，国民党军采用"集团滚进"战术，从临沂、泗水、大汶口一线，向我鲁中山区发动进攻。我军在诱敌深入的同时，又预伏六纵于鲁南待机。六纵同敌第七十四师是死对头。当时，纵队司令王必成很担心打第七十四师没有他们的任务。粟裕胸有成竹地对他说，你放心，打敌七十四师，一定少不了你们。当我军开始合围第七十四师时，六纵距垛庄约100公里之遥，一路山区。敌人在判明我军意图后，立即向孟良崮、垛庄方向撤退。此时，实现战役转折的关键，在于很快夺取垛庄，断敌退路。

六纵于12日接获命令立即收拢部队，急速开进，14日晨到达距垛庄西南20余公里之观上、白埠地区，15日便抢占了沂蒙公路上敌人赖以进退的唯一道路——垛庄，彻底封闭了合围口。

应当指出的是，战役转折的实现，并不意味着战役某一阶段的结束，更不是全战役的结束。战役转折实现后到全战役的结束，这中间还要经过激烈的战斗。比如，孟良崮战役当敌第七十四师被我包围后，战场态势却呈现出一幅特殊的景象：我军5个纵队包围着第七十四师，敌军却有十个整编师（军）包围着我军。而且，蒋介石还准备利用这一态势与我华野进行决战。粟裕说，这时的关键，一是围歼第七十四师能否迅速解决战斗；二是阻援力量能否挡住敌之援军。此后战斗的激烈程度，为解放战争以来所罕见。但无论怎样，我军在完成了合围之后，就在对战役有决定影响的环节上掌握了主动，敌人已难逃被歼灭的命运，只要我军坚持到底，就一定会获得战役的全胜。

1948年6月的豫东战役，在战役转折上又有其不同之处。豫东战役包括攻城和打援。两个作战阶段，全战役有个转折点，两个阶段也有各自的转折点。粟裕把注意的重心放在实现全战役的转折上，这就是尽快夺取开封和及时掌握用于打援的兵力。夺取开封的关键，又在于从速攻占城垣阵地。因此，战役一开始，粟裕就督促部队迅速突破敌城垣之阵地，尽快攻占开封，争取全战役的转折及时到来。

6月16日晚，我三纵、八纵隐蔽地向开封急进，17日晨突然兵临城下，对四关守敌发起猛烈攻击。至18日黄昏，守关之敌一部被歼，大部放火烧关后退入城内。八纵于当夜22时从南关开始攻城的火力准备，并在对敌防御设施进行连续爆破后发起冲击。24时许，先头营突破了新南门，在后续部队未能跟进的情况下，抢占城楼及其附近有利地形，抗击敌人的反冲击。19日晨，八纵开始攻击宋门。突击营以23人担任爆破任务，首先由一位爆破英雄率领12名优秀爆破员，在火力掩护下以11包炸药实施连续爆破，开辟了通路，炸毁了城门。该纵队攻曹门的部队因曹关火大，改由宋门突入城内。随后，攻城部队又突破大南门和西门。至此，敌城垣主阵地全部被我军突破。我军进入城内的各部队，随即向两侧和纵深发展，与敌展开激烈的巷战。至20日23时，除敌核心阵地龙亭和华北运动场外，市区均被我军攻占。

这时，豫东战役第一阶段已胜利在握。粟裕和张震、钟期光又立即赶到开封南郊第三兵团指挥所，督促三纵和八纵不要留恋开封战场，除留足够的兵力攻击龙亭外，迅速从城内撤出其余部队，把兵力集中起来，准备再歼援敌。对于攻歼龙亭之敌，粟裕对部队说："龙亭是要打下来的，但不要急，迟一点不要紧，有点残敌可以作为钓邱兵团这条'鱼'的大钩子，你马上打下龙亭，他来援就不积极了，主要是做好充分准备，确有把握后再打。"①

豫东战役历时20天，在第一阶段，从战役开始到第三和第八纵队主力撤出开封，我军掌握了所可能集中的最大力量，战场主动权牢牢在握时，仅用了五昼夜的时间，即在占整个战役持续时间1/4之时，就完成了全战役的转折。这时粟裕的心才踏实下来，因为手中已经控制了足够的机动兵力，为下一步歼击援敌创造了有利条件，可以随时投入第二阶段的作战了。

---

① 《粟裕战争回忆录》，第559页，解放军出版社，1988年。

# 必须贯彻慎重的原则①

毛泽东说，许多资产阶级军事家都主张慎重初战，不论在战略防御或战略进攻皆然，而以防御为尤甚。我们过去也曾严肃地提出了这个问题。粟裕不但从思想上深刻领悟毛泽东"慎重初战"的思想，而且在无数次的作战指挥中亲身实践并丰富了这一思想。

## 一、慎重用兵，谋定而动

《老子》中有一句名言："慎终若始，则无败事。"它告诫人们，做任何事情都要谨慎小心，善始善终，以免功亏一篑或功败垂成。《孙子》曰："兵者，国之大事，死生之地，存亡之道，不可不察也。"战争是国家的大事，关乎军民的生死、国家的存亡，更要慎终若始，不能有丝毫的大意。

毛泽东在指挥中国革命战争的实践中，极为重视"慎重初战"的思想。他在《中国革命战争的战略问题》一文中分析了中央苏区五次反"围剿"的经验教训，明确指出：处于防御地位的红军，欲打破强大的"进剿"军，反攻的第一个战斗关系非常之大；第一个战斗给予全局以极大的影响，乃至一直影响到最后的一个战斗。为此，他得出下述3个结论：

第一，必须打胜。必须敌情、地形、人民等条件，都有利于我，不利于敌，确有把握而后动手，否则宁可退让，持重待机，机会总是有的，不可率尔应战。

第二，初战的计划必须是全战役计划的有机的序幕。没有好的全战役

---

① 本文选自作者专著《粟裕兵法》第七章。该书1995年由中原农民出版社出版，2004年由中央党史出版社再版。

计划，绝不能有真正好的第一仗。因此在打第一仗之先，必须想到第二、第三、第四以至最后一仗大体上如何打法。没有全局在胸，是不会真的投下一着好棋子的。

第三，还要想到下一战略阶段的文章。尽管往后变化难测，愈远看愈渺茫，然而大体的计算是可能的，贯通全战略阶段及至几个战略阶段的，大体上想通了的，一个长时期的方针是绝不可少的。

粟裕曾经深有体会地说："慎重初战，这对战役指挥员来说是一条具有丰富内容的原则。从下定战役决心到组织战役实施的全过程，甚至在某些指挥细节上，都必须贯彻慎重的原则，以确保关键性战役的胜利。慎重初战和初战必胜，可以说实质上是一回事情。"①不仅如此，他还认为，战争是不断发展的，每个战争阶段、每一次作战都有新的特点和新的情况，慎重原则不仅适用于初战，而且适用于新的作战阶段，适用于对付新的敌人、组织新的部队在新的地区作战。

在整个革命战争时期，粟裕一直处在军事斗争第一线。战场上血与火的洗礼使他认识到，两军对阵，不仅是兵力、火力、士气的较量，而且是双方指挥员指挥艺术的较量。指挥上的稍稍疏忽或一时莽撞，都会造成作战上的"为山九仞，功亏一篑"。指挥员切不可因为自己指挥上的失误，造成士兵的无谓牺牲。

他认为，大兵团作战是各种力量的比赛，等于一架机器一样，要全部开动，一个螺丝钉也不能有丝毫障碍，才能顺利地产生出好东西来。整个作战计划也像做一道算术题那样，一个数字错了，全盘都会错。因此，他一贯谨慎从事，在深入调查研究的基础上，深思熟虑，多方筹划，预立多案，力求做到先胜而后战。慎重用兵，谋定而动，是粟裕在作战指挥上的

---

① 《粟裕战争回忆录》，第430页，解放军出版社，1988年。

一个突出特点。

1946年7月至8月的苏中战役是初战。它在解放战争初期起着战略侦察的任务，因而实际上具有解放战争战略初战的性质。粟裕遵照中央军委"先打几个胜仗，看出敌人弱点"的指示，在作战指挥中慎之又慎，反复权衡，分析敌人的行动规律，找出我军行动的最佳方案，力求打一仗胜一仗。他后来回忆说，苏中战役的7次战斗并不是事先规划好的，但每次都是根据先在内线打几个胜仗的战役指导思想，着眼于战争初期的作战要求，从当面的实际情况出发，灵活用兵，哪里好消灭敌人就在哪里打仗，什么时候好消灭敌人就在什么时候打仗，什么敌人好消灭就打什么敌人。经过全面的分析研究，他慎重地选择了与我军在敌强我弱的形势下通常实行的诱敌深入的传统战法相悖的根据地前部地区作为初战的作战地域，并且出敌不意地选择敌人进攻的出发地作为首战的打击目标，从而为苏中战役七战七捷奠定了基础。

1946年12月的宿北战役和1947年1月的鲁南战役，是另一种意义上的初战，即华中、山东两个战区合起来打的初战。粟裕说过："宿北战役和鲁南战役指挥的特点都是慎重，而就我个人的心情来说，宿北战役时更为紧张一些。"

宿北战役是山东、华中两支野战军合并后共同作战的第一仗，因而粟裕协助陈毅指挥此役时深感责任重大，心情十分紧张。就敌人方面来说，敌军已对我军形成半包围的态势，我处于敌4个方向的进攻之中。这一仗是我摆脱被动夺取战场主动权的关键一仗，只能打胜，不能打败。就我军而言，前一段战事进展不算顺利，部分同志产生了一些埋怨情绪。而且，作为战役指挥员的粟裕，对情况比较生疏。这次直接参战的部队基本上都是山东野战军。同时，两支野战军合并后，指挥机关尚未统一，粟裕只身前来，对司令部工作的同志也是生疏的。此外，他对淮海地区的民情、地形诸情况远不如对苏中地区熟悉,对作战对象也不甚了解。有鉴于此,他在战役指挥中极为慎重,无论是定下战役决心还是组织实施战役,都经过反复考虑,反复权衡。仅宿北战役决心,就经过四次协商。他在认真研究陈毅提出的5个作战方案的基础上,选定先打宿迁、沭阳一路的敌人,然后又制定了两个作战方案。当敌整编第六十九师全部及整编第十一师主力呈冒进态势时,他及时调整作战部署,进一步明确各部队的任务,指挥部队秘密接敌、突然攻击,乘敌第六十九师在运动中和立足未稳之际予以歼灭。

有人问粟裕:"作为战役指挥员,你认为在鲁南战役的指挥上,最特殊之处是什么?"粟裕答道:"是慎重。"在鲁南作战中,首先,敌人的阵势摆得很长,呈掎角之势,易于相互策应。其次,作战对象生疏,不仅有美械装备的蒋介石嫡系主力部队,还有多兵种组成的快速纵队,这是过去未打过的。最后,山东、华中两个野战军会合作战,战役指挥员与半数参战部队初次接触,互不熟悉,不大摸底。因此,粟裕在战役指挥中更加兢兢业业,格外慎重。经过了一个反复慎重考虑和酝酿的过程后,定下战役决心。当我军全歼敌整编第二十六师及第一快速纵队,战役第一阶段结束后,由于敌情的变化,粟裕发现预定的寻歼敌第三十三军的战机已失,便向陈毅建议在战役第二阶段同时攻取峄县、枣庄。为了及时、准确地掌握战场情况和指挥部队作战,他率部分人员组成的轻便指挥所到达峄县、枣庄前线指挥作战。峄县战斗一结束,他就进城亲自学习研究攻城爆破技术,并组织推广第八师的攻坚、爆破技术,从而为打下枣庄创造了重要条件。

可见,不鲁莽硬拼,不轻举妄动,同敌人斗智斗谋,把胜利建立在稳妥可靠的基础上,是粟裕用兵的一大特色。

由此出发,粟裕特别强调要避免一切无谓的牺牲。他常说,指挥员的心目中一定要时刻想着战士,在战斗中指挥部队既很好地保护自己,减少伤亡，又充分发扬火力，消灭敌人，那么就是最大最好的爱兵。他认为，作为指挥员，为了夺取革命的胜利，既要不惜牺牲，又要避免一切不应该的牺牲。同志们参加革命，老乡们送子女上前方，不是为了死，而是为了活，活得更好。因此，指挥员不能仅仅冲锋在前就行了，而要选择适当位置，运用战术，指挥部队，尽可能地减少伤亡，一句话，慎重用兵。

爱兵、惜兵，是粟裕用兵思想的重要内容。他的名言是："心目中一定要想着战士。""伤病员一个也不能丢。"1948年的豫东战役胜利后，粟裕命令全线部队撤退到陇海路北，指派某师负责掩护部队北撤。为此，他专门交代该师两个任务，一是阻击敌军，二是做好后尾收容工作，并一再叮嘱师指挥员"心目中一定要想着战士"。结果该师不但完成了阻击任务，而且收容了1200余名伤员，连师长和政委也抬了一名伤员走了70里路。华东野战军的每个干部战士，都为有粟裕这样多谋善断、用兵如神、爱兵惜兵的好首长而十分自豪。


## 二、调查研究，知彼知己

粟裕慎重用兵的另一个突出特点，就是坚持调查研究，切实做到知彼知己。在定下每一次战役决心之前，他都要经过调查，详细掌握敌我双方各方面的情况，进行全面的分析研究。他一向重视深入战斗第一线，亲自调查了解情况。抗日战争时期，每次重大战斗，他都坚持到第一线观察和指挥。解放战争时期，他的职务更高了，但这种作风始终保持。

对于敌军，粟裕总是运用各种侦察手段，充分搜集资料，对敌人的态势和具体部署、企图、兵力，各个部队的士气、装备、战斗力、作战经历、派系、彼此之间的关系，指挥官的指挥能力和作战个性，工事的坚固程度等做到了如指掌。他坚持用记卡片的方法，详细掌握了敌人师旅以上部队和指挥官的情况，对敌情的了解往往超过参谋人员。正因如此，凡是与他交过手的敌人，不论是国民党军队，还是日本军队，无不连吃败仗。解放战争时期，国民党在华东战场上指挥作战的高级将领接二连三地被撤换，最后全军覆没，其将领不是被俘虏，就是被击毙。粟裕卓越的指挥艺术有口皆碑，就连一些敌人也心服口服。

粟裕特别重视敌人主要指挥官的个性及其相互间的矛盾，并在战场上加以利用。他解释说，所谓作战个性，就是在作战时是猛打猛冲，敢于打硬仗的，还是巧于智谋，能够临机应变的，或者是懦弱胆怯、犹豫多疑的，等等。他在莱芜战役的总结中说："我们对敌情的了解还不够，特别是对王耀武的指挥特性了解很差。如果我们了解到王的性格大胆果断，能命令其部队一天一晚后撤数百里，那我们即可大胆地将部队插到济南附近，这样，敌第十二军也就无法逃跑了。这说明我们不仅要了解敌人番号、兵力、装备、战斗力及部署等，还应了解敌指挥官的性格特点。如对方是多疑的，我可多设疑兵；如对方是个猛将，我们则来一套软的。"

他对先后在徐州坐镇指挥的薛岳、顾祝同、刘峙、杜聿明等心理上和指挥上的特点均有深刻研究。有的多次交过手，有的是他的手下败将，有的只能在有利条件下打仗，不能在不利条件下打仗。莱芜战役后，蒋介石撤销徐州绥署，薛岳另候任用，由顾祝同进驻徐州，统一指挥原徐州和郑州两绥署的国民党军。粟裕认为，薛岳用兵尚机敏果断，而顾祝同则历来是我军手下败将，这无异以庸才代替干才。在高级军事指挥人员的更迭上，正象征着国民党的日暮途穷，最后必然走向崩溃。

粟裕曾形象地描述蒋介石在淮海决战中的心理状态：

他这个人很"小气"，有一个怪脾气，你要他一点，他连半点也不给你，如果你拿下了他大的呢？他连小的也不要了。开始舍不得丢四十四军，黄百韬在新安镇等待连云港撤来的四十四军，结果，黄百韬陷入重围。黄百韬陷入重围后，他又舍不得丢黄百韬，不但派邱清泉、李弥来救，还派黄维来救，结果，黄百韬没有得救，黄维又被包围了。他又让杜聿明来救黄维。结果黄维没有得救，又丢了杜聿明的三个兵团。

关于杜聿明，粟裕说：

他只能打胜仗，不能打败仗；只能在有利条件下打仗，不能在不利条件下打仗。他在印缅作战时，有美国的供应，出过风头。在东北时，有火车、轮船、飞机源源供应。但这次被我们包围在永城地区，突不出，守不住，被我们全部歼灭。

关于第五军邱清泉，粟裕说：

他一直是华野寻歼的对象。五军战斗力比七十四师稍差，与十八军不相上下，各有所长。邱清泉好打滑头仗，跟友邻关系不好。这次解决他没有遇到多大的困难。①

对于我军，粟裕总是深刻领会中央军委的战略意图，全面了解兵力部署，各部队的士气、装备、作战经历、作战特点及其位置、后勤保障状况。他特别强调，要做到了解自己，必须深入连队，接近战士，调查研究下属的实际情况。他认为，对我军自己的各方面情况，包括对我军指挥员的不同特长，我们的下级指挥员和战士对他们所在那个部队的指挥员是不是信赖等，也都应该有透彻的了解，以便正确地使用干部和部队。因此，他经

---

① 《粟裕谈淮海战役》，《党的文献》1989年第6期。

常深入部队，了解掌握各种情况，从部队素质到战斗力现状，从部队伤亡到补充数字，从指挥员的脾气秉性到部队作战特点，哪个部队能攻，哪个部队善守，等等，他都清清楚楚。因此，指挥作战中，他在使用部队上能扬长避短、量才使用。

孟良崮战役，将敌整编第七十四师这个"上将"从"百万军中"分割出来，是战役的关键。粟裕经过分析，决定将原作为总预备队的一纵紧急调来担负这项艰巨任务。他认为，一纵善于野战，经常担负穿插分割任务，具有英勇顽强的战斗作风，可以放心。一纵在作战中不负众望，迅速勇猛地从敌间隙揳入，割断了整编第七十四师与整编第二十五师、整编第六十五师的联系，在友邻部队协同下，胜利完成了全歼整编第七十四师的任务。

豫东战役，粟裕认真分析了我军备参战部队的情况，认为华野外线兵团的几个主力纵队，总的来说，都是能攻善守的部队，但各纵队在攻坚、野战、阻击等方面又各有所长。第一阶段攻克开封，他把擅长攻坚的第三、第八纵队组成攻城集团，把长于野战的第一、第四、第六纵队和中野第九、第十纵队组成阻援集团。结果我军仅用五昼夜就攻占了开封。第二阶段的睢杞战役是野战。他认为第三、第八纵队在开封战役中伤亡较大，但因打了胜仗，士气旺盛，只要利用作战间隙把机关勤杂人员和解放战士补充进去，部队的战斗力会很快增强。第十纵队虽经长途跋涉，比较疲劳，但建制完整，实力坚强。第一、第四、第六纵队自渡黄河以后，只打了些阻击战，齐装满员，士气正旺。因此，他又把擅长野战的第一、第四、第六纵队和中野第十一纵队由阻援集团改为突击集团，用以围歼立足未稳的区寿年兵团；长于防御和攻城伤亡较大的第三、第八纵队以及第十纵队、两广纵队组成阻援集团，用以阻击邱清泉兵团。这样，既充分发挥了各部队的长处，又照顾了各部队的实际，取得全歼区兵团部和整编第七十五师、阻住并大量杀伤消耗敌人援兵的辉煌战果。

粟裕还十分重视对战区的地形、交通、天候、经济条件和民情的调查研究。他有一个几十年一贯的特点，就是每到新的宿营地，第一件事就是要参谋人员把地图挂起来。他经常是一个人坐在地图前沉思默想，或手持蜡烛在地图上比比画画。他看地图认真细致，从不放过任何疑点，遇到不明白的符号都要问个一清二楚。他对地图是非常精通的，而且计算得极为认真，考虑作战计划、方案均在地图上反复测算。因此，他对战区内的许多村庄、河流、桥梁、水田、旱地、高山、森林都摸得非常之熟。抗战期间，他曾率部在敌伪据点林立的苏中地区转战3年，在敌人的无数次"扫荡"和"清乡"中往返穿插，辗转周旋，从未发生意外。解放战争期间，大规模的运动作战往往跨越几个省区。他在审定作战命令、计划、方案时，从不需要去查地图，因为他对作战地区的地形已了如指掌。

粟裕不仅重视研究地图，而且经常亲自进行直接的调查研究。他行军每到一地，总要找村里年纪大一些的老乡调查民情、风俗、物产、生活以及地形、天候等情况。在坚持浙南三年游击战争期间，他有意识地走遍了浙赣路以南、天台山以西、闽浙边以北之间的几乎所有大小山头。1944年3月5日的车桥战役发起之前，粟裕有一个长达大半年的酝酿和形成过程，其中包括1943年6月开始的为期几个月的实地调查。他利用奉命去军部驻地参加整风会议和汇报工作之机，带了少数参谋、测绘人员和一个连，在从苏中到淮南往返500余公里的路上，对沿途地形、敌情进行直接调查考察，找干部、群众交谈，并与下属指挥员一起进行探讨，从而形成了在淮宝地区发起以夺取车桥、泾口为目标的作战方案。

粟裕的这种"嗜好"，一直保留至晚年。他的长子粟戎生在回忆文章中，对此有过生动的描述：

爸爸喜欢看地图，也要求我多看。他说看地图、看地形是军事指挥员的必修课，地图不仅要看，而且要背。他每次外出，到达一地，工作人员的第一件事就是挂当地的军事地图。爸爸有时反骑着椅子，纵观大局；有时拿着放大镜，细致观察很小的地方，一看就是很长时间。他看地图，是分析研究着看，带着敌情我情看，带着一个地区自然和经济的发展看，看完了就能牢牢记住。这不是什么特别的天资，而是多年战斗生涯中锻炼出来的能力。……提起看地形，我想起爸爸对地形的研究，他不仅把地图记在脑子里，一切重要的地域，只要有可能，他都要到现地去看。有一次，他到某地视察，我有幸跟随。他登上我方防守的高地，仔细察看了防区和地形，又提出变换位置，从进攻者的角度观察，正反结合着看，取得了发言权。他当总参谋长期间，条件比较方便，除了在地面逐一观察外，有时坐上飞机从天上再看一下，形成立体化的印象。他说，地图在军事指挥员的脑子里应该是立体的，不是平面的。[①]

### 三、深思熟虑，预立多案

拿破仑曾经向人谈起过他成功的秘密："如果说，看来我经常对一切都胸有成竹，那是因为我在做一件事情之前，早就考虑很久了；我对所有可能发生的事情，几乎都是预先做过考虑的。我能够在别人猝不及防的情况下知道自己说什么和采取什么行动，这完全不是冥冥之中有什么天才对我突然启示。我总是在工作，吃饭的时候在工作，看戏的时候在工作，夜里醒来也在工作。"拿破仑每战之前都要根据情况制定不止一个作战方案和实施计划，一旦战役打响立即进行新的探索，验证计划的正确性和研究下一

---

[①]《一代名将——回忆粟裕同志》，第565—566页，上海人民出版社，1986年。

步的作战方案。

粟裕的雄才大略、用兵如神，也绝非出自冥冥之中的什么天启，而是来自全身心的投入，来自对战场各种情况的周密分析，来自对作战方案的深思熟虑。他指挥作战，不论是一次大的战役，还是一次小的战斗，都是经过一段时间的反复思考和权衡的。这种思考和权衡，几乎占据他的全部休息时间。淮海战役最紧张的是第二阶段，他曾经七昼夜没有睡觉，后来美尼尔氏综合症发作，只能带病指挥。

在作战指挥中，粟裕的深思熟虑突出表现在他最后定下战役决心之前，总是预定数个在不同情况下不同打法的作战方案。他指出："要用心在敌我兵力对比、地形条件、解决战斗所需时间等因素方面，加以精确的计算、权衡，提出两个以上的方案加以比较，最后确定出一个比较完善的方案来。"[①]综观他所指挥的重大战役，无一例外地都制定了两个以上的作战方案。

不仅如此，即便是已经确定了的作战预案，只要战役还没有真正打响，只要下一步行动还没有进行，他都根据可能出现的新情况和新变化，对预案进行不断地充实、修正，以求获得一个最佳方案。正如他所说："一个战役指挥员当作战方案初步确定后，仍要继续反复思考，设想可能出现的新情况和需要采取的相应处置方案，以便在情况突变时可以不失时机地进行新的选择。"[②]因此，战役指挥中，他总是胸有成竹、临危不乱，棋高一着、保持主动。

1947年初的莱芜战役之前，我军原打算在临沂以南对敌作战。为此，粟裕曾拟定了3个方案：（1）如敌右路前进较快，即首歼敌右路兵团整编第二十五师及整编第六十五师一部于郯城以东、东海（今海州）以西地区；

---

① 《粟裕军事文集》，第39页，解放军出版社，1989年。
② 《粟裕战争回忆录》，第445页，解放军出版社，1988年。

（2）如敌左路前进较快，则首歼敌左路兵团整编第十一师于沂河以西苍山地区；（3）如敌两翼均迟滞前进而中路突出时，则首歼敌中路兵团整编第七十四师于沂河、沭河之间，郯城以北地区。该敌战斗力较强，但当其与两翼距离较远时，可能为我歼灭。3个方案中，以第一方案为最好，这是基本方案，第二方案次之，第三方案可能较难实现。

战斗打响后，虽经我军于正面加强压力，坚决抗击中路之敌，敌仍采取稳扎稳打、步步为营战法，缓步齐头并进，未能出现我预想的歼敌有利战机。这时，粟裕根据陈毅提出的置南线之敌于不顾，主力北上歼敌的设想，又提出3个作战方案：（1）以一部兵力向东南挺进，歼击郝鹏举部，虚张声势，威胁海州，迫敌主力东援，然后集中主力于运动中歼灭东援之敌；（2）如执行第一案，敌主力未来增援或仅以小部来援，而以左、中两路迅速北进，我则集中全力，歼敌整编第十一师于沂河以西地区；（3）如敌仍不北进，或北进时不便歼灭，则除以一个纵队留临沂地区与敌纠缠外，其余主力即隐蔽北上，求歼李仙洲集团。及至我按预定方案歼敌郝鹏举部后，反而促使南线敌军采取谨慎方针，不仅右路敌军并未东援，连同左、中路敌均停滞不前。经中央军委同意后，粟裕遂决心实行第三方案。除留第二、第三纵队伪装成华野主力迷惑敌人外，调集7个纵队的兵力围歼北线之敌，一举夺得莱芜战役的重大胜利。

淮海战役第一阶段围歼黄百韬兵团的作战，粟裕提出了3个作战方案，并分析了其利害。（1）首先夺取两淮，歼击增援之敌，再夺新浦、海州、连云港。但因黄百韬兵团已东调新安镇堵我南下，我小部兵力不能解决敌人，大部队穿过该敌后方补给困难，敌亦可能先我加强两淮守备。因此，此案较难实现。（2）先以一部兵力攻打新浦、海州、连云港，调黄兵团东援，在新浦、新安镇之间歼灭该敌于运动中。如敌不出援则坚决攻克以上3点，以使山东、苏北，及沿海一线连成一片。但我运动距离较远，易暴露企图；黄、邱、李3个兵团可能靠拢东援，造成僵局；若敌发觉我主力东去后，以一部兵力沿津浦路或运河线北犯，我也将应付不及。（3）分割全歼黄百韬兵团，因敌情已明，易收突然制敌之效。但距徐州较近，运河以西我不易控制，敌可利用铁道及海（州）郑（州）公路快速增援。

根据上述分析，粟裕认为以第三个方案为最佳方案。执行这一方案，他又估计到5种可能性。最后的结论是：以第一种可能性较小，我们应尽一切可能争取。第二种可能性较大，亦应尽一切可能争取。如第一、第二种可能不易争取，至少应争取第三种可能，避免第四种可能，防止并破坏第五种可能。

粟裕的作战方案，不但是指已经上报下达的方案，有时还包括一种“腹案”。所谓“腹案”，就是战役指挥员根据上级决定部署作战时，因不能稳操胜券而根据战场的实际情况所考虑的另一个更有把握取胜的作战方案。一旦情况发生变化，便可临机作出相应的决断。1948年豫东战役时，按照中央军委的指示，华东野战军原作战部署是在鲁西南歼敌整编第五军。粟裕认真分析了当时敌我双方的情况，认为寻歼作为蒋介石的主力之一的整编第五军虽具有一定的条件，但不利因素较多。我如打它，蒋介石必将救援，而华野主力则难以迅速集中，三五天内解决不了战斗，待援兵赶到，我就有可能陷于被动。而我可用于阻援的兵力有限，且作战地域比较狭窄，又处背水作战不利态势，难以阻敌援兵。基于上述考虑，粟裕在积极做好歼敌整编第五军部署的同时，又设想了一个“先打开封，后歼援敌”的作战“腹案”。后来，战场发展果如粟裕预料的那样，打整编第五军的条件尚未具备，而实现“先攻开封、后歼援敌”的条件却已成熟。粟裕遂当机立断，定下决心转向豫东作战。由于对这一作战方案预先有准备，所以在定下决心的当天就能上报中央军委，同时给部队下达了作战命令。战役的结果证明，这一“腹案”是正确的。

在作战方案形成和制定的过程中，粟裕十分重视发扬军事民主，广泛听取多种意见，从不同角度进行分析。他所做的许多重要决策，都凝聚着下属指挥员、参谋人员、战士、地方干部和群众的集体智慧。制定作战方案时，只要情况和时间允许，他都会召开野战军党委会或作战会议，与各兵团指挥员共商作战大计。这是他的一个传统，也是他所坚持的一个原则。他后来在总结鲁南战役的历史经验时，曾动情地说：

在解放战争期间，几乎在每次大的战役之前都要召开这样的战前会议。会上，分析战争形势和敌我态势，研究战役决心，探讨作战方法，部署后勤保障等等，充分发扬军事民主，统一思想和行动。实践证明，这样做确实好处很大。后来的南麻、临朐一仗没有打好，固然有多方面的原因，战前没有来得及开会研究是重要原因之一。[①]

## 四、机断专行，处变不惊

我国古代著名军事家吴起说过："用兵之害，犹豫最大。三军之灾，生于狐疑。"多疑不决，优柔寡断，历来是战争指挥员之大忌。在情况复杂、瞬息万变的战场上，稍稍的犹豫就可能因丧失战机而导致全军覆没。

粟裕指挥作战，慎重周密，深思熟虑，但又绝不失之于多疑和寡断。机断专行，处变不惊，是他慎重用兵思想的重要内容。在他看来，战争情况，千变万化，知己知彼是相对的，每战既要力争有把握，又要敢于在既有一定把握又有一定风险的情况下作战。定下战役决心，须周密运筹，设想多种方案，并择其善者而从之。而在作战计划实施中，当情况发生重大

---

① 《粟裕战争回忆录》，第438—439页，解放军出版社，1988年。

变化或出现新的有利战机时，应当机立断，改变或放弃原定计划，定下新的决心，绝不轻躁作战。

1947年的孟良崮战役之前，我华东野战军用"耍龙灯"的办法实施高度机动回旋，时南时北，或东或西，有进有退，既打又撤，削弱、调动、迷惑了敌人，终于创造出有利的战机。

5月10日，汤恩伯兵团的第七军和整编第四十八师进犯沂水。该敌位于敌之右翼，比较暴露。粟裕当即决定以野战军主力歼灭之，并视机打援，但同时他也考虑到，这路敌军是桂系部队，打仗既狡猾又顽强，不是理想的打击对象。因此，作战命令下达后，他继续密切注视着敌情的细微变化，寻找更合适的战机。

5月11日晚，当我参战各部正向沂水方向开进时，获悉汤恩伯命令以整编第七十四师为主要突击力量于12日攻占我指挥部所在地——坦埠。这就出现了一个新的战机。粟裕经过冷静思考后认为，在敌已开始全线进攻并对我实施中央突破的情况下，我应立即改变先打敌第七军和第四十八师的计划，以反突破来对付敌人的突破，采取"猛虎掏心"的办法，从敌战斗队形的中央搜入，歼灭第七十四师。

粟裕这个设想的根据是：

第一，歼灭蒋介石嫡系中的这一精锐之师，可立即挫败敌人的这次作战行动，迅速改变战场态势，获得最有利的战役效果，同时对我军指战员也是一个极大的鼓舞。

第二，我军经过8个月作战，战术、技术水平有了很大提高，积累了大兵团作战的经验，武器装备有了很大改善，已经具备围歼强敌的条件。而且，我军针锋相对以中央突破反中央突破打最强之第七十四师，必定会出其不意，攻其不备，大奏奇效。

第三，从总兵力上看，敌军兵力占有很大优势，它在其进攻山东解放区的24个整编师（军）中，集中17个整编师（军）进攻鲁中山区，而我军只有9个主力纵队和1个特种兵纵队。但第七十四师担负中央突破任务，已进入我主力集结位置的正面，我军可迅速在局部对该师形成5∶1之绝对优势。

第四，该敌虽强，但也有弱点：进入山区后，重装备机动及其威力均受限制；该敌对其他敌军十分骄横，矛盾很深，如围歼该敌又坚决阻援，其他敌军不会奋力救援，等等。

在这个设想获陈毅同意后，粟裕立即改变原定决心，并定下新的战役决心：以5个纵队围歼第七十四师，另以4个纵队阻援。这次战役，以第七十四师3.2万余人全部被歼灭于孟良崮地区而告终。这一胜利来之不易，这一战役决心的改变更为可贵。粟裕后来回忆说：

在战役指挥中，由于情况变化而临机改变决心并不少见。但是，这次临机改变决心时，不仅敌情严重，时间紧迫，而且作战对象的选择和作战方法的采用，都有其特殊之处。即使同上次莱芜战役相比，也不相同。

他认为，这种不同表现在：

其一，莱芜战役时敌军南北对进，南线与北线敌相距150公里以上，我军活动地区仍较广阔。这次敌军一线式推进，已深入我鲁中腹地，形成了对我军的弧形包围态势，战场回旋余地已很狭窄了。

其二，莱芜战役时我军舍南就北，寻歼李仙洲集团，带有远距离奔袭的性质。这次是在优势之敌有准备地要与我决战之时，我军突然从敌军的正面中央进行强攻硬取。

其三，莱芜战役时我军舍强取弱，这次是舍弱取强，因而这次战役将是一次硬仗、恶仗。

由此可见，在这种困难复杂的情况下，改变战役决心，需要有多么大的勇气和魄力。粟裕机断专行的品格，在孟良崮战役的筹划和实施过程中得到充分的体现。

在1个多月的豫东战役中，他依据战场形势和战况发展，连续多次定下决心，真可谓多谋善断。当他率部在黄河以北休整时，根据中央军委的战略意图，定下在鲁西南歼灭敌整编第五军的决心。我军渡过黄河后，敌迅速向鲁西南集结，不易分割围歼。他当机立断，改变在鲁西南作战的计划，并迅速定下转向豫东作战攻城阻援的决心。战役的第二阶段中，当邱清泉、区寿年兵团之间出现了40公里的间隙时，他又立即定下新的决心：以4个纵队围歼战斗力较弱又易分割的区兵团于睢杞地区，其余各纵分头阻击援军。在围歼区兵团期间，西线敌邱兵团被我军阻住，徐州"剿总"又急调黄百韬兵团由东线增援。战场情况发生了重大变化，情况异常紧急。我歼击区兵团的战斗正激烈进行，而东西两线援敌2个兵团又一齐压来。是坚持还是改变原定的战役决心，需要刻不容缓地作出决断。粟裕迅速对敌我情况重新进行全面分析，当机立断，仍坚持原战役决心，同时增强阻击力量和加速攻歼被围之敌。在我军实现"先攻开封、后歼援敌"的目的后，为保证部队顺利撤出战斗，他又决心给立足未稳的黄兵团以歼灭性打击，并在4天后果断定下撤出战斗的决心。这样就争取了时间，使各部队迅速撤离战场，摆脱了敌人，胜利结束战役。

渡江战役前，总前委制定并经中央军委同意的《京沪杭作战纲要》规定，部队渡江后先站稳脚跟，再视情扩大战果。可是在渡江战役开始后，我军一突破长江防线，敌军便在一片混乱中仓皇南逃。为不失战机，粟裕一面向中央军委和总前委报告，一面机断处置，下令各部队不为小敌所阻惑，全速展开追击，结果在郎溪、广德地区取得了截、歼敌5个军的胜利。突破长江防线后，粟裕马上考虑到下一步进军福建的问题，指示部队尽快向杭州追击，抢占钱塘江大桥。张震后来曾谈到，由于粟裕考虑和部署及时，当敌军正准备破坏大桥时，我第二十一军赶到了桥头，保住了进军福建的这一重要孔道。粟裕的这一主动和远见，有力地促进了战局的胜利发展。

粟裕在作战指挥中机断专行的事例，俯拾即是，随处可见。鲁南战役中正当我军要发起对敌快速纵队的进攻时，天气由阴转雨，雨中夹雪，寒风刺骨。参谋人员跑来问：计划有无改变？他说："不变！这是老天爷在帮我们的忙，雨雪交加，道路难行，会把重型装备陷在那里，敌人就更难逃脱了。"果然不出所料，由于我解放区军民对道路和桥梁的破坏，加之洼地泥泞，敌人突围时许多汽车和火炮都陷下去动弹不得。仅几个小时，这支美蒋合建，由美军装备训练，蒋纬国苦心经营的坦克部队就被彻底消灭了。

在粟裕看来，正确的机断专行与集中统一指挥是一致的，它是建立在既深刻领会上级意图和作战原则，又根据当面战场实际情况机断行事的基础上的。粟裕一贯反对在作战指导上实行绝对集中的指挥。他经常谈起毛泽东作为军事统帅的优良作风：

他总是既通观和掌握战争全局，又处处从战场实际情况出发。他十分重视战场指挥员的意见，给予应有的机动权和自主权，充分发挥战场指挥员的能动作用。[1]

例如豫东战役发起前，粟裕于6月15日定下"先打开封、后歼援敌"的决心，6月16日即在向部队下达作战命令的同时，向中央军委呈报攻打开封的具体方案并申明"因情况急迫，请示不及，已令各部执行。有何指

---

[1] 《粟裕战争回忆录》，第138页，解放军出版社，1988年。

示，请即赐复"。中央军委、毛泽东立即于次日复示："完全同意十六日午时电部署。这是目前情况下的正确方针。"并要求前线指挥员在情况"紧张时独立处置，不要请示"。这就保证了粟裕能够在中央军委的战略意图下机断行事，有充分的机动权和自主权，从而积极主动地统率部队去夺取战役胜利。

# 探索现代战争规律的先行者①

在新中国成立后的33年中，粟裕不辞辛劳，忍辱负重，努力探求现代战争规律的诸多问题，取得了丰厚的理论与实践成果，为我国国防和军队现代化建设作出了卓越贡献。粟裕认为，现代战争就是大量使用现代武器的战争。早在抗日战争时期，他就放眼世界，密切追踪世界军事动态。新中国成立后，他更加深入地研究探索现代战争的规律，在战争特点、作战方法和军队建设等方面提出了许多真知灼见。粟裕不愧为我党我军探索现代战争规律的先行者。

## 一、现代战争的基本特点：全面战争、原子加喷气、枪战变炮战

新中国成立后，我军先后完成夺取沿海岛屿作战、上海防空作战、攻台作战准备等现代化条件下的军事斗争任务，并进行了抗美援朝战争。新的战争和军事斗争经验表明，我军在革命战争年代赖以打天下的"小米加步枪"已经不能完全适应形势发展的需要，紧迫的军事斗争使命要求我军必须尽快掌握现代化作战能力。

战争形态包括政治、军事两大属性。政治属性主要是指战争的发生、发展的政治因素，一般表现为战争目的的正义与非正义、有限与无限；军事属性则主要包括武器装备、战略战术、体制编制、战场态势等因素。分析任何阶段战争形态的特点都要从这两方面着眼。粟裕准确、全面地对现代战争的特点进行了归纳总结。在当时我国安全存在着大规模外敌入侵的

---

① 原载《粟裕纪念文集》，军事科学出版社，2008年。

现实威胁的情况下，一方面，粟裕强调现代战争是全面的战争，不单是军事上的作战，也是人力、物力、财力与技术的总竞赛，谁能够动员其绝大多数甚至全部国民全部精神、生命及物质来支持战争，谁就能够获得战争的胜利；另一方面，他又极为关注武器装备引起的战争形态的变化，认为现代战争基本特点就是原子加喷气、枪战变炮战。现代战争表现为突然性、剧烈性、快速性、紧张性、广泛性。

### 二、现代战争的作战方法：现代条件下人民战争

粟裕孜孜以求地探索现代战争特别是反侵略战争的作战方法，既研究过常规条件下的作战，又探索过核条件下的作战；既研究过抗登陆作战，也探索过大规模渡海登岛作战；既探索过东南方向的作战，又研究过"三北"地区的作战。粟裕凭借丰富的军事斗争经验与深厚的军事理论造诣，提出了一系列打赢现代条件下人民战争的新主张、新观点。

集中优势兵力、各个歼灭敌人的原则，要有新的做法和要求。歼灭战是我军传统作战指导方针，在现代化的抗美援朝战争中经受住了考验。20世纪70年代末在对强敌作战如何打好歼灭战的问题上，粟裕提出了新看法：

首先，战争初期只能着眼于打中小规模的歼灭战，确有把握时打较大规模歼灭战，根据敌我力量的强弱转化逐步提高歼灭战规模。

其次，必须保持强大机动兵团，以便机动作战。进攻和防御要有纵深配置，适时实施机动和集中兵力打歼灭战。

再次，集中兵力优势和火力优势打歼灭战，避免兵力上占很大优势而火力不占优势的现象。

最后，每战必须隐蔽接敌，猛打速决，快撤远离。

**将作战形式思想移用于海空战场**　新中国成立之初，我新生的海、空

军在作战与建设等问题上急需可行的战略指导方针。粟裕创造性地把作战形式特别是游击战思想移用于海、空战场，对确立新中国成立初期我海、空军军种战略、作战指导方针发挥积极的作用。关于空战场，粟裕建议派出少数轰炸机游猎、突袭在我国周围的敌军基地和海军，牵制敌航空母舰和基地飞机。关于海战场，粟裕认为我海军的总吨位既然很小，很难与敌人强大的海军进行正规作战，因此应采取各种不正规的海上袭击战。除鱼雷快艇因续航力有限主要用于近海作战外，潜艇和水鱼雷轰炸机可在敌人漫长的交通线上发挥袭击作用，这对现代化装备的敌人是一个很重要的打击手段。

**攻台作战准备重于战机**　大规模渡海登岛作战是一种变数颇大、组织指挥极其复杂的作战样式。粟裕在准备解放台湾战役时曾对这一作战样式进行深入的思考，认为大规模渡海登岛作战准备重于战机。一方面，攻台作战必须慎重对待，扎实准备。攻台作战不论成败，影响深远，一旦失利，后果不堪设想。我军从未实施过如此大规模的复杂作战行动，应当充分准备，做到确有把握。攻台作战如无绝对把握，不仅不应轻易发起攻击，而且宁愿再推延一些时间。另一方面，应当重新审视战机在大规模渡海登岛作战中的含义。渡海登岛作战相当于对坚固设防之敌的阵地进攻，更应强调的是准备充分，而不是战机。粟裕还认为，在我掌握绝对主动权的情况下，选择何时打、何地打、打何敌主要在我而不在敌，这种情况下的战机与敌优我劣情况下战机的意义就不同了。一言以蔽之，渡海登岛作战，没有准备的战机算不得真正的战机，而准备好了，哪怕暂时没有战机也可创造战机。

### 三、现代战争条件下的军队建设

仗怎样打，军队就怎样建。粟裕高度重视现代战争的军队建设，对军队现代化建设提出不少极有价值的思想。

**建设诸军兵种合成的现代化军队** 现代战争空间的广泛性必然要求军队结构是诸军兵种合成。由于长期在第一线指挥大兵团作战，粟裕对于建设诸军兵种合成的现代化军队有着特殊的感情。新中国成立之初，粟裕就系统地提出陆、海、空三军建设方针及相互关系的想法。我国首先是有强大兵员后备力量的世界最大陆军国，应当保有这一优势。陆军必须大力发展炮兵、装甲兵、工程兵、通信兵、防化兵等技术兵种，其中应以炮兵、坦克和机械化部队为发展重点，在主要战略战役方向上保持强大突击力量。海军的建设要求是不准敌人登陆，海军的装备应以鱼雷快艇、潜艇和水雷轰炸机为重点。应当优先发展空军，它是发挥我陆军优势、保障海军作战和对付原子袭击的关键所在。为此，粟裕认为建设一支比较强大的空军和国土防空力量，应成为全军建设的中心环节。

**加强战略筹划** 粟裕到总参任职后明确提出，总参谋部是中共中央、中央军委统率全军的办事机构，应以主要力量抓大事，抓战略性问题，给党中央和中央军委当好参谋，并根据党中央和中央军委的指示，做好军队作战和建设的组织协调工作；必须首先确定我们国家的整个战略方针，假定敌国及其进攻的方向以及次要进攻方向等，以制定我们的作战方案；等等。这一思想，实际上就是现代战略筹划和规划的思想。在当时我军各项工作机制都还不完善的历史条件下，粟裕提出如此明智的建议是难能可贵的，反映出他的远见卓识。

**重视科学技术对军事的影响** 粟裕非常重视从科学技术层面研究和认识战争。一是根据科学技术的发展给武器装备带来的变化认识战争。粟裕善于从武器装备的发展变化认识现代战争。20世纪50年代，他就曾用武器装备的阶段论来说明现代战争与过去战争质的差别，并预测未来战争的发展变化，提出我军必须改革旧有作战方式。二是根据科学技术对作战方式的推动作用认识现代战争。粟裕强调，作战方法的改变固然是受多种因素制约的，但在这诸多因素当中，科学技术不仅是一种经常地、长久地发挥重要作用的制约因素，而且是十分活跃且最易引起作战方法和手段发生质的变化的因素。三是从学科技、用科技入手研究和指导现代战争。科学技术物化为战斗力，更多是通过参加战争的人来实现的。粟裕重视武器装备，但更重视人的作用。粟裕很早就提出，要使部队变成机械化部队，提高干部的水平是先决条件。

**研究有效制敌的方法**　敌人有什么武器、运用何种作战方法，就针锋相对地发展制服敌人的武器与作战方法，这是战争根本的制胜之道。粟裕强调说，我们要研究战胜敌人的方法，发现敌人有什么新兵器，就要研究一种超过敌人或制服敌人的兵器。同时，军队建设绝不可盲目地不合实际地幻想、攀比，而要坚持有什么武器打什么仗，有什么本钱打什么仗，要努力找管用的土办法解决实际问题。能解决问题的，就是科学的。